Über dieses Buch

»Fast nervös vibrierend«, so hat Richard Friedenthal, der Freund und Nachlaßverwalter, den Stil der Erzählungen Stefan Zweigs genannt. Der hier zum erstenmal in Buchform erscheinende ›Scharlach‹ aus dem Jahre 1908 nimmt, ebenso wie die übrigen Texte dieses Bandes – ›Angst‹, ›Leporella‹, ›Die gleich-ungleichen Schwestern‹ und ›Die Hochzeit von Lyon‹ (ebenfalls zum erstenmal in Buchform) – die gerade gewonnenen Erkenntnisse der zeitgenössischen Psychologie auf und wird ihnen in Personenführung und Handlung gerecht. Dabei bestimmen Wortwahl und Satzbau, besonders in der Erzählung ›Angst‹, die hier seit ihrer Veröffentlichung 1920 zum erstenmal wieder ungekürzt abgedruckt wird, die Intensität von Pathos und Dramatik. Thema dieser Erzählungen ist die sinnlose, durch Verdrängung bedingte Tabuisierung des Sexuellen und der Aufruf zu ihrer Überwindung. Stefan Zweigs Denken und Schreiben ist hier wie immer bestimmt von der Teilnahme am Schicksal des einzelnen, den er als Ganzes begreift.

Der Autor

Stefan Zweig wurde am 28. November 1881 in Wien geboren, lebte von 1919 bis 1935 in Salzburg, emigrierte von dort nach England und 1940 nach Brasilien. Früh als Übersetzer Verlaines, Baudelaires und vor allem Verhaerens hervorgetreten, veröffentlichte er 1901 seine ersten Gedichte unter dem Titel ›Silberne Saiten‹. Sein episches Werk machte ihn ebenso berühmt wie seine historischen Miniaturen und die biographischen Arbeiten. 1944 erschienen seine Erinnerungen, das von einer vergangenen Zeit erzählende Werk ›Die Welt von Gestern‹. Im Februar 1942 schied er in Petropolis, Brasilien, freiwillig aus dem Leben.

Im Fischer Taschenbuch Verlag sind ferner erschienen: ›Phantastische Nacht‹, Vier Erzählungen (Bd. 45), ›Sternstunden der Menschheit‹ (Bd. 595), ›Die Welt von Gestern‹ (Bd. 1152), ›Schachnovelle‹ (Bd. 1522), ›Ungeduld des Herzens‹ (Bd. 1679), ›Maria Stuart‹ (Bd. 1714), ›Magellan‹ (Bd. 1830), ›Joseph Fouché‹ (Bd. 1915), ›Balzac. Eine Biographie‹ (Bd. 2183), ›Marie Antoinette‹ (Bd. 2220), ›Verwirrung der Gefühle und andere Erzählungen‹ (Bd. 2129).

Stefan Zweig

Die Hochzeit von Lyon

und andere Erzählungen

Fischer Taschenbuch Verlag

Fischer Taschenbuch Verlag
1.–15. Tausend   Dezember 1980
16.–25. Tausend   Mai 1981
Umschlagentwurf: Jan Buchholz / Reni Hinsch
Fischer Taschenbuch Verlag GmbH, Frankfurt am Main

›Scharlach‹: Erstmals in ›Österreichische Rundschau‹,
Wien, Jg. XV, H. 5 und H. 6, Mai und Juni 1908

›Leporella‹: Erstmals in ›Kleine Chronik‹,
Leipzig, Insel-Verlag 1929 (= Insel-Bücherei, Nr. 408)

›Angst‹: Erstmals bei H. S. Hermann, Berlin 1920
(= Der kleine Roman. Illustrierte Wochenschrift, Nr. 19)

›Die gleich-ungleichen Schwestern‹: Erstmals in ›Legenden‹,
Stockholm, Bermann-Fischer Verlag 1945

›Die Hochzeit von Lyon‹: Erstmals in ›Uhu‹, Berlin, August 1927

Alle Rechte an diesen Erzählungen vorbehalten durch
S. Fischer Verlag GmbH, Frankfurt am Main
Für diese Ausgabe:
© 1980 Fischer Taschenbuch Verlag GmbH, Frankfurt am Main
Gesamtherstellung: Hanseatische Druckanstalt GmbH, Hamburg
Printed in Germany
780-ISBN-3-596-22281-8

Inhalt

Scharlach
7

Leporella
63

Angst
89

Die gleich-ungleichen Schwestern
Eine ›Conte drôlatique‹
149

Die Hochzeit von Lyon
173

Scharlach

In der Josefstadt, hatten ihm die Freunde zu Hause gesagt, solle er sich ein Zimmer nehmen, wenn er nach Wien ginge. Das sei nahe der Universität und alle Studenten wohnten dort gerne, weil es ein stiller, ein wenig altväterischer Bezirk sei und dann, weil es schon durch Tradition ihr Hauptquartier geworden war. So hatte er sich also gleich von der Bahn, wo er das Gepäck vorläufig ließ, durchgefragt, war hingegangen durch die vielen fremden lauten Gassen, vorbei an all den hastigen Menschen, die wie gejagt durch den Regen liefen und ihm nur unwillig Auskunft gaben.

Das Herbstwetter war unerbittlich. Unablässig plätscherte ein spitzer nasser Schauer nieder, schwemmte von den falben Bäumen das letzte zitternde Laub, trommelte von allen Traufen und zerriß den melancholischen Himmel in Millionen grauer Fasern. Der Wind warf manchmal den Regen wie ein flatterndes Tuch vor sich her, schleuderte ihn gegen die Wände, daß es nur so prasselte und zerbrach den Leuten die Schirme. Bald waren auf der Straße nur mehr die holpernden schwarzen Wagen mit den dampfenden Pferden zu sehen und hie und da ein paar fliegende Schatten von Vorüberrennenden.

Der junge Student ging von Haus zu Haus, stieg viele Treppen auf und nieder, froh, für ein paar Augenblicke dem bösartigen Regen zu entkommen. Er sah viele Zimmer, aber keines konnte ihm behagen. Daran war vielleicht der Regen schuld und das kalte graue Licht, das alle Räume bedrückt erscheinen ließ und sie anfüllte mit kränklicher gepreßter Luft. Ein leise beengtes Gefühl wurde in ihm wach, als er das Elend und die Unreinlichkeit mancher Quartiere sah, zu denen er auf krummen feuchten Treppen hinaufkroch, irgendwie eine erste Ahnung der großen Traurigkeiten, die hinter der Stirne dieser kleinen gebückten, abgeschabten Vorstadthäuser sich verbergen. Immer mutloser wurde sein Suchen.

Endlich traf er seine Wahl. Es war in der Josefstadt oben,

nicht mehr weit vom Gürtel, in einem recht alten aber schwerfällig breiten Hause von altbürgerlicher Behaglichkeit, wo er Quartier nahm. Das Zimmer war einfach und eigentlich kleiner, als er gewünscht hatte, aber die Fenster gingen in einen großen Hof hinaus, in einen jener alten Vorstadthöfe, wo ein paar Bäume standen, jetzt rauschend im Regen und leise fröstelnd. Dieses letzte zage Grün, die ganz verlorene Erinnerung an die Gärten seiner Heimat, lockte ihn an und dann, daß im Vorzimmer, als er die Glocke zog, ein Kanarienvogel in seinem Gehäuse zu trillern anfing und nicht müde wurde seiner Koloraturen, solang er das Zimmer besah. Das schien ihm ein gutes Vorzeichen, und auch die Vermieterin gefiel ihm, eine ältere verhärmte Frau, Beamtenswitwe, wie sie erzählte. Sie selbst bewohnte nur ein armseliges Kabinett mit ihrer kleinen Tochter, nebenan hatte noch ein anderer Student sein Zimmer, dessen Anwesenheit schon die Visitkarte an der Eingangstür verriet.

In den paar Stunden, die bis Abend blieben, wollte er noch eilig etwas sehen von der fremden, seit tausend Tagen herbeigesehnten Stadt, aber der kalte, vom Wind aufgepeitschte Regen vertrieb ihm bald das Gelüst. Er trat in ein Kaffeehaus, sah dann lange gedankenlos zu, wie der weiße Ball am Billardbrett dem roten nachlief, hörte das Gespräch von vielen fremden Menschen rings um sich herum und mühte sich, das bittere Gefühl der Enttäuschung niederzuringen, das langsam in seiner Kehle aufquoll und Worte wollte. Noch einmal versuchte er dann über die Straßen zu streifen, aber der Regen war zu hartnäckig. Triefend und durchnäßt ging er in ein Gasthaus, ein Abendbrot rasch und ohne Lust zu nehmen, und dann nach Hause.

Und nun stand er in seinem Zimmer und sah sich darin um. Ein paar Sachen lehnten da beieinander wie vergessen, ohne alle innere Zusammengehörigkeit, ohne Anmut und Lebendigkeit: zwei alte Schränke, vornübergebeugt und aufseufzend, wenn man ihnen nahe trat, ein Bett mit verschossener Decke, eine weiße Lampe, die melancholisch im Dunkel des verdüsterten Zimmers pendelte, ein gebrechlicher Alt-Wiener Ofen. Dazwischen ein paar Farbdrucke und Fotografien, bleiche Dinger ohne Beziehungen zueinander, fremde Gesichter, die sich seit Jahren vielleicht hier schon anstarrten, ohne sich zu kennen. Frösteln quoll auf von der unebenen Diele, das eine Fenster schloß schlecht und klapperte unruhig, wenn der Wind den Regen gegen die Scheibe warf.

Ihn fröstelte. Fremd stand er unter diesem Altväterkram. Wer hatte in diesem Bette geschlafen, wer auf diesen Sesseln geruht, wer in diesen Spiegel geblickt, aus dem ihn nun sein eigenes blasses Kindergesicht angstvoll und fast weinerlich ansah? Nichts erinnerte ihn hier an Vergangenes und Erlebtes, fremd war alles und er fühlte die Kühle bis ins Blut.

Sollte er schon zu Bett gehen? Es war neun Uhr. Zum ersten Male schlief er unter fremdem Dach. Zu Hause saßen sie jetzt wohl freundlich bestrahlt vom goldenen Lampenlicht um den runden Tisch, im ruhigen Gespräch. Nun wußte er, würde Edith, seine blonde Schwester, bald aufstehen und hingehen zum Klavier und noch spielen, eine schwermütige Sonate oder irgend einen lachenden Walzer, ganz wie er sie bat. Aber wo war er heute, der dort sonst am Klavier im Schatten stand und zu den Tönen träumte, bis sie aufstand und ihm herzlich gute Nacht bot?

Nein, er konnte noch nicht schlafen. Er ging hin und nahm aus dem Koffer, den er inzwischen hatte abholen lassen, seine paar Sachen. Alles war sorglich von den Seinen gepackt und wie er die Ordnung auseinandernahm, mußte er an die Hände denken, die das für ihn in Liebe getan. Zwischen den Büchern fand er, froh erschreckt, eine Überraschung, das Bild seiner Schwester, die es ihm verstohlen hineingelegt, mit einer herzlichen Zeile darauf. Lang sah er es an, dieses helle lächelnde Gesicht, und stellte es dann hin auf den Schreibtisch, damit es freundlich auf ihn hinsehe und ihn tröste, den Heimatlosen. Aber es war ihm, als werde das Lächeln immer trüber auf dem Bilde und als würde sie hier, im Dunkel, traurig mit ihm. Kaum wagte er mehr hinzusehen, so dunkel schien es ihm schon.

Sollte er noch einmal hinaus aus diesem trüben trostlosen Gelaß? Wie er ans Fenster trat, sah er den Regen rastlos rinnen. Auf den trüben Scheiben sammelten sich die Tropfen, blieben stehen, bis sie ein anderer mitnahm, und rannen dann rasch herab, wie Tränen über glatte Kinderwangen. Immer neue kamen und immer wieder rannen sie herab, von allen Seiten, als weinte da draußen eine ganze Welt ihre

Traurigkeit in Millionen Tränen aus. Er blieb stehen, vielleicht eine halbe Stunde lang. Dieses leise murmelnde Spiel voll dumpfen Leides, dieses stete Tropfenrinnen, die unverständliche Musik der klagenden Bäume – tief griff das wunderliche Bild der kollernden Tränen in sein Herz. Eine wilde Traurigkeit fiel ihn an, die nach Tränen schrie.

Er wollte sich aufreißen. Aber war das sein erster Abend in Wien? Wie oft schon hatte er ihn vorausgelebt, im Traum, im Gespräch mit der Schwester und den Freunden. Nichts Deutliches hatte er sich dabei gedacht, aber doch etwas Wildes und Helles, ein Hinstürmen durch die funkelnden Straßen, vorwärts nur vorwärts, als sei morgen all die Pracht nicht mehr da, als wollte schon in der ersten Stunde Unvergeßliches erlebt sein. Im lachenden Gespräch hatte er sich gesehen, singend vor Übermut, den Hut aufwirbelnd und mit klopfendem Herzen. Und nun stand er da, vor einer blinden Scheibe, fröstelnd, allein, und sah zu, wie die Tropfen niederrannen, zwei und jetzt drei und wieder zwei, starrte hin, wie sie sich unsichtbare Gleise schufen, auf denen sie niederrollten, und kniff die Lider ein, daß nicht plötzlich auch seine eigenen Tränen herabliefen und hinfielen auf seine kalten Hände. Hatte er das seit Jahren ersehnt?

Wie langsam doch die Zeit verging. Der Zeiger auf dem Holzgehäuse der alten Uhr kroch ganz unmerklich vorwärts. Und immer drohender fühlte er die Abendangst, dieses unerklärliche kindische Bangen vor der Einsamkeit in diesem fremden Zimmer, die wilde Sehnsucht Heimweh, die er nicht mehr verleugnen konnte. Ganz allein war er in dieser riesigen Stadt, in der Millionen Herzen hämmerten und keiner sprach zu ihm, als dieser plätschernde höhnische Regen, keiner hörte auf ihn oder sah ihn an, der da mit Schluchzen und Tränen rang, der sich schämte zu sein wie ein Kind und doch sich nicht zu retten wußte vor diesem Bangen, das hinter dem Dunkel stand und ihn mit stählernen Augen unerbittlich anstarrte. Nie hatte er sich so nach einem Wort gesehnt wie jetzt.

Da knarrte nebenan eine Tür und fiel sausend ins Schloß. Der Hingekauerte sprang auf und horchte. Eine rauhe und doch geübte Stimme summte nebenan eine abgerissene Strophe aus einem Burschenlied, dann surrte das angeflitzte

Zündholz und er hörte das Hantieren mit der offenbar jetzt entzündeten Lampe. Das konnte nur sein Nachbar sein, ein Jurist, wie ihm die Vermieterin erzählt hatte, der vor den letzten Prüfungen stand. Er atmete tief auf, denn er fühlte sein Verlassensein für einen Augenblick beruhigt. Von drinnen knarrten die schweren strammen Tritte des Auf- und Abgehenden auf der Diele, das Lied klang immer deutlicher und plötzlich schämte sich der Lauschende, so zitternd und hinhorchend dazustehen, und er schlich geräuschlos zum Tisch zurück, wie in Angst, als könnte ihm der nebenan durch die Wand zusehen.

Jetzt schwieg drin die Stimme und auch das Auf- und Niedergehen verstummte. Offenbar hatte sich sein Nachbar gesetzt. Nun fingen die surrenden Tropfen wieder an auf ihn einzusprechen, und die Einsamkeit mit all ihrer Angst lugte wieder aus dem Dunkel hervor.

Ihm war, als müßte er ersticken in dieser Enge. Nein, er konnte jetzt nicht allein bleiben. Er richtete sich auf, wartete, bis die Wangen nicht mehr gerötet waren vom Daliegen, probierte mit einem Räuspern die Stimme, dann schlich er hinaus und zur Tür des Nachbars hin. Zweimal hielt er an, doch dann klopfte endlich sein Finger zaghaft an die fremde Tür.

Ein offenbar erstauntes Schweigen folgte. Dann klang ein helles »Herein«.

Er klinkte die Tür auf. Blauer Rauch quoll ihm entgegen. Das enge Zimmer war ganz vollgedampft und alle Gegenstände verschwammen zuerst in dem dicken, von der Zugluft aufschwankenden Nebel. Sein Nachbar stand hochaufgerichtet und sah erstaunt auf den Eintretenden. Er hatte Weste und Gilet bereits abgelegt, das halboffene Hemd zeigte ungeniert eine breite, behaarte Brust, die Schuhe lagen rechts und links am Boden hingehaut. Er war eine kräftige, bäuerisch derbe Gestalt, einem Arbeiter mehr ähnlich als einem Studenten, wie er da stand, die kurze Shagpfeife im Mund, deren Rauch er jetzt mit einem starken Stoß bis zur Tür hinblies.

Der Eintretende stammelte ein paar Worte. »Ich bin heute hier eingezogen und wollte mich Ihnen als Nachbar vorstellen.«

Sein Gegenüber schnellte mechanisch die Beine zusammen. »Sehr erfreut. Jurist Schramek.«

Nun nannte auch der Besuchende, hastig, um das Versäumnis zu reparieren, seinen Namen »Bertold Berger«.

Schramek überflog ihn mit einem Blick. »Sie sind im ersten Semester?«

Berger bejahte und fügte gleich bei, es sei auch sein erster Tag in Wien.

»Sie studieren natürlich Jus. Alle Leute studieren nur mehr Jus.«

»Nein, ich will mich an der medizinischen Fakultät inskribieren lassen.«

»So, bravo, endlich einmal einer... Aber bitte, nehmen Sie doch ein bißchen Platz!«

Die Aufforderung war herzlich.

»Sie nehmen doch eine Zigarette, Herr Kollega.«

»Ich danke, ich rauche nicht.«

»Na... das wird schon werden. Die Nichtraucher sind im Aussterben begriffen. Also einen Kognak. Einen guten.«

»Danke... danke sehr.«

Schramek zog lachend die Schultern hoch: »Sie, lieber Kollege, seien Sie nicht böse, aber ich glaube, Sie sind, was man so sagt, ein Fadian. Kein Kognak, nicht rauchen, das ist sehr verdächtig.«

Berger wurde rot. Er schämte sich, so ungeschickt gewesen zu sein und seine Unbehülflichkeit gleich verraten zu haben, aber er spürte, daß eine verspätete Zusage noch lächerlicher sein müsse. Um etwas zu reden, entschuldigte er nochmals den nächtlichen Besuch. Aber Schramek ließ ihn nicht zu Ende reden, sondern hielt ihn mit ein paar Fragen fest. Sie waren beinahe Landsleute, aus Deutschböhmen der eine, aus Mähren der andere, bald fanden sie auch einen gemeinsamen Bekannten in ihrer Erinnerung. Ihr Gespräch ward bald lebendig. Schramek erzählte von seinen Prüfungen und seiner Verbindung, von all den hundert dummen Dingen, die solchen studentischen Naturen der Sinn dieser paar Jahre zu sein scheinen. Es war eine sehr lebendige Herzlichkeit in seinem Erzählen, eine etwas laute Heiterkeit und eine wohlbewußte, fast eitle Routine. Er freute sich sichtlich, einem Neuling, einem Provinzler zu imponieren. Und das gelang ihm mehr als er wußte. Berger horchte auf alle diese Dinge mit einer unbeschreiblich sehnsüchtigen Neugier, weil sie ihm das neue Leben zu verkünden schienen, das hier in Wien auf ihn wartete, ihm gefiel das forsche Reden, die Art, wie der Schramek beim Rauchen den Dampf in breiten blauen Kegeln von sich stieß. Auf jede Kleinigkeit achtete er, denn es war der erste echte Student, der ihm begegnete und wahllos nahm er ihn als den vollkommensten.

Er hätte ihm gerne auch etwas erzählt, aber all das von Hause kam ihm gegen diese neuen Dinge plötzlich so unwichtig vor, so unscheinbar und platt all die Scherze vom Gymnasium, die Erlebnisse der Provinz, all seine eigenen Gedanken und Worte bisher schienen ihm plötzlich in die Kindheit hineinzugehören und hier war erst der Beginn aller Mannhaftigkeit. Schramek merkte sein Schweigen gar nicht und freute sich sehr an dem scheu bewundernden Blick des Novizen. Berger fuhr auf sein Verlangen mit vorsichtiger Hand die drei Schmisse nach, die eine scharfe rote Spur über Schrameks kurzgeschorenen Schädel zogen, und staunte bei der Erzählung von der Kontrahage und Mensur. Ihm ward ängstlich und doch warm bei dem Gedanken, nun bald auch so Aug in Aug einem Gegner gegenüberzustehen, und er bat den Schramek, ihn für einen Augenblick einen der Säbel nehmen zu lassen, die in der Ecke des Zimmers lagen. Das war dann freilich ein schmerzliches Gefühl, wie er ihn nur mit Mühe aufheben konnte: er merkte erst wieder, wie schwach und kindhaft mager noch seine Arme waren, und fühlte den Unterschied zwischen sich und diesem stämmigen robusten Burschen mit einem plötzlichen Neid. Wie etwas ganz Unerhörtes schien es ihm, daß man mit so einem Säbel leicht durch die Luft wirbeln könne, die Klinge pfeifen lassen, mit aller Kraft die Parade durchschlagen und in ein fremdes Gesicht hineinfetzen. Alle diese alltäglichen Dinge schienen ihm sehr gewaltig und bewundernswert wie große erstrebenswerte Taten, und die scheue Bewunderung, mit der er davon sprach, machte den Schramek nur immer noch redseliger und vertrauter. Er sprach zu ihm wie zu einem Freunde und rollte das grellfarbige Bild seines ganzen Lebens auf, das nie über das studentische Ideal hinausreichte, und auf das Berger wie verzückt hinstarrte. Hier hatte er den Herold seines neuen Lebens gefunden.

Um Mitternacht sagten sie sich endlich »Auf Wiedersehen«. Schramek schüttelte Berger herzlich die Hand, schlug ihm auf die Schulter und versicherte mit jenem spontanen Freundschaftsgefühl, wie man es nur in diesen Jahren kennt, er sei »ein lieber Kerl«, was den jungen ganz hingerissenen Menschen unendlich beglückte.

Ganz trunken von all diesen Eindrücken kam er in sein Zimmer, das ihm plötzlich nicht mehr so einsam und trübe schien, wenn auch der Regen noch immer am Fenster plätscherte und Kühle aus allen Fugen quoll. Sein Herz war voll von diesen fremden funkelnden Dingen, und er empfand es als unsagbares Glück, gleich am ersten Tage einen Freund gefunden zu haben. Allerdings: eine leise Wehmut mischte sich bald ein, er fühlte, wie schwach, wie kindisch, wie schuljungenhaft er neben diesem Menschen war, der mit beiden Füßen fest im Leben stand. Er war immer der schwächste, verzärteltste, kränklichste seiner Kameraden gewesen, immer zurückgeblieben in Spiel und Übermut, aber heute erst empfand er es schmerzlich. Würde er je werden können wie dieser Schramek: so fest, so stark, so frei? Eine wilde Sehnsucht kam ihn an, so flink und forsch reden zu können, Muskeln zu haben, das Leben fest anpacken zu können und nicht irgendwie mit ihm zu paktieren. Würde er je so werden können? Mißtrauisch sah er im Spiegel auf sein schüchternes, schmales und bartloses Kindergesicht und es fiel ihm wieder ein, daß er den Säbel kaum hatte heben können mit diesem zarten Arm, an dem kein Muskel aufsprang. Es fiel ihm ein, daß er vor zwei Stunden fast geweint hatte wie ein Kind, nur weil es dunkel und kalt und er niemanden um sich hatte. Eine Angst beugte sich leise über ihn: Wie würde es mit ihm, dem Schwachen, dem Kindischen werden in dieser fremden Stadt, in diesem neuen Leben, wo man die Kraft brauchte, Mut und Übermut? Nein – er raffte sich mit Gewalt auf – er wollte kämpfen, bis er vollwertig sei, so werden wie sein Freund, stark und gewaltig, alles wollte er ihm ablernen, den schlenkernden Gang, die helle forsche Art des Redens, seine Muskeln wollte er stärken, ein Mann werden wie er. Wehmut und Freude, Hoffnung und Verzagen rannen ineinander, immer mehr verwirrte sich seine Träumerei. Erst als die Lampe qualmte, sah er, daß es spät geworden sei, und ging eiligst zu Bett. Draußen trommelte noch immer der unerbittliche Septemberregen.

Das war Bertold Bergers erster Tag in Wien.

Und so blieb es auch in nächster Zeit: Wehmut und Freude, Hoffnung und Enttäuschung unablässig mitsammen vermengt, ein unklares Gefühl, aber immer nur Fremdsein und kein Sichgewöhnen. Das Große, Unerwartete, Neue, das er von seiner Unabhängigkeit, von der Studentenzeit, von Wien erwartet hatte, wollte sich nicht einstellen. Es gab ja einzelne schöne Dinge: Schönbrunn im milden Septemberglanz, die goldenen Alleen, die langsam zur Gloriette hinaufstiegen, und von dort oben dieser schwungvoll ausgreifende Blick über den edlen Garten und das kaiserliche Schloß. Oder die Theater mit ihrem Spiel und dem faszinierenden Beisammensein so vieler schöner Menschen, der Anblick der Eleganz bei den Veranstaltungen und Festen, die Straße manchmal, die so viele schöne und seltsame Gesichter an einem vorbeitrug und die funkelte von tausend Versprechungen und Lockungen. Aber immer war es ein Anblick nur und nie ein Eindringen, immer nur wie das gierige Lesen in einem aufgeschlagenen Buch, nie die Unmittelbarkeit eines Gespräches, eines Erlebnisses.

Einen einzigen Versuch des Eindringens in diese neue Welt machte er gleich in den ersten Tagen. Er hatte Verwandte in Wien, vornehme Leute, die er besuchte und die ihn dann zu Tisch baten. Sie waren sehr liebenswürdig zu ihm, auch seine ungefähr gleichaltrigen Vettern, aber er fühlte doch zu sehr, daß man sich mit der Einladung nur einer Pflicht entledigte, fühlte auf seinem Anzug ihre Blicke mit einem unterdrücktmitleidigen Lächeln, schämte sich seiner Provinzeleganz, seiner Schüchternheit, die kläglich sein mußte im Vergleich zu dem selbstsicheren Wesen seiner Vettern, und war froh, wie er sich empfehlen konnte. Und er ging nie mehr hin.

So drängte ihn alles in die Freundschaft jenes ersten Abends zurück, der er sich mit aller Leidenschaftlichkeit eines halben Kindes hingab. Er vertraute sich ganz diesem starken gesunden Menschen, der willig seine überschwängliche Liebe hinnahm und sie nur mit jener stets bereiten Herzlichkeit innerlich gleichgültiger Menschen erwiderte. Nach ein paar Tagen schon trug Schramek dem vor Freude errötenden Berger das »Du« an, das dieser noch nach längerer Zeit nur ungeschickt und zaghaft handhabte, so ungemein war der Respekt vor der Überlegenheit seines Freundes. Oft sah er ihn, wenn sie zusammen gingen, von der Seite verstohlen an, um diese weitausgreifende sichere Art des Gehens zu lernen und dann die ungezwungene Weise, wie er jedem hübschen Mädel den Kopf unter die Nase schob; selbst die Unarten gefielen ihm, dieses Fechtwirbeln mit dem Stock auf der Straße, der stete Knastergeruch in den Kleidern, das laute herausfordernde Reden in den Lokalen und die oft stupiden Ulke. Stundenlang konnte er Schramek zuhören, wenn er die belanglosesten Geschichten von Mädeln, Kontrahagen und Partien erzählte, unwillkürlich wurden ihm selbst alle diese Dinge wichtig, die ihn gar nicht berührten, er regte sich daran auf, sie schienen ihm das wirkliche, das eigentliche Leben zu sein, und er brannte vor Begier, auch so etwas zu erleben. Im geheimen hoffte er, Schramek werde ihn einmal in ein solches Abenteuer hineinschieben, aber der hatte eine seltsame Art, ihn bei wichtigen Angelegenheiten auszuschalten. Offenbar empfand er das kindische und bartlose Gesicht als zu wenig repräsentabel, denn er nahm ihn selten mit, wenn er in Couleur ging und sie trafen sich meist nur im Café oder in der Wohnung. Und immer mußte die Initiative von Berger ausgehen.

Das hatte der bald bemerkt und es hing an ihm als geheimer Kummer. In seiner Freundschaft war wie in jeder Freundschaft ganz junger Leute etwas von Liebe: die ungestüme Leidenschaftlichkeit und dann eine leise Eifersucht. Eine Erbitterung, der er freilich nicht Ausdruck zu geben wagte, bemächtigte sich seiner, wenn er merkte, daß Schramek zu ganz einfältigen, gleichgültigen Menschen, die er eben kennengelernt hatte, ebenso herzlich war wie zu ihm selbst und oft noch burschikoser. Und dann fühlte er, daß er ihm in den paar Wochen, die er ihn nun schon kannte, um keinen Schritt nähergekommen war als am ersten Abend, so sehr er sich auch ihm hingab. Er ärgerte sich, daß Schramek für alle seine Angelegenheiten nichts von dem Interesse zeigte, das er ihm doch für die seinen so überströmend entgegenbrachte, daß er ihm nie mehr gab, nie weniger als eine herzliche Begrüßung und dann gleich von seinen eigenen Dingen erzählte, kaum hinhörend, wenn Berger etwas von den seinen sprach.

Und dann, das Bitterste: aus jedem Worte fühlte Berger, daß ihn Schramek nicht für voll nahm. Schon wie er ihn nannte! Statt des anfänglichen Bertold sagte er nun immer »Bubi« zu ihm. Das klang lieb und herzlich, tat aber immer wieder weh. Denn es traf ihn gerade an der Stelle, die schon seit Jahren unvernarbt in ihm blutete: daß er immer für ein Kind gehalten wurde. Jahrelang brannte es in ihm, in der Schule war er wie ein Mädel gewesen, so verzärtelt schien er allen und so schüchtern war er auch, und jetzt, da er ein Mann sein sollte, sah er aus wie ein Bub und hatte alle seine Zaghaftigkeiten und nervösen Empfindlichkeiten. Nie wollten es die Leute glauben, daß er schon Student sei. Freilich, er war nicht ganz 18 Jahre alt, aber er mußte noch viel jünger aussehen, um so kindisch zu wirken. Immer mehr befestigte sich in ihm der Verdacht, daß sich Schramek nur um dieser Äußerlichkeit vor den Kameraden mit ihm genierte.

Eines Abends hatte er volle Gewißheit darüber. Er war lange in der Stadt herumgestreift und hatte wieder schmerzlich das absolute Alleinsein in den wogenden Straßen empfunden. So ging er noch zu Schramek hinein auf einen Plausch. Der begrüßte ihn herzlich vom Sofa her, ohne aufzustehen.

Auf dem Tisch lag die Couleurkappe, brennrot, und stach Berger ins Auge. Das war sein liebster, sein geheimster Wunsch, von Schramek in seine Verbindung eingeführt zu werden, dort hätte er ja alles, was er so schmerzlich entbehrte, vertrauten Umgang, ein Heim, dort könnte er so werden, wie er sein wollte, stark, männlich, ein ganzer Kerl. Seit Wochen wartete er auf einen Vorschlag Schrameks, oft schon hatte er ganz heimlich vorsichtige aber offenbar überhörte Anspielungen gemacht. Und jetzt brannte ihm diese Kappe ins Auge; wie eine lebende Flamme schien sie ihm auf dem Tisch zu zucken, sie flimmerte und glühte, sie faszinierte sein ganzes Denken. Er mußte davon reden.

»Gehst du morgen zur Kneipe?«

»Natürlich«, sagte Schramek, sofort animiert. »Es wird riesig lustig werden. Drei neue Füchse werden aufgenommen, wirklich ganz famose stramme Kerle. Da muß ich doch dabei sein als Zweitchargierter. Es wird riesig fein werden. Weck mich nur nicht am Donnerstag vor zwei Uhr auf, wir kommen sicher erst in der Früh heim.«

»Ja, das stell' ich mir riesig lustig vor«, sagte Berger. Er wartete. Schramek sagte nichts. Wozu noch weiter reden? Aber am Tische lockte die Kappe, brennrot, feurig rot ... wie Blut leuchtete sie.

»Du ... sag, könntest du mich nicht einmal dort einführen ... mitnehmen natürlich nur ... weißt du, ich möchte das einmal gern sehen.«

»Aber ja, komm nur einmal. Morgen geht's freilich nicht. Aber einmal schau dir's an, als Gast natürlich. Es wird dir zwar nicht gefallen, Bubi, denn da geht's oft wüst zu, aber wenn du willst ...«

Berger fühlte etwas in der Kehle aufsteigen. Diese Kappe, dieser rote lockende Traum, wie im Nebel sah er sie plötzlich nur. Waren das Tränen? Wild und schluckend fuhr es heraus:

»Warum soll's mir nicht gefallen? Wofür hältst du mich denn? Bin ich ein Kind?«

Etwas mußte in der Stimme, im Ton gewesen sein, denn Schramek sprang auf. Er kam, jetzt wirklich recht herzlich, zu Berger heran und schlug ihm auf die Schulter.

»Nein, Bubi, du darfst nicht bös sein, so hab ich's nicht gemeint. Aber wie ich dich kenne, glaub' ich, taugst du zu so was nicht recht. Du bist zu fein, zu brav, zu anständig zu so was. Da muß man rabiat sein, ein Kerl, vor dem die anderen Respekt haben und wenn's nur vor dem Trinken ist. Kannst du dich bei einer Sauferei vorstellen oder bei einer Schlägerei, wie sie ja jetzt jeden Augenblick in der Aula sind. Nein, nicht wahr? Es ist ja kein Unglück, aber da paßt du halt nicht hinein.«

Nein, er paßte nicht; da, fühlte er, hatte der Schramek recht. Aber wozu paßte er? Wozu brauchte ihn das Leben? Er wußte nicht, sollte er dem Schramek böse oder dankbar sein für die freie Aussprache. Der hatte freilich nach einer Minute wieder daran vergessen und plauschte weiter, aber in dem anderen fraß sich der Gedanke, daß all die ihn für minderwertig nahmen, immer tiefer ein. Die rote Kappe dort am Tisch starrte ihn an wie ein böser Blick. Er blieb nicht mehr lang diesen Abend und ging in sein Zimmer, dort blieb er sitzen, bis spät nach Mitternacht, die Hände auf den Tisch gestützt, reglos in die Lampe starrend.

Am nächsten Tag beging Bertold Berger eine Dummheit. Er hatte die ganze Nacht nicht geschlafen, so sehr bohrte in ihm der Gedanke, daß ihn Schramek für minderwertig, für feig, für ein Kind hielt. Und da hatte er beschlossen, ihnen zu beweisen, daß es ihm an Mut nicht fehle. Er wollte Händel suchen, ein Duell, um ihm zu zeigen, daß er nicht furchtsam sei.

Das gelang ihm nicht. Im Umgang mit Schramek hatte er aus den Gesprächen gelernt, wie solche Dinge zu beginnen waren. In dem kleinen niederen Zimmer des Vorstadtrestaurants, wo er speiste, saßen gegenüber täglich ein paar Couleurstudenten. Es war nicht schwer, mit ihnen anzubandeln, denn sie sprachen nie von anderen Dingen, ihr ganzes Denken drehte sich um diese sogenannten Ehrverletzungen.

Wie er vorbeiging an ihrem Tisch, streifte er mit Absicht an und warf einen Sessel um. Er ging ruhig weiter, ohne sich zu entschuldigen. Das Herz schlug ihm in der Brust.

Da klang schon hinter ihm, drohend und scharf, eine Stimme. »Können Sie nicht achtgeben?«

»Hofmeistern Sie jemand anderen!«

»So eine Frechheit!«

Da bog er um und verlangte die Karte, gab die seine. Er freute sich, daß seine Hand nicht zitterte dabei. In einer Sekunde war das Ganze geschehen. Wie er stolz hinausging, hörte er die noch lachen am Tisch und den einen heiter sagen: »So ein Krispinderl!« Das verdarb ihm den Stolz.

Und dann stürmte er nach Hause. Mit glühenden Wangen, stammelnd vor Freude, überfiel er Schramek, der gerade aufgestanden war, in seinem Zimmer, erzählte ihm alles, die letzte Bemerkung freilich verschweigend und auch, daß er den Sessel mit Absicht umgeworfen habe. Selbstverständlich müsse Schramek sein Sekundant sein.

Er hatte gehofft, Schramek werde ihm auf die Schulter klopfen und beglückwünschen, was er für ein strammer Kerl sei. Aber der sah sich nachdenklich die Visitenkarte an, pfiff durch die Zähne und sagte ärgerlich: »Daß du dir aber gerade den ausgesucht hast! Das ist ein baumstarker Kerl, einer unserer besten Fechter. Der haut dich zusamm' wie nichts.«

Berger erschrak nicht. Daß er abgeführt werde, war für ihn selbstverständlich, da er noch nie einen Säbel in der Hand gehabt hatte. Er freute sich beinahe auf einen schweren Schmiß im Gesicht: da konnten die anderen ihn nicht mehr fragen, ob er Student sei. Aber was ihn unangenehm berührte, war das Benehmen Schrameks, der, die Karte in der Hand, immer wieder auf und ab ging und murmelte: »Das wird nicht leicht sein. Frechheit hat er gesagt, nicht wahr?«

Schließlich zog sich Schramek ganz an und sagte zu Berger: »Ich geh' gleich zu unserer Verbindung hin und such' dir den zweiten Vertreter. Sei unbesorgt, ich werde die Sache schon richten.«

Berger war wirklich unbesorgt. Er empfand eine wilde und fast überschwengliche Freude, jetzt zum erstenmal offiziell als Student, als Mann behandelt zu sein, auch seine Affäre zu haben. Er spürte plötzlich beinahe Kraft in den Gelenken, und wie er nun den Säbel aufnahm und damit wirbelte, schien es ihm fast eine Lust, fest dreinzuhauen. Den ganzen Nachmittag träumte er, heftig auf und ab gehend, von dem Duell, und die Gewißheit, daß er unterliegen werde, tat ihm gar nicht weh. Im Gegenteil, gerade da konnte er dem Schramek und den anderen zeigen, daß er nicht furchtsam sei, er wollte stehen bleiben, wenn ihm auch das Blut über das Gesicht und die Augen liefe, wollte stehen bleiben, ob sie ihn auch wegzerren wollten. Dann würden sie ihm schon selbst die rote Kappe anbieten.

Sein Blut war ganz warm geworden. Als Schramek um 7 Uhr abends kam, sprang er ihm ganz aufgeregt entgegen! Auch Schramek war sehr heiter.

»Na also, Bubi. Alles ist gut, die Sache ist in Ordnung.«

»Wann steigen wir?«

»Aber Bubi, wir werden dich doch nicht mit dem steigen lassen. Die Sache ist natürlich beigelegt.«

Berger wurde totenblaß, seine Hände zitterten, ein Zorn brach in ihm auf und drängte in den Augen nach Tränen. Er hätte dem Schramek ins Gesicht schlagen können, wie der ihm jetzt sagte: »Leicht war's freilich nicht und nächstens sei vorsichtiger! Das geht nicht immer so gut aus!«

Berger rang vergeblich nach einem Wort. Aber die Enttäuschung war zu furchtbar. Endlich sagte er, am Weinen würgend: »Ich dank' dir jedenfalls schön. Aber einen Gefallen hast du mir damit nicht getan.« Und ging hinaus. Schramek sah ihm verblüfft nach. Er schob dieses sonderbare Benehmen auf die Aufregung des Neulings und spekulierte nicht weiter darüber.

Berger begann sich umzusehen. Sein Leben wollte endlich Grund ertasten. Nun war er schon Wochen da und stand nicht weiter als am ersten Tag. Wie zerflatternde Wolken flog langsam Bild um Bild in die Ferne, die phantasievollen Versprechungen seiner Kindheit wurden blaß und zerrannen in Nebel. War das wirklich Wien, die große Stadt, der Traum der vielen Jahre, herbeigesehnt vielleicht schon seit dem Tag, da er zum erstenmal mit steifen, ungelenken Lettern das Wort Wien auf das Papier hinmalte? Damals hatte er vielleicht nur an viele Häuser gedacht und daß die Karussells größer sein müßten und bunter als das auf ihrem Marktplatz, wenn Kirchmeß war. Und dann hatte er langsam die Farben von den vielen Büchern geborgt, hatte die lockenden begehrenswerten Frauen auf den Straßen kokett hingehen lassen, die Häuser bevölkert mit verwegenen Abenteuern, die Nächte erfüllt mit wilder Kameraderie und all das getaucht in den brausenden Wirbel, der Jugend und Leben hieß.

Und was war nun? Ein Zimmer, eng und kahl, dem er morgens entlief, um ein paar Stunden in schwitzigen Studierstuben zu verbringen; ein Gasthaus, wo er rasch das Essen hinabwürgte; ein Kaffeehaus, wo er die Zeit mit dem Hinstarren auf Zeitungen und Menschen totschlug; ein zielloses Hinwandern auf den lauten Straßen, bis er müde war und wieder heimkam in das enge kahle Zimmer. Ein-, zweimal ging er auch ins Theater, aber es war immer für ihn ein bitteres Erlebnis. Denn wenn er da oben stand auf der Galerie, zwischen vielen Menschen gedrängt, die nichts wußten von ihm, sah er unten im Parterre, in den Logen die Herren, elegant und geschmeidig, die Damen verlockend in Schmuck und Entblößung, sah, wie sie sich alle begrüßten, lachend und übermütig begegneten. Alle kannten sich, alle gehörten zueinander. Die Bücher hatten nicht gelogen. Hier war die Wirklichkeit aller jener Abenteuer, an denen er oft zweifelte, weil sie ihn nicht erreichten, da war die Welt, die sonst in den stummen Häusern sich verkroch, da war Erlebnis, Abenteuer, Schicksal. Auf vielen Schächten, fühlte er, ging es da in das Gold des Lebens hinab. Aber er stand da, sah zu und konnte nicht hinein. Wirklich, seine Kindheit hatte recht gesehen: hier war das bunte, flirrende Karussell größer als zu Hause, lauter und rauschender seine Musik, wilder, atemraubender der Schwung. Aber er stand nur dabei und fuhr nicht mit.

Das war nicht seine Schüchternheit allein, die ihn abseits hielt. Auch die Armut band ihm die Hände. Daß er von Hause genug bekam, war ihm zu wenig. Es hielt ihn gerade noch über der Klippe der Entbehrung aufrecht, war nur genug für dieses stille, einfache alltägliche Leben, nie hätte es gereicht für einen verschwenderischen Überschwang, der doch der Sinn der Jugend ist. Er hätte Geld nicht zu verwenden gewußt, aber das Bewußtsein machte ihn beschämt, daß ihm all das versagt sei, was er dumpf als sehr schön und berauschend fühlte: in einem Fiaker wild durch den Prater zu sausen oder eine Nacht irgendwo in einem eleganten Lokal mit Frauen und Freunden bei Champagner zu verleben, einmal Geld, ohne zu zählen, hinzuwerfen für eine tolle Laune. Ihn ekelte vor diesen wüsten Studentendrahrereien in rauchigen Bierlokalen, und immer wilder wuchs die brennende Sehnsucht, sich nur einmal in irgendeinem Überschwang aus dem öden Trott der Tage zu retten in ein lebendigeres Gefühl, in dem etwas mitschwang vom großen Takt des Lebens, vom unbändigen Rhythmus der Jugend. Aber all das war ihm versagt und aller Tage Ende war diese öde Heimkehr am Abend in das enge verhaßte Zimmer, wo die Schatten breit lagen wie von bösen Händen hingestreut, der Spiegel wie erfroren glänzte, wo er am Abend das Erwachen in den Morgen fürchtete und am Morgen den langen, schläfrigen, öden eintönigen Tag bis zum Abend hin.

In dieser Zeit begann er sich ungemein eifrig, mit einer gewissen Verzweiflung dem Studium hinzugeben. Er war der erste in den Hörsälen und Laboratorien, der kam und der letzte, der ging, er arbeitete mit einer stumpfen Gier, ohne sich um die Kameraden zu kümmern, bei denen er bald unbeliebt wurde. Er suchte in dieser wilden Arbeit seine Sehnsucht nach anderen Dingen niederzuringen und es gelang ihm auch. Abends war er so abgearbeitet, daß er oft kaum mehr Bedürfnis hatte, mit Schramek zu sprechen. Ganz blind arbeitete er vorwärts, ohne jeden Ehrgeiz, nur um sich zu betäuben und nicht an die vielen Dinge zu denken, auf die er verzichten mußte. Er begriff, daß ein wunderbares Geheimnis in diesem Fieber war, mit dem sich viele Leute über die Nutzlosigkeit und Leere ihres ganzen Lebens hinwegtäuschten, und hoffte, so auch seinem Leben einen Sinn aufzwingen zu können, freilich vergessend, daß die erste Jugend nicht einen Sinn des Lebens will, sondern das ganze vielfältige Leben selbst.

Eines Nachmittags, als er etwas früher als sonst von der Arbeit nach Hause kam, fiel ihm beim Vorübergehen an der Türe seines Freundes ein, daß er ihn jetzt vier Tage nicht gesehen hatte. Er klopfte an. Niemand antwortete ihm. Aber er war das gewöhnt bei Schramek, der oft am Abend noch schlief, wenn er die Nacht mit seinen Freunden verbummelt hatte.

Wie er jetzt die Tür aufmachte, schien ihm das dunkle Zimmer leer. Aber da regte sich plötzlich etwas beim Fauteuil am Fenster, ein großes lachendes Mädel sprang auf, das auf Schrameks Schoß gesessen hatte.

Berger wollte sofort hinaus. Sie hatten offenbar sein Klopfen überhört, und er war sehr geniert. Aber Schramek sprang auf, faßte den Widerstrebenden am Arm und zog ihn heran. »Siehst du, so ist er. Hat Angst vor einem Mädel wie vor einer Spinne. Ah nein, durchbrennen gibt's nicht. So Karla, siehst du, das ist der Bubi, von dem ich dir schon erzählt hab'.«

»Ich seh' gar nix«, lachte eine helle, etwas laute Stimme. Wirklich, es war zu dunkel. Berger sah nur undeutlich die weißen Zähne durch die Dämmerung schimmern und ein paar lachende Augen.

»Also: es werde Licht«, sagte der Schramek und machte sich an der Lampe zu schaffen. Berger fühlte sich sehr ungemütlich, fühlte sein Herz unruhig pochen, aber da gab es kein Durchbrennen mehr.

Er hatte von dieser Karla schon gehört. Sie war Schrameks Geliebte seit ein paar Wochen, irgendein Mädel aus einem Geschäft, ein lustiges Ding. Oft hatte er von seinem Zimmer aus die beiden lachen und flüstern gehört, aber er hatte es doch, furchtsam wie er war, einzurichten gewußt, daß er ihr nie begegnete.

Das Licht flammte auf. Jetzt sah er sie dastehen, hoch und hübsch, ein breites, starkes, gesundes Mädel mit vollen Formen, brennrotem Haar und großen lachenden Augen. Ein derbes Ding war sie, ein bißchen dienstmädelhaft und auch schlampig in ihrer Kleidung und Frisur; oder hatte die gerade der Schramek in Unordnung gebracht? Es sah fast so aus. Aber hübsch war ihre unbefangene übermütige Art, wie sie jetzt auf ihn zukam, ihm die Hand reichte und ihm »Servus!« sagte.

»No, wie g'fällt er dir?« fragte der Schramek. Es bereitete ihm einen Riesenspaß, den Berger verlegen zu machen.

»Hübscher ist er schon wie du«, lachte die Karla. »Ist nur halt gar so viel schad, daß er ein Stummerl ist.«

Berger wurde rot und wollte etwas herausbringen, da lachte die Karla und sprang hin zu Schramek. »Du, der wird ja rot, wenn man zu ihm reden tut.«

»Laß ihn in Ruh'«, sagte der Schramek. »Der kann die Mädeln nicht leiden. Er ist halt so schüchtern, aber du wirst ihn schon aufmischen.«

»Natürlich, das wär nicht schlecht. Kommen's nur her, ich beiß Ihna ja net.«

Sie nahm ihn resolut beim Arm, um ihn zum Sitzen zu nötigen.

»Aber Fräulein ...«, stammelte der hilflose Berger.

»Hast g'hört? Fräulein hat er g'sagt, Fräulein. Sie, lieber Herr Bubi, mir sagt man net Fräulein, mir sagt man ›Karla‹, ein für allemal.«

Sie lachten beide unbändig, Schramek und die Karla. Hilflos mußte er aussehen, das fühlte der Berger und um nicht so kläglich zu erscheinen, lachte er mit.

»Weißt was«, sagte der Schramek. »Wir lassen einen Wein holen. Vielleicht ist er dann nicht mehr so schüchtern. Also

Bubi, vorwärts, spendier eine Flaschen oder lieber zwei. Willst du?«

»Natürlich«, sagte Berger. Er fühlte sich nach und nach sicherer werden, sie hatten ihn nur so überrumpelt, anfangs. Er ging hinaus, rief die Hausfrau und die holte Wein, brachte Gläser und jetzt saßen sie alle drei um den Tisch, plauschten und lachten. Die Karla hatte sich neben Berger gesetzt und trank ihm zu. Er war sichtlich mutiger geworden. Manchmal traute er sich schon, wenn sie zu Schramek hinübersprach, sie voll anzuschauen. Sie gefiel ihm jetzt besser. Das feuergoldene Haar über dem ganz weißen Nacken gab einen lockenden Kontrast. Und dann fesselte ihn die ungezwungene Lebendigkeit, die wilde, starke, temperamentvolle Kraft, und er mußte immer auf ihren roten sinnlichen Mund schauen, der beim Lachen aufsprang und die starken schneeweißen Zähne zeigte.

Einmal erwischte sie ihn, plötzlich mit einer Frage sich zu ihm hinwendend, wie er sie anstarrte. »G'fall ich dir?« lachte sie in ihrem Übermut. »Du g'fallst mir auch!« Ganz arglos sagte sie es, ohne Schmeichelei, aber es gefiel ihm irgendwie, es berauschte ihn fast für eine Sekunde.

Immer lebendiger wurde er. Und allmählich sprang wie eine heiße Quelle all der verschüttete Übermut seiner Gymnasiastenjahre in ihm auf, er begann zu erzählen, Possen zu treiben, vom Wein befeuert, funkelte sein ganzes Reden von einer wilden Jugendlichkeit, die er selbst an sich nie gekannt hatte. Auch Schramek staunte. »Aber, Bubi, was ist denn aus dir geworden? Siehst du, so solltest du immer sein, nicht so ein Fadian!« »Ja«, lachte die Karla, »hab' ich dir net gleich gesagt, ich werd' ihm die Würmer aus der Nase ziehn.«

Noch einmal mußte die Hausfrau um Wein gehen. Immer lauter wurde die Fröhlichkeit der drei. Berger, der sonst fast nie trank, fühlte sich wunderbar gehoben von dieser ungewohnten Festlichkeit, er lachte und scherzte durcheinander und verlor alle Scheu. Bei der dritten Flasche fing die Karla zu singen an und dann bot sie Berger das »Du« an.

»Nicht wahr, Schram, du erlaubst es. Er ist gar so ein lieber Kerl.«

»Aber natürlich. Vorwärts! Den Bruderkuß.«

Und ehe der Berger viel überlegen konnte, spürte er ein

Paar feuchte Lippen auf seinem Mund. Es tat nicht weh und nicht wohl, es verrann irgendwie spurlos in die wilde und schon leise nebelnde Lustigkeit, die ihn auf und nieder schaukelte. Er hatte nur den einen Wunsch, daß das jetzt so fortdauern solle, dieser wilde schöne Wirbel, dieser leise Rausch, der von dem Mädel ausging und vom Wein und von seiner Jugend. Auch die Karla hatte gerötete Wangen und lachte den Schramek manchmal zwinkernd an.

Auf einmal sagte der Schramek zu Berger: »Hast du schon meinen neuen Säbel gesehen?«

Berger war nicht neugierig. Aber der Schramek zog ihn hin. Und wie sie sich niederbeugten, sagte er ihm leise: »So, und jetzt verschwind, Bubi. Jetzt können wir dich nicht mehr brauchen.«

Berger starrte ihn einen Moment verdutzt an. Dann verstand er und sagte gute Nacht.

Wie er in seinem Zimmer stand, fühlte er ein leises Schwanken unter seinen Füßen. Oben auf der Stirne hämmerte das Blut und die Müdigkeit warf ihn bald ins Bett. Am nächsten Tag verschlief er zum erstenmal die Vorlesung.

Immerhin: diese Begegnung, so flüchtig sie auch war, hatte eine leise flimmernde Erregung in sein Blut gestrahlt. Er sann dumpf nach: ob das nicht irgendein Irrtum war, eine geheime Lüge, dieser Durst nach einer Freundschaft. Ob in diesem Hinverlangen aus der Einsamkeit in eine wilde Vertraulichkeit nicht ein anderes mühsam verhülltes Verlangen sich rührte?

Er sann jene Tage mit seiner Schwester zurück. Er dachte an jene blauen Abende, wo sie im abendlich verdunkelten Garten saßen und er nicht mehr ihre Züge sah, nur mehr den weißen Schimmer des Kleides aus der Dämmerung, ganz leise nur, wie oft noch eine Wolke zart leuchtet auf dem schon umnachteten Himmel. Was war es, das ihn damals so beseligte, wenn diese Stimme mit den lieben Worten aus dem Dunkel kam, silbern und leise, oft hell blinkend von Lachen und dann wieder voll Zärtlichkeit, wenn diese Musik anflog an sein Herz wie schmeichelnder Wind oder ein zutraulicher Vogel? War dies wirklich nur geschwisterliches Vertrauen gewesen oder war nicht doch darin – irgendwo ganz am tiefsten Grunde und gekühlt durch begehrungslose Freundschaft – eine Freude verborgen an der Frau, eine zarteste, süßeste Empfindung des Weiblichen? Und war nicht vielleicht alles, was er hier dumpf ersehnte, ein Glanz, eine verirrte Spur von weiblicher Seele über seinem Leben?

Seit jenem Abend wußte er es bestimmt, er sehnte sich sehr nach irgendeiner Frau. Nicht so sehr nach einem Verhältnis, nach einer Liebe, sondern nur nach irgendeiner leisen Berührung mit den Frauen. War denn nicht all das Unbekannte und Wunderbare, das er erhoffte, mit den Frauen verknüpft, waren sie nicht Hüterinnen aller Geheimnisse, lockend und verheißend, begehrend und begehrt zugleich. Er begann jetzt mehr die Frauen auf der Straße zu beachten. Er sah viele, die jung waren und schön und das funkelnde Licht in den Augen trugen, das so viel verrät. Wem gehörten die, die so wiegend gingen wie in leisem Tanz, die so stolz aufrecht um sich sahen, als seien sie Königinnen, die in den Wagen wie in Wollust ruhten und mit den Blicken lässig hinstreiften auf die, die da staunend standen und sie bewunderten? War in ihnen denn nicht auch Sehnsucht und mußten nicht hinter diesen tausenden Türen, hinter den zahllosen ängstlich verhängten und sehnsüchtig aufgetanen Fenstern der großen Stadt viele Frauen sein, in denen auch ein Verlangen war, ähnlich wie das seine und ihm entgegengebreitet wie mit offenen Armen? War er nicht jung wie sie und war nicht gleiche Sehnsucht in alle gegossen?

Er ging jetzt weniger in die Vorlesungen und streifte öfter die Straßen entlang. Ihm war, als müßte er endlich irgendeiner begegnen, die in den zitternden Zeichen seines Auges lesen könnte, irgendein Zufall müßte ihm helfen, ein Unvermutetes geschehen. Er sah mit Neid und einer wilden Begier, wie knapp vor ihm junge Burschen mit Mädeln bekannt wurden, sah Liebespaare, zärtlich und verschlungen, abends sich hinein in die Parke verlieren, und immer drängender wurde in ihm das Verlangen, auch sein Erlebnis zu haben. Freilich, nichts Wildes ersehnte er sich, sondern eine Frau, zart und sanft wie seine Schwester, zärtlich und lieb, kindhaft treu und mit dieser wunderbaren leisen Stimme im Abend. Das Bild füllte seine Träume.

Jeden Tag, wenn er mittags durch die Floriangasse nach

Hause ging, begegnete er den schwärmenden Zügen junger Mädchen. Fünfzehnjährige, Sechzehnjährige waren es, die von der Schule kamen, in kleinen schwatzenden Trupps, mit jenem hüpfenden Schritt der Mädel in diesen Jahren, unruhig herumspähend, kichernd, die Bücher schlenkernd. Jeden Tag sah er sie von ferne, die frischen lachenden Gesichter, die schlanken Körper in den kurzen Röcken, die leicht sich wiegenden Hüften, sah die unbesorgte, noch kindische Fröhlichkeit mit einer wilden Sehnsucht, von dieser Jugend das Lachen zu lernen und diese klare Heiterkeit. Jeden Tag sah er sie. Und schon kannten sie ihn. Wenn er kam, stießen sie sich in der auffallenden Art der Backfische an, lachten überlaut und sahen ihn mit übermütigen Augen herausfordernd an, der dann immer rasch wegsah und vorübereilte. Wie sie dann seine schüchterne Verwirrtheit merkten und dieses errötende Wegstieben vor ihrem Blick, wurden sie immer verwegener von Tag zu Tag, ohne daß er sich je aufraffen konnte, sie anzusprechen. Waren sie nicht knabenhafter, männlicher als er? War er nicht in seiner schüchternen Blödigkeit wie ein Mädel so verwirrt und kindisch?

Er erinnerte sich an einen Scherz in seiner Heimat, den seine Schwester vor ein paar Jahren gemacht hatte. Sie hatte ihn heimlich als Mädel angezogen und ihn plötzlich unter ihre Freundinnen geführt, die ihn zuerst nicht erkannten und dann übermütig, mit hundert Scherzen umringten. Er, ein Bub damals noch, war zitternd und errötend dagestanden und hatte kaum gewagt die Augen aufzuschlagen und in den Spiegel zu schauen, den sie ihm brachten. Schon damals war er schüchtern gewesen und feig, aber da war er noch ein Kind. Jetzt war er ein Mann fast und wußte noch nicht, einen lachenden Blick zu ertragen, wußte nicht stark zu sein und brutal, wie das Leben es verlangte. Warum konnte er nicht so sein wie der Schramek oder all die anderen? War er wirklich minderwertig, wirklich wie ein Kind?

Immer fiel ihm das wieder ein, wie er damals als Mädel verkleidet unter diesen lachenden, übermütigen Dingern stand und nicht aufzuschauen wagte. Was war aus denen seither geworden? Das Küssen kannten sie und die Liebe, sie trugen lange Kleider, manche hatten schon Mann und Kind. Alle waren sie aus dem Zimmer von damals, alle aus der

Kindheit hinaus ins Leben gestürmt. Nur er stand noch immer da, Mädel mehr als Mann, ein errötendes Kind im verlassenen Zimmer mit den verwirrt niedergeschlagenen Augen und wagte nicht aufzusehen ...

Einmal, es war spät im Jänner, ging er wieder zu Schramek hinüber. Er kam jetzt seltener, seit er dem einsamen Umherstreifen auf den Straßen eine leise lockende Wollust abgewonnen hatte. Das Wetter war wüst. Der Schnee der letzten Tage war geschmolzen, aber der Wind blieb scharf und schneidend und verlangte die Straße allein für sich. Wolken hetzten über den grauen Himmel, der niederstarrte wie erblindet. Ein scharfer stechender Regen begann, der sich wie Eisspitzen in die Haut bohrte.

Schramek sagte ihm kaum guten Tag. Er war immer rücksichtslos und grob, wenn in seinen Angelegenheiten etwas nicht ganz in Ordnung war. Unruhig ging er auf und ab, die Pfeife immer wieder anqualmend. Manchmal kehrte er kurz um, als wollte er etwas fragen. »Verfluchte Sache«, knurrte er zwischen den Zähnen.

Berger saß still. Er traute sich nicht, ihn zu fragen, was eigentlich vorgehe. Schramek würde schon reden, das wußte er.

Der brach auch endlich los. »So ein Sauwetter! Das hat mir noch gerade gefehlt. Da kann ich jetzt herumrennen wegen die Dummheiten!«

Er rannte wieder zornig auf und ab, hieb mit einem Lineal scharfe pfeifende Striche durch die Luft. Nun fragte erst Berger vorsichtig: »Was ist denn los?«

»Dieser Laff, mein Leibbursch, hat vorgestern zwei Kerle angerempelt. Heute um vier Uhr geht's los und dann morgen wieder. Und ich hab' doch Prüfung in acht Tagen und hätt' mich wirklich um andere Sachen zu kümmern. Dazu hat er sich noch zwei ausgesucht, die ihn sicher abstechen werden, den Depp, den blöden. Wenn ich jetzt durchfall', dann ist's aus, dann kann ich wieder ein Jahr sitzen und warten, wie die Buben in der Schule. Und da soll man sich nicht giften.«

Berger sagte nichts. Es hatte nicht lange gedauert, bis er die Stupidität all dieser Mensuren hinter dem leichten lockenden Glanz erkannt hatte, der sie vergoldete. Seit er bei einer

Kneipe gewesen war und die trunkenen Studenten dann fahl und grau im Frühlicht gesehen hatte nach allen Feierlichkeiten und Zeremonien, seit er draußen in einer engen, schmutzigen Stube einer Mensur beigewohnt hatte, blieb ihm nur mehr ein leises Lächeln für den Ernst, mit dem diese Dinge betrieben wurden, seitdem fehlte ihm jegliches innerliche Interesse an diesen Affären ganz und gar. Freilich, dem Schramek hatte er sich's nie zu sagen getraut, dem ging's bis ins Blut. Jetzt saßen sie beide schweigsam da, jeder mit seinen Gedanken beschäftigt, draußen ratterte immer lauter der Wind.

Da ging die Glocke. Und gleich darauf klopfte es an der Tür.

Die Karla kam herein, den Hut schief, nasse Strähnen über dem lachenden Gesicht. »Schön schau ich aus, nicht wahr? Was?« »Servus.« Sie ging auf Schramek zu und küßte ihn. Er wich übelgelaunt aus. »Hast Angst, ich werd' dich naß machen mit meiner Jack'n, Blödian?« Dann bemerkte sie Berger. »Servus Bubi!«

Sie zog die Jacke aus und warf sie auf das Sofa hin. Alle schwiegen. Berger war irgendwie unangenehm berührt. Seit jenem Abend, wo sie Bruderschaft getrunken hatten, war er ein paarmal mit Karla zusammen gewesen, aber nie mehr fand er die kameradschaftliche freie Unbefangenheit wieder. Die warme erotische Welle, die seit damals über sein Leben gestürzt war, machte ihn unruhig und erregt in der Nähe einer Frau. Er fürchtete sich beinahe vor seiner Leidenschaftlichkeit.

Auch Schramek sprach nichts. Er war übelgelaunt, die Affäre und seine Prüfung gingen ihm nicht aus dem Kopf. Das Schweigen dehnte sich unangenehm lang.

Die Karla schaute jetzt ziemlich böse. »Mir scheint, ich komme dem gnädigen Herrn ungelegen. Dazu hab' ich mich also freig'macht für heute nachmittag, daß ich zuseh', wie Ihr mit offenen Augen schlaft's. Liebe Leut' seid's, das muß ich schon sagen.«

Schramek stand auf und nahm seinen Winterrock. »Liebes Kind, du kommst mir immer gelegen, das weißt du. Nur grad jetzt nicht. Ich muß weggehen, es ist halb vier und um vier steigt der Fix draußen in Ottakring.«

»G'schieht ihm schon recht, dem Lausbuben, was ist er auch so frech mit alle Leut! – Also weggehen willst du. Was soll nachher mit mir g'schehn. Soll ich am End' bei dem Wetter auf der Gassen umeinanderrennen?«

»Liebes Kind, ich komm erst um sieben Uhr zurück. Du kannst ja dableiben.«

»Was soll ich denn da tun. Schlafen? Dank schön, das hab' ich besorgt von gestern abend um neune bis heut früh. Nimm mich mit. Ich möcht' gern zuschauen, wie man den Fix auf Fetzen haut.«

»Das geht doch nicht, was fällt dir ein.«

»Na, in Gottes Namen, dann bleib' ich halt da und wart' auf dich. Der Bubi bleibt bei mir. Nicht wahr, Bubi?«

Berger wußte keine Antwort. Er war solchen plötzlichen Überfällen gegenüber wehrlos. Er traute sich kaum, sie anzuschauen. Die beiden fingen zu lachen an.

»Natürlich«, sagte der Schramek, jetzt wieder gut gelaunt. »Natürlich, euch zwei soll ich allein lassen. Hast du denn eine Ahnung, was der Bubi für ein Duckmäuser ist?«

»Das ist doch gar kein Bubi. Der ist doch ein Mädi.«

Nun lachten sie wieder beide. Wie sie ihn verachteten, dachte Berger. Warum konnte er jetzt nicht mitlachen, warum war er so tölpisch, kein Wort zu finden, keinen Scherz, nichts, gar nichts. Ein Zorn wuchs in ihm auf.

»Na also, gut ist's«, sagte der Schramek. »Ich will's riskieren. Was tu' ich aber, wenn ihr zwei was anstellt's.«

»Dazu gehören doch zwei.«

»Na weißt du ... du ... schwören möcht' ich doch lieber nicht auf dich.«

»Mich hab' ich ja gar net g'meint.«

Und jetzt lachten sie wieder beide, mit jenem vollen heiteren Lachen gesunden Lebens, das gar nicht bösartig gemeint war und doch in Berger brannte wie Peitschenhiebe. Weg sein, nur weg sein, tausend, zehntausend Meilen, fühlte er dumpf. Oder schlafen. Oder lustig sein können wie die. Nur nicht so dasitzen ohne ein Wort. Nicht so tölpisch-schüchtern, so kindisch verwirrt sein, sich nicht bemitleiden lassen.

Schramek setzte sich die Kappe auf. »Gut, probieren wir's halt. Aber wehe euch, wenn ... Um sieben Uhr bin ich wieder da. Bubi, sei brav! Ich seh' dir's an den Augen an, wenn du was angestellt hast. Und langweil mir das arme Mädel nicht. Servus!«

Er faßte die Karla derb um die Hüften, daß sie sich kichernd wand, gab ihr ein paar feste Küsse, winkte Berger mit der Hand und war fort. Draußen fiel die Tür hart ins Schloß.

Nun waren sie allein, der Berger und die Karla. Der Wind tanzte mit dem Regen über die Gasse, und manchmal knackte es im Ofen, als bräche etwas entzwei. Immer stiller wurde es im Zimmer, man konnte schon den dünnen Atem der Pendeluhr von nebenan hören. Berger saß da wie schlafend. Ohne aufzusehen, spürte er, daß sie ihn lächelnd anschaute. Er spürte diesen Blick wie ein elektrisches Prickeln, das Haar leise anrührend und dann hinab bis in die Füße. Ihm war, als müßte er ersticken.

Sie saß da, die Beine überschlagen, und wartete. Jetzt beugte sie sich vor. Sie lächelte leise. Und plötzlich sagte sie in die Stille hinein. »Bubi! Hast Angst?«

Wirklich, das war's. Woher wußte sie das? Angst fühlte er, Angst allein, eine dumme kindische Angst. Aber er zwang sich und stieß heraus: »Angst? Vor wem denn Angst? Vor dir vielleicht?« Es klang grob, ohne daß er es wollte.

Und wieder zitterte das Schweigen durchs Zimmer. Die Karla stand auf, glättete das Kleid, richtete sich die zerrauften Haare vor dem Spiegel und sah ihre Augen lachen. Dann wandte sie sich halb herum. »Offen g'sagt, du bist grauslich fad, Bubi. Erzähl' mir doch was.«

Berger fühlte eine immer wachsende Erbitterung gegen sie und gegen sich selbst, daß er so tölpisch war. Er wollte ihr schon wieder heftig antworten, aber da kam sie zu ihm heran, lieb und zutraulich, setzte sich neben ihn und bettelte wie ein kleines Kind. »Erzähl' mir doch was. Irgendwas Gescheites oder Dummes. Ihr lest's doch den ganzen Tag in die Bücher, da müßt's doch was wissen.« Sie lehnte sich ganz an ihn. Das war so ihre ungenierte Art, mit allen Leuten vertraulich zu sein. Aber dieser weiche, warme Arm auf dem seinen verwirrte ihn.

»Mir fällt nichts ein.«

»Mir scheint, dir fallt nie was G'scheites ein. Was tust denn eigentlich so den langen Tag? Umeinanderrennen, kommt mir vor. Letzthin hab' ich dich auf der Josefstädterstraßen g'sehn, aber du warst pressiert oder du hast mich nicht kennen wollen. Mir scheint gar, du bist grad einem Mädel nachgestiegen.«

Er wollte protestieren.

»No, no, es ist ja nix dabei. Sag, Bubi, hast du eigentlich ein Verhältnis?«

Sie lachte ihn an und freute sich unbändig über seine Verwirrtheit. »Da schaut's her, rot wird er auch. Ich hab's ja gleich gewußt, daß du eins hast, du Duckmäuser. Die möcht' ich mir gern einmal anschauen. Wie sieht sie denn aus?«

In seiner Verzweiflung wußte er nur eines, immer wieder nur das Eine, um sich zu verstellen. Er wurde grob. »Das ist meine Sache. Was geht's dich an? Kümmer du dich um deine Verhältnisse.«

»Aber Bubi, was schreist denn so, ich hab' ja rein eine Angst vor dir.« Sie stellte sich furchtbar erschrocken.

Er sprang auf. »Und dann sag' mir nicht immer Bubi. Ich vertrag' das nicht.«

»Aber der Schramek sagt's dir ja auch.«

»Das ist etwas anderes.«

Karla lachte. Er gefiel ihr riesig in seinem kindischen Zorn.

»So, jetzt sag' ich's extra. Bubi, Bubi, Bubi, dreimal hab' ich's g'sagt!«

Seine Nasenflügel zitterten. »Hör auf damit, hab' ich dir g'sagt. Ich vertrag's nicht.«

»Aber Bubi – Bubi!«

Er ballte die Fäuste zusammen. Das Blut stieg ihm ins Gesicht. Einen Schritt stand er vor ihr. Sie hörte, wie sein Atem keuchte, sah die Augen drohend funkeln. Unwillkürlich trat sie zurück. Aber dann packte sie wieder der Übermut. Die Hände in die Hüfte gestemmt, lachend, mit blinkenden Zähnen lachend sagte sie wie zu sich selbst. »Na sowas! Jetzt wird das Bubi bösartig.«

Da warf er sich auf sie. Das Spottwort traf ihn wie ein Peitschenschlag. Er wollte sie prügeln, schlagen, irgendwie züchtigen, daß sie ihn nicht mehr verhöhnte. Aber das starke, feste Mädel nahm seine Fäuste geschickt mit einem Griff und bog sie ihm herab. Schmerzhaft fühlte er seine Handgelenke in ihrer eisernen Umklammerung. Nicht rühren konnte er sich, wie ein Kind, wie ein Spielzeug hielt sie ihn. Einen Schritt entfernt sahen sich die Gesichter an: das seine, verzerrt von Wut, die Augen aufquellend in nahen Tränen, das ihre, überrascht, kraftbewußt, überlegen, fast lächelnd. Eine Minute hielt sie ihn so von sich wie ein schnappendes Hündchen. In der nächsten hätte er, zermartert im Handgelenk, in die Knie brechen müssen. Da ließ sie ihn los und schob ihn sanft weg. »So – jetzt sei wieder brav.«

Aber er sprang wieder an. Das machte ihn rasend, daß er so schwächlich unter ihrer Faust gezappelt. Jetzt mußte er sie niederringen, bändigen. Sie durfte nicht lachen über ihn. Jäh faßte er sie an, jetzt mitten um den Leib, um sie hinzuwerfen. Und nun keuchten sie beide Brust an Brust, sie überrascht und belustigt über seinen unbegreiflichen Zorn, er mit fiebernder Erbitterung und eingeknirschten Zähnen. Immer fester preßten sich seine krallenden Hände in ihren miederlosen geschmeidigen Körper, der immer geschickt ausbog, riß an den breiten Hüften, die kraftvoll eingestemmt waren. Sein Gesicht berührte im Ringen ihre Schultern und ihre Brust, er fühlte wirr einen weichen warmen, berauschenden Duft, der seine Arme immer schwächer machte, er hörte manchmal das laute schütterne Stoßen des Herzens und das kollernde Lachen, das tief aus der umpreßten Brust aufquoll und es war ihm, als ob seine Muskeln erstarren würden. Wie an einem Baumstamm rüttelte er an diesem starken bäuerischen Körper, der manchmal leicht nachgab, aber nie gebogen wurde, der immer kraftvoller zu werden schien im Widerstand. Bis ihr das Spiel zu dumm wurde und sie sich losmachte mit zwei, drei Griffen. Jäh stieß sie ihn zurück, daß er nur so flog. »Jetzt gib aber Ruh'!« Zornig und fast drohend war ihre Stimme.

Er taumelte nach rückwärts. Sein Gesicht brannte, blutunterlaufen waren die Augen, und rot, brennrot kreiste alles vor seinem Blick. Ein drittesmal noch sprang er an, blind, besinnungslos, mit flügelnden Armen wie ein Trunkener. Und plötzlich war es etwas anderes. Dieser wilde ausstrahlende Duft, dieses Knistern ihres Kleides, die warme Berührung des biegsamen Körpers hatten ihn toll gemacht. Nicht mehr schlagen wollte er oder züchtigen, sondern sich dieser Frau bemächtigen, die seine Sinne aufgestachelt hatte. Er riß sie an sich, verwühlte sich ganz in ihre heißen Formen, griff mit seinen fiebernden Händen um ihre ganze Gestalt, verbiß sich lechzend in ihr Kleid, um sie niederzupressen. Sie lachte noch immer, leise gekitzelt von seinen Berührungen, aber in ihrem Lachen war jetzt ein fremder, heiserer Ton. Ihr ganzes Wesen schien bewegter, unruhig wogte die Brust, ihr Körper preßte den seinen stürmischer an beim Ringen, ihre starken Hände zitterten immer unruhiger. Ihr Haar war aufgegangen und flatterte über die Schulter, schwül duftend und schwer. Immer heißer wurde ihr Gesicht. Beim Ringen riß ihre Bluse ein wenig auf, ein Knopf sprang weg und plötzlich sah der Fiebernde ein unruhiges Blinken von ihrer weißen Brust. Er stöhnte in letzter Anstrengung. Er fühlte, daß sie ihm gar nicht widerstehen wollte, daß sie nur bezwungen sein wollte, hingeworfen, aber selbst dazu reichte nicht seine Kraft. Ohnmächtig rüttelte er an ihr herum. Einen Augenblick war es, als wollte sie selbst zurückfallen. Wollüstig bog sich ihr Kopf zurück, er sah ihre Augen funkeln in einem jähen nie gekannten Licht. Und es war wie eine Zärtlichkeit, ein wilder drängender Seufzer, wie sie jetzt sagte: »Aber, Bubi, Bubi!« Da riß er an ihr und wie er fühlte, daß sie nicht niederstürzte, unter seinen mageren zitternden Kinderhänden, da griff er plötzlich gierig in das aufgelöste rote Haar, um sie niederzuziehen mit einem Ruck. Sie schrie auf vor Zorn und Schmerz. Mit einem wilden, wütenden Stoß schleuderte sie den schwachen Körper von sich, daß er wie ein leichter Ballen durchs Zimmer flog.

Berger stolperte im Zurücktaumeln. Und fiel dann klirrend hin in die Ecke, mitten unter die Säbel, die dort lagen. Ein scharfer Riß fuhr über seine Hand hoch in den Arm hinein.

Eine Minute blieb er liegen, wie betäubt. Und da kam sie schon, leise noch zitternd vor Erregung, aber ängstlich besorgt: »Ist dir was g'schehn?«

Er antwortete nicht. Sie half ihm sich aufrichten und streichelte ihn dabei. Es war keinerlei Bösartigkeit in ihr. Mühsam war das Aufstehen. Denn die linke Hand hatte er in die Rocktasche gesteckt, daß sie nicht merken sollte, wie er sich verletzt habe. Er wollte es nicht eingestehen. Wie ein

Feuer brannte die Wut in ihm über seine klägliche Schwäche, daß er nicht einmal eine Willige bezwingen konnte. Einen Augenblick war ihm, als müßte er noch einmal anspringen. Und in der Tasche fühlte er, wie heiß und feucht das Blut aus der Wunde strömte.

Er stolperte nach vorwärts, ohne sie anzusehen, die ihm erschreckt helfen wollte. Vor seinen Augen war ein Nebel von Tränen. Kaum sah er die Tür durch diese feuchte Wolke. Alles war in ihm ganz leer, ganz gleichgültig. In der Tasche tröpfelte das Blut: das fühlte er dumpf, sonst war alles erloschen in ihm. Er tappte nur blind nach vorwärts ... zur Tür ... hinaus ... in sein Zimmer.

Dort fiel er hin auf das Bett. Der verwundete Arm hing über die Kante hinaus. Er blutete noch immer und manchmal klatschte schwer ein Tropfen auf den Boden hinab. Berger achtete nicht darauf. In ihm wogte etwas, als wollte es ihn ersticken. Und endlich brach es heraus, ein ungeheurer Weinkrampf, ein wildes, wehes Schluchzen, das er in die Kissen vergrub. Minutenlang peitschte es seinen kindlichen fiebernden Körper. Dann fühlte er sich freier.

Er horchte hinüber. Drinnen ging die Karla mit absichtlich lautem Schritt. Er regte sich nicht. Jetzt verstummten die Schritte. Und nun klapperte sie an den Schränken, trommelte auf dem Tisch, um sich bemerkbar zu machen. Offenbar wartete sie, daß er zurückkommen werde.

Er lauschte weiter. Sein Herz wurde immer lauter, aber er regte kein Glied.

Sie ging noch eine Weile auf und ab. Dann pfiff sie einen Walzer und trommelte dazu wieder den Takt. Allmählich wurde sie still. Nach einer Weile hörte er draußen die Türe gehen und im Gang schwer zufallen.

Die lange endlose Nacht und den nächsten Morgen hatte Berger gewartet, daß Schramek kommen würde und ihn zur Rede stellen über das, was vorgefallen sei zwischen ihm und der Karla. Denn daran zweifelte er nicht, daß die Karla sofort alles dem Schramek erzählt haben würde, nur wußte er nicht, ob sie's als bösartigen Angriff geschildert hatte oder als eine lächerliche unsinnige Laune. Die ganze Nacht grübelte er nach, was er Schramek erwidern sollte, lange Gespräche mit

Rede und Gegenrede arbeitete er aus und ersann schon gewisse Bewegungen, um die Diskussion scharf abzuschneiden, wenn er keinen Ausweg mehr fände. Und eines wußte er, daß die Freundschaft nun auf einer Kippe stand, daß alles jetzt vorbei war oder neu werden mußte von Grund auf.

Aber er wartete vergeblich. Schramek kam nicht, auch die nächsten Tage nicht. Das war eigentlich nicht so absonderlich, denn Schramek suchte ihn sonst nur auf, wenn er irgendeine Gefälligkeit brauchte oder irgendwas von sich wegzuerzählen hatte, sonst war es immer der Berger, der ihn besuchen mußte, um ihn zu sehen. Nur schien diesmal ihm, dem Schuldbewußten, eine Absicht in dem Wegbleiben zu liegen und er ging nicht zu ihm, er wartete mit einem stillen verbissenen Trotz, der ihm selbst weh tat. Ganz allein war er in diesen Tagen. Keiner kam zu ihm, und stärker als je empfand er das erniedrigende Gefühl, daß er für keinen Menschen Bedürfnis war, daß keiner ihn liebte, keiner seiner bedurfte. Und da spürte er doppelt was diese Freundschaft ihm noch war, trotz aller Enttäuschungen und Erniedrigungen.

Das ging so eine Woche. Da, eines Nachmittags, als er vor dem Schreibtisch saß und zu arbeiten versuchte, hörte er ein paar rasche Schritte gegen die Türe zu. Er erkannte sofort Schrameks Gang, sprang empor und da flog auch schon die Tür auf, sauste wieder ins Schloß und Schramek stand vor ihm, atemlos, lachend, faßte ihn an mit beiden Armen und schüttelte ihn hin und her.

»Servus Bubi! Daß man dich auch sieht, die anderen waren alle dabei, nur du nicht, weil du den ganzen Tag kümmeln mußt. Und es geht so auch. Ja, durchgekommen bin ich und Gott sei Dank, es war meine letzte Prüfung. In acht Tagen mußt du mir Herr Doktor sagen.«

Berger war ganz verblüfft. Er hatte an alles mögliche gedacht, nur nicht, daß sie sich so wiedersehen würden. Ein paar Glückwunschworte stammelte er gerade noch. Aber Schramek unterbrach ihn.

»Ja, ja, schon gut, streng dich nicht an. Und jetzt vorwärts, komm herüber zu mir, das muß tüchtig gefeiert werden und erzählen muß ich dir auch alles. Also, vorwärts. Die Karla ist schon drüben.«

Berger erschrak. Er fühlte plötzlich Angst, mit der Karla

zusammen zu sein, denn jetzt würde sie ihn lächerlich machen und er würde wieder errötend zwischen diesen beiden Menschen stehen wie ein Schulbub. Er suchte auszuweichen.

»Du mußt mich schon entschuldigen, Schramek, aber ich kann nicht, mit bestem Willen nicht. Ich hab' furchtbar viel zu tun.«

»Zu tun? Was hast du zu tun, du Kerl, wenn ich meine letzte Prüfung gemacht habe? Zu freuen hast du dich und mitzukommen, sonst hast du gar nichts zu tun. Vorwärts mit dir.«

Er nahm ihn am Arm und zog ihn fort. Berger fühlte sich zu schwach, um zu widerstehen. Er fühlte nur dumpf, was für eine Gewalt der Schramek noch über ihn hatte. Wie ein Mädel nahm er ihn da, und zum ersten Male verstand er ganz, wie sich eine Frau von einem so starken heitern lebensfrohen Menschen überwältigen lassen müßte, ganz gegen ihren Willen, nur aus dem mattschwindenden bewundernden Gefühl der Stärke. Und so mußte auch die Frau von dem Manne denken in dem Augenblick, wie er jetzt von Schramek; Haß, Zorn mußte sie haben und doch das weiche Gefühl von einem Starken überwältigt zu sein. Er spürte sich gar nicht gehen, wußte gar nicht wie es geschah und war plötzlich drüben in Schrameks Zimmer.

Und da stand schon die Karla. Wie sie ihn sah, kam sie auf ihn zu, überflog ihn mit einem merkwürdigen warmen Blick, der ihn umhüllte wie eine weiche Welle und bot ihm die Hand, ganz ohne Wort. Und noch einmal sah sie ihn an, neugierig, wie einen Fremden und doch wieder anders.

Schramek hantierte am Tisch herum. Er hatte das Bedürfnis etwas zu tun und den Drang zu reden, die starke Lebendigkeit seines freudig erregten Gefühles brauchte solche Ventile. Wenn ihn etwas packte, brauchte er Menschen, um seinen Überschwang abzutun, sonst war er eigentlich gleichgültig und eher verschlossen. Aber heute glühte sein ganzes Wesen in Bewegung und einer wilden knabenhaften Freude.

»Also was nehmen wir? Mit trockener Kehle kann ich Euch nichts erzählen. Was, keinen Wein? Sonst haben wir abends keine Freude mehr davon und heute abends muß es drunter und drüber gehen. Brauen wir einen Tee. Einen ganz langweiligen, schönen heißen Tee. Wollt Ihr?«

Karla und der Berger waren einverstanden. Sie saßen nebeneinander am Tisch, aber Berger sprach nicht mit ihr. Der Gedanke flog hin und her in seinem Kopf, wie ein eingesperrter Nachtfalter surrend durch ein Zimmer fährt: war das ein Traum gewesen, daß er mit dieser Frau da neben ihm wie ein Verzweifelter gekämpft hatte? Er wagte sie nicht anzusehen und spürte nur, wie die Luft stickig um ihn wurde, wie seine Kehle sich verschnürte. Glücklicherweise merkte Schramek nichts. Er klapperte mit den Tellern und Tassen herum, pfiff und schwatzte. Es machte ihm Freude, den Kellner für die beiden zu spielen, er servierte ihnen voll Übermut und warf sich dann breit und behaglich in das knackende Fauteuil ihnen gegenüber und fing an zu erzählen.

»Also, daß ich nie viel gelernt hab', das brauch ich Euch beiden doch nicht zu sagen. Und wie ich mich da hinschleich' in meinem Leichenbitteranzug zum Prüfungssaal, treff' ich einen alten Freund von mir, den Karl – du kennst ihn ja – und der, wie er sieht, daß mir elend zu Mut ist, fängt mächtig an, mich zu trösten. Aber ich frag' ihn nur in meiner Angst – ihr habt's keine Ahnung wie schäbig der anständigste Mensch eine Stunde vor einer Prüfung wird – ob das schwer ist und was er für Fragen vor zwei Jahren bekommen hat. Wie er mir die erste sagt, hab' ich keine Ahnung davon und mir wird ganz schwach. Ich bitt' ihn noch rasch, er soll mir das erklären – irgendeine Verfassungsgeschichte war's – und er trichtert mir's ein und kommt dann mit zuschauen, wie ich abgeschlachtet werde.«

Was erzählte der da? Berger konnte nicht hinhören, das kam alles aus einer Ferne her, das klang wie Worte und war ohne Sinn. In ihm zitterte immer nur der Gedanke, daß neben ihm die Frau saß, die mit ihm gerungen, die ihn niedergeschlagen hatte, und daß diese Frau ihn nicht verhöhnte, sondern angesehen hatte mit diesem weichen einhüllenden funkelnden Blick ...

Da schrak er plötzlich zusammen. Über seine Hand, die achtlos am Tische lag, strich jetzt ein Finger leise die Narbe entlang, die noch rot hinlief wie ein feuriger Streif. Und wie er aufzuckte, begegnete er einer Frage in Karlas Blick, einer fast zärtlichen mitleidigen Frage. Feuer stob hinauf bis in die Schläfen, er mußte sich festhalten am Sessel.

Drüben erzählte noch immer der Schramek. »Und denkt's Euch, kaum sitz' ich dort, da ist die erste Frage grad' die, die mir der Karl eingetrichtert hat. Ich hör' hinter mir ein Husten und Kichern, aber mir war mit einemmal so leicht, daß ich denen gar nicht böse war, ich fang' zu ratschen an und das rinnt wie geschmolzene Butter. Und wenn man schon einmal im Zug ist, dann geht's schon weiter. Ich hab' geredet, bis mir die Zunge weh getan hat, weiß Gott, was für dummes Zeug, aber geredet hab' ich.«

Berger hörte kein Wort. Er spürte nur, wie nochmals der Finger über die Narbe strich und ihm war, als würde sie schmerzhaft aufgerissen durch diese verschwiegene Bewegung. Ein Zucken lief ihm über den Leib und jäh riß er die Hand vom Tisch, wie von einer weißglühenden Platte. Eine zornige Verwirrung wuchs in ihm auf. Aber wie er sie ansah, merkte er, daß ihre geschlossenen Lippen sich wie im Schlafe regten und sie leise murmelte »Armes Bubi«.

Lag's nur um die Lippen, ein tonloses Wort, oder hatte sie es wirklich gesagt? Drüben saß der Schramek, ihr Geliebter und sein Freund, und erzählte wild weiter und inzwischen... Er zitterte leicht, ein Schwindel faßte ihn und er fühlte sich blaß werden. Da nahm die Karla unter dem Tisch seine Hand ganz leise und weich in die ihre und legte sie sich aufs Knie.

Nun spürte er wieder alles Blut im Gesicht und jetzt, wie es sich im Herzen staute und jetzt, wie es herabrann und brannte in seiner Hand. Und er fühlte ein weiches rundes Knie. Er wollte die Hand wegzerren, aber die Muskeln gehorchten ihm nicht. Sie blieb liegen wie ein schlafendes Kind, weich gebettet ruhend, vergessen in einem wunderbaren Traum.

Und da drüben – oh wie weit war diese Stimme im Rauch – erzählte noch immer einer, der sein Freund war und den er jetzt betrog, erzählte, erzählte von seinem Glück in unbesorgter Fröhlichkeit. »Am meisten hat's mich gefreut, daß der Fix, der Frechling sein Geld dabei verloren hat. Denkt's euch, der wettet mit alle Leut', daß ich durchfallen werde und dann, wie ich herauskomme, hat er gar nicht gewußt, was er tun soll. Freuen hat er sich müssen und ärgern auch, ich sag' Euch, das Gesicht, das der gemacht hat, das Gesicht... aber was habt's Ihr denn? Mir scheint Ihr seid's eingeschlafen alle beide?«

Karla ließ die Hand nicht los. Und Berger mußte nur immer denken »die Hand... die Hand... das Knie... ihre Hand«. Aber die Karla protestierte lachend. »No, soll man net sprachlos sein, wenn so ein Faultier wie du Doktor wird. Ich möcht' wirklich gern dann sehen, wie einer ausschaut, der durchfliegt, der muß rein an Wasserkopf haben.«

Beide lachten. Berger zitterte immer mehr, ein geheimnisvolles Grauen kam ihn an vor der Verstellung dieses Mädels. Sie hielt noch immer seine Hand mit der ihren umschlossen und preßte sie so fest, daß der Ring sich blutig in seinen Finger einschnitt. Und leise schob sie ihr volles Bein an das seine an. Und sprach dabei ruhig, so ruhig weiter, daß ihn schauerte. »No und jetzt sag, wie wird denn so ein Wunder Gottes gefeiert? Wenn das keine Drahrerei gibt, so bist du ganz einfach ein niederträchtiger Schäbian, du Doktor, du neugebackener. Na aber das ist gar nix dagegen, wenn erst der Bubi Doktor wird, paß auf, da wird's erst zugeh'n.«

Und dabei lag ihre Hüfte ganz an der seinen, er spürte die weiche Wärme ihres Körpers. Vor seinen Augen begannen alle Dinge zu schwanken, so erregt war er. Und an die Stirne drängte von innen schmerzhaft das Blut.

Da schlug die Pendeluhr. Siebenmal rief eine dünne Stimme undeutlich ihr Kuckuck... Kuckuck. Das brachte Berger zur Besinnung. Er sprang auf, stammelte ein paar Worte. Dann gab er irgend jemand die Hand, ihm oder ihr, er wußte es nicht mehr, eine Stimme – es war wohl ihre – sagte »Auf Wiedersehen« und dann, aufatmend fühlte er es und beseligt, war hinter ihm die Tür zugefallen.

Und dann, schon im nächsten Augenblick, wie er in seinem Zimmer stand, war ihm alles klar: nun hatte er seinen Freund verloren. Wenn er ihn nicht bestehlen wollte, durfte er nicht mehr verkehren mit ihm, denn er fühlte, daß er der Lockung dieses seltsamen Mädchens nicht würde widerstehen können. Der Duft ihres Haares, der wilde leidenschaftliche Krampf in ihren Gliedern, die begehrliche Kraft, das alles brannte in ihm und er wußte, er würde nicht widerstehen können, wenn sie ihn so ansah wie heute mit diesem leisen lockenden Lächeln. Wie war das gekommen, daß er ihr plötzlich so begehrlich wurde, daß sie um seinetwillen den Schramek betrügen wollte, diesen festen, schönen, gesunden

Menschen, den er heimlich so sehr beneidete? Er verstand es nicht und fühlte nicht Stolz und nicht Freude. Nur eine wilde Wehmut, daß er nun seinen Freund werde meiden müssen, um kein Schurke an ihm zu sein. Freilich, die Freundschaft mit Schramek war nicht geworden, was er gehofft hatte, vielen Dingen hat er auf den Grund gesehen, manches erkannt, was ihn einst geblendet, aber jetzt, wie es vorüber war, schien ihm alles so unendlich viel. Denn es war das letzte, was er in Wien noch hatte. Alles war weggeglitten, die Hoffnungen zuerst und die Neugier, die Freude am Studium dann und der Eifer und jetzt noch das letzte, diese Freundschaft. Er fühlte: diese Stunde hatte ihn ganz arm gemacht.

Da hörte er von nebenan ein Geräusch. Ein leises kicherndes Lachen und jetzt lauter. Er horchte, beide Hände auf der pochenden Brust. Lachten sie über ihn? Hatte Karla alles erzählt, war das am Ende ein abgekartetes Spiel gewesen, ihn zu versuchen? Er horchte hin. Nein, das war ein anderes Lachen, Küsse schmatzten dazwischen und ein erregtes Kichern. Und dann Worte, Zärtlichkeiten, deren sie sich nicht schämten. Seine Hände ballten sich unwillkürlich, er warf sich hin aufs Bett und stopfte sich das Kissen an die Ohren, um nichts mehr zu hören. Ein furchtbares Gefühl packte ihn, ein wilder zorniger Ekel, Ekel, daß er hätte ausspeien mögen. Ekel vor seinem Freund, vor dieser Dirne, vor sich selbst, der fast mitgespielt hätte in diesem widerlichen Spiel, ein besinnungsloser, todesmüder, schauervoller und ohnmächtiger Ekel vor dem ganzen Leben.

In diesen trüben Tagen schrieb er einen Brief an seine Schwester.

»Liebste Schwester, ich habe dir noch zu danken für deinen Geburtstagsbrief. Es war mir schwer in diesen Tagen. Wie er kam und mich weckte und mir sagte, ich sei heute 18 Jahre alt, habe ich das gelesen und es war mir, als ginge es mich nichts an, als sei es nicht wahr. Denn all die Worte darin von dem Glück meiner Freiheit und meiner Jugend, ich hätte sie als Spott genommen, wär' es nicht deine liebe Hand und die seit Kindertagen vertraute Schrift gewesen, die mir sie brachten. Denn es ist alles so anders hier in meinem Leben, so ganz anders, als du es dir denken kannst und so anders als meine eigenen Hoffnungen. Es tut mir weh, dir all das zu schreiben, aber ich habe hier niemanden mehr. Tagelang habe ich keinen Menschen gesprochen. Manchmal gehe ich den Leuten auf der Gasse nach und höre in ihre Gespräche hinein, nur um zu wissen, wie Worte klingen. Ich kenne nichts, weiß nichts, ich tue nichts, ich gehe zugrunde an einer Zwecklosigkeit. Tagelang bin ich ohne Erlebnis, begegne kein bekanntes Gesicht, und du weißt nicht, was das heißt, unter tausend Menschen einsam zu sein.

Auch mit Schramek ist alles vorbei. Es ist da etwas vorgefallen, ich kann dir's nicht erzählen, denn du würdest es nicht verstehen. Ich verstehe es selbst kaum, denn nicht ich und nicht er haben Schuld, es ist nur irgend etwas zwischen uns wie ein zweischneidiges Schwert. Und jetzt weiß ich es erst, da ich ihn verloren habe: er war das Liebste, was ich noch hatte in Wien.

Und noch eines ist es, das ich nur dir sagen kann, die es keinem verrät. Ich studiere nicht mehr. Seit Wochen war ich in keiner Vorlesung, meine Bücher liegen verstaubt. Ich weiß nicht warum, aber ich kann nicht mehr lernen, ich bin stumpf geworden, kein Beruf lockt mich hier, denn keiner hilft mir heraus aus diesem furchtbaren erdrückenden Gefühl der Einsamkeit. Ich will hier nichts mehr, mich ekelt alles. Ich hasse jeden Stein, auf den ich hier trete, ich hasse mein Zimmer, die Menschen, die ich begegne, ich atme mit Qual die frostfeuchte schmutzige Luft. Alles erdrückt mich hier, ich gehe zugrunde. Ich sinke unter wie in einem Morast. Vielleicht bin ich noch zu jung und ganz sicher zu schwach. Ich habe keine Fäuste, keinen Willen, wie ein Kind stehe ich unter allen diesen geschäftigen Menschen.

Und ich weiß eines: ich muß wieder heim. Ich kann noch nicht so allein leben, vielleicht geht es in paar Jahren. Aber jetzt brauche ich noch dich und die Eltern, ich brauche Menschen, die mich lieb haben, die um mich sind und mir helfen. Ja, das ist kindisch, es ist die Angst eines Kindes in einem dunkeln Zimmer, aber ich kann nicht anders. Du mußt es den Eltern sagen, daß ich das Studium lassen will und wieder heim, Bauer werden oder Schreiber oder was immer, nicht wahr du wirst es ihnen sagen, ihnen erklären, bitte, tue es bald, ich fühle, wie der Boden mir hier unter den Füßen brennt. Ich habe das nie so ganz gewußt, wie alles in mir nach Hause zurückdrängt, aber jetzt, im Schreiben, da wacht alles so sehnsüchtig auf und ich weiß, ich kann nicht anders, ich muß zu Euch zurück.

Es ist eine Flucht, eine Flucht vor dem Leben und nicht meine erste. Erinnerst du dich, damals als man mich auf das Gymnasium brachte und ich dann zum erstenmal in das Zimmer trat, wo 60 fremde Burschen mich neugierig, hochmütig, lachend und überrascht anschauten, da bin ich auch weggelaufen und nach Hause, und hab' den ganzen Tag geweint und nicht mehr zurückgewollt. Und das Kind von damals bin ich heute noch, ich habe die gleiche dumme Angst und das gleiche brennende Heimweh nach Euch und allen, die mich lieb haben.

Ich muß, ich muß weg. Jetzt, da ich es einmal mir abgerungen habe, fühle ich, es gibt kein Zurück. Ich weiß, viele werden lächeln und lachen, wenn ich heimkomme, ein Gestrandeter, einer, den das Leben nicht gewollt hat, ich weiß, daß meinen Eltern eine liebe Hoffnung damit niederstürzt, ich weiß, diese Schwäche ist kindisch und feig, aber ich kann nichts dagegen tun, ich spüre nur, ich kann hier nicht mehr leben. Keiner wird je wissen, was ich hier erduldet habe in den letzten Tagen, keiner kann mich mehr verachten als ich mich selbst. Wie einen Gezeichneten fühl' ich mich, wie einen Kranken, einen Krüppel, denn ich bin ganz anders wie die anderen und, mit Tränen spür' ich's, schlechter, minderwertiger, unnötiger, ich bin ...«

Er hielt inne, selbst erschrocken von dem wilden Ausbruch seines Schmerzes. Jetzt erst, da die Feder rasch sein fieberndes Gefühl trug, merkte er, wie viel Schmerz in ihm angesammelt war, wie das nun losbrechen wollte in breiten rauschenden Strömen.

Durfte er das schreiben? Durfte er die einzigen, die er besaß, noch verstören, eine Last, die keiner ihm nehmen konnte, aufbürden auf dieses sanfte Mädchenherz? Wie aus einer nebligen Ferne sah er in ihr liebes Gesicht mit den klaren Augen, die ein Lächeln gern überfunkelte, und sah, wie der Mund erschreckt sich zusammenpreßte, ein Zittern über die Züge hinlief und Tränen zögernd niederrollten über die erblaßten Wangen. Wozu noch dieses Leben verstören, sie erschrecken durch einen Hilfeschrei: wenn einer leiden sollte, wollte er es selbst sein und allein.

Er öffnete das Fenster, riß den Brief durch und streute die Fetzen ins Dunkel. Nein, lieber hier still zugrunde gehen, als um Hilfe zu bitten. Hatte er nicht gelernt, daß das Leben alles vernichtete, was untauglich und gebrechlich war? Es würde auch gerecht sein gegen ihn und ihn nicht versparen ...

Zögernd flatterten die weißen Streifen hinab in den Hof und sanken unter wie helle Steine in einem unergründlichen Wasser. Nächtig war der Himmel und ohne Sterne. Manchmal liefen Wolken heller hin über die dunkle Höhe und der Wind warf eine feuchte rauschende Luft gegen die schlafenden Häuser. Eine leise Unruhe war in alledem, wie erregter Atem war dieses stete Wehen des Windes, und von den stöhnenden Fenstern und zitternden Bäumen ging ein Raunen, als ob einer leise da spräche im Dunkel aus seinem bösen Traum. Und immer stärker wurde der Wind, wie Wetterleuchten flogen die Wolken schneller über den schwarzen Mantel des Himmels, und mit einem Male erkannte der Lauschende in all diesem seltsam erregten Bewegen das Fieber der ersten wunderbaren Nächte, die den Frühling bringen.

Und dann kam der Frühling, ganz langsam wie ein zögernder Gast. Berger erkannte ihn kaum wieder in dieser fremden Stadt. Wie war ihm sonst gewesen, wenn zum ersten Male der Tauwind über die weißen Felder lief, wenn die schwarzen Schollen aufsprangen aus dem Schnee und die Luft feucht war von ihrem Geruch? Wo war jene erste wilde Angst, wenn er oft aufstand, das Fenster aufriß, den Wind an seiner nackten Brust zu fühlen und das Stöhnen der Bäume zu hören, die sich nach ihren Blättern sehnten? Wo war sein Entzücken all den tausend kleinen Dingen entgegen, dem Vogelschrei in der Ferne und den weißen jagenden Wolken, das feine rinnende Knacken und Knistern im Boden zu vernehmen, zu belauschen, wie im Garten an den Spitzen der Äste kleine klebrige Beulen wuchsen und wie sie dann aufbrachen, zaghafte Blätter und eine einzige noch farblose Blüte? Wo war die tief im Blut flackernde Unruhe, wo die unbändige freudige Wollust, den Mantel von sich zu werfen und mit schweren Schuhen über die feuchte quellende Erde zu stapfen, eine Anhöhe hinaufzustürmen und plötzlich aufzuschreien, jubelnd, ohne Sinn, wie ein Vogel steil oben in der glänzenden Luft?

O, wie still war hier der Frühling, wie so ohne alle Gewalt. Oder war das in ihm, diese leise schläfernde Müdigkeit, diese Freudlosigkeit, die ihn nichts beglückt fühlen ließ, nicht den zartgoldenen Sonnenschein, der die Dächer wärmte, nicht dies Heller- und Lebendigerwerden der Straßen. Warum rührte ihn all dies so wenig an, daß er nie in den Prater hinausfuhr oder zum Kahlenberg, den er nur von ferne sah und doch wie nähergetragen von der geschmeidigen Luft. Sein Tun war so begrenzt, nie kam er aus dem Bezirk heraus. Immer müder wurde er. Er saß in dem kleinen Schönborn-Park, der sonst nur den Kindern gehört und einigen alten Leuten, er ging hin, um zu lernen oder zu lesen, aber das Buch rührte er nicht an und sah nur zu, wie die Kinder spielten, und irgendeine Sehnsucht war in ihm, mit ihnen spielen zu dürfen, wieder zurückzuwachsen in diese helle Sorglosigkeit.

Das Studium hatte er längst aufgegeben. Er vegetierte nur mehr leise dahin, sah den Dingen zu und hatte doch kein Interesse daran. Einmal hatte er sich wieder aufraffen wollen und war ins Krankenhaus gegangen; und wie er da in den weiten Hof mit den aufknospenden Bäumen kam, die sich unbesorgt in der Stille wiegten, als wüßten sie nichts von den furchtbaren und geheimnisvollen Schicksalen ringsum, da geschah es ihm, daß er sich vergaß und hinsetzte auf eine der Bänke. Und wie alle die Kranken, die in ihren langen blauen Leinengewändern heraustraten mit jenem zagen Schritt der erst Genesenden und nun ruhten, mit ruhigen matten Händen, ohne Lächeln und Gespräch, ganz nur dem dumpfen untätigen Gefühl erwachenden Lebens hingegeben, so saß er unter ihnen, ließ die Sonne warm über die Finger hinrinnen und träumte müde vor sich hin. Er hatte vergessen, was er hier wollte, er fühlte nur, daß da Menschen gingen und dort, hinter dem runden Tor eine laute lärmende Straße war, und daß Stunden langsam vergingen und die Schatten sich unmerklich vorstreckten. Wie man den Kranken das Zeichen der Rückkehr gab, schreckte er auf. War er nicht dagesessen, wie einer von ihnen, war er nicht vielleicht kränker und näher dem Tod als sie alle? Seltsam, nichts begehrte er mehr, als so zu sitzen und die Zeit zerrinnen zu sehen.

Freilich: am Abend flackerten manchmal böse Lichter in ihm auf. Er verlumpte sich allmählich, trieb sich mit Frauen herum, die er verachtete, weil er sie kaufen mußte, versaß manche Nacht stumpf im Kaffeehaus, aber all das geschah ohne Lust und ohne Begier, nur aus einer dumpfen Angst vor der rettungslosen Einsamkeit. Seit er mit keinem mehr sprach, war eine böse Falte um seine Lippen, und er wich seinem eigenen Spiegelbild aus. Ein paarmal suchte er sich noch aufzuraffen, aber er fiel immer, wie erdrückt von der ganzen aufgetürmten Last der Einsamkeit in ihm, in seine träumerische und ziellose Lethargie zurück.

Doch das Leben rief ihn zu sich.

Einmal, da er spät nachts heimkehrte, müde, verdrossen und mit jener innerlichen Angst vor dem schweigend ihn erwartenden Zimmer, merkte er, daß er unterwegs den Türschlüssel verloren haben müsse. Er klingelte, selbst auf die Gefahr hin, daß nicht die Hausfrau, sondern Schramek ihm öffnen würde. Aber da kamen schon eilige, schlürfende Schritte: seine Hausfrau öffnete die Türe und hob die Petroleumlampe, um den Eintretenden zu erkennen. Da, wie das Licht auf den unordentlichen Scheitel und auf das ihm fast fremde Gesicht der Frau fiel, sah Berger, daß ihre Lider rot und übernächtigt waren und eine Gramfalte um ihren Mund. Und dann, dachte er erschreckt, was war geschehen, daß diese Frau wach war um zwei Uhr nachts? Besorgt fragte er sie.

»Ja wissen's denn nicht, Herr Doktor, die Mizzi, meine Tochter, hat doch den Scharlach. Und schlecht geht's ihr, schlecht!« Sie fing wieder leise an zu weinen.

Berger erschrak. Er wußte von nichts. Er wußte kaum, daß diese Frau eine Tochter hatte. Ein paarmal war draußen im dunkeln Vorzimmer, wenn er ging oder kam, irgend ein schmächtiges Kind mit einem »Küß d'Hand« vorbeigeglitten, ein zwölfjähriges, dreizehnjähriges Mädel, aber er hatte nie mit ihr gesprochen oder sie nur angesehen. Schwer fiel es ihm plötzlich aufs Herz, daß seit Monaten, atemnah, nur durch eine Wand getrennt, Menschen wohnten, die er nie angesehen, daß Schicksale geschahen, hart neben seinem Leben und er sie nicht ahnte. Wie hatte er von den anderen Menschen Vertrauen ersehnt, und er selbst hatte geschlafen wie ein Tier, während nebenan der Tod mit einem Kinde rang.

Er suchte die Weinende zu trösten. »Es wird schon gut ausgehen ... beruhigen Sie sich nur ...« Und dann zaghafter: »Könnte ich vielleicht Ihre Tochter sehen. Ich verstehe zwar noch nicht viel ... ich steh' erst ganz am Anfang, aber immerhin ...« Mit einemmal wachte die Sehnsucht nach seinem Studium wild in ihm auf, er wäre am liebsten hinübergegangen und hätte die Bücher aufgeschlagen und wieder zu lernen begonnen.

Die Frau führte ihn auf leisen Zehen zu der Kranken. Es war ein enges Hofzimmer, schwül und qualmig von der nieder brennenden Petroleumlampe; eine Feuermauer war gegenüber. Hier wußte man vom Frühling nichts und kannte die Sonne nur an den matten Reflexen, die von den beglänzten Fenstern manchmal herüberstrahlten. Jetzt sah man freilich gar nicht, wie ärmlich die Stube war, denn alles verschwamm in der trüben Dämmerung, nur in der Ecke, wo das Bett stand, glimmerte ein wenig gelbes Licht. Das Mädchen lag in unruhigem Schlaf. Ihre Wangen waren fiebrig gerötet, einer der mageren Arme hing wie vergessen über der Bettkante herab, die Lippen waren eingezogen und nichts in dem hübschen Gesicht verriet auf den ersten Blick die Erkrankung, nur der Atem ging laut und manchmal gequält.

Die Frau erzählte leise, immer wieder von Weinen unterbrochen. »Heut war wieder der Doktor da, hat sie angeschaut, aber er hat mir gar nichts gesagt. Das ist die dritte Nacht, daß ich da wache, bei Tag muß ich für das Geschäft arbeiten. Freilich die Nachbarin hilft mir ja und ist da bei Tag, aber jetzt sind es schon drei Nächte, daß ich da bin und es wird nicht besser. Mein Gott, ich tu's ja so gern, wenn nur nichts geschieht.«

Wieder brach ein Schluchzen in die Worte hinein. Eine wilde Verzweiflung war in ihrem ganzen Reden.

In Berger quoll ein wunderbares Gefühl auf. Zum ersten Male, fühlte er, würde er einem Menschen helfen können, zum ersten Male spürte er beglückt etwas von dem Glanz seines Berufes.

»Liebe Frau, das geht so nicht weiter. Sie richten sich zugrunde und helfen dem Kind nicht damit. Sie werden sich jetzt niederlegen, ich bleibe die Nacht bei dem Kind.«

»Aber Herr Doktor!«

Sie hob erschreckt die Hände, als könnte sie es nicht glauben.

»Sie müssen jetzt schlafen gehen, Sie brauchen den Schlaf. Verlassen Sie sich nur auf mich.«

»Aber Herr Doktor ... nein ... nein ... wie kämen Sie denn dazu ... nein, das geht nicht ...«

Berger fühlte die Sicherheit in sich wachsen, irgend ein Selbstgefühl zersprengte den aufgehäuften Schutt der letzten Monate in seiner Brust.

»Es ist mein Beruf und meine Pflicht.« Ganz stolz sagte er es, wie in der Freude, plötzlich in einer Nachtstunde, in irgendeiner jähen Sekunde, den Sinn und das Ziel seines ganzen verlorenen Lebens gefunden zu haben.

Sie stritten nicht lange. Die Frau war übermüdet, der Schlaf drückte ihr auf den Augen und so gab sie bald nach. Berger hatte nur noch zu wehren, daß sie ihm die Hand küßte in dem wilden Gefühl ihrer devoten Dankbarkeit, dann führte er sie hinüber in sein Zimmer, wo er sie auf den Diwan bettete. Die letzten Nächte, seit das Kind krank war, hatte sie in der Küche auf einer Matratze geschlafen. Alle diese kleinen und doch in ihrer Tragik furchtbaren Dinge, von denen er nichts gewußt hatte, ließen ihn seinen Dienst nicht als eine Tat empfinden, sondern nur als Tilgung einer bitteren Schuld.

Und nun saß er an dem Bette des Mädchens. Es war ein unbeschreibliches Gefühl in ihm; irgendwie schien das Leben leiser und friedfertiger geworden zu sein, wie diese Atemzüge, die jetzt nur mehr hauchend gingen und kamen. Jetzt erst sah er das von einem schmalen Lichtkreis umrandete Gesicht näher an. Nie hatte er, solange er in Wien war, so innig eines anderen Menschen Gegenwart fühlen dürfen, nie so lange in seine Züge sehen dürfen, nie ihm alles ablauschen, was in den Linien seines Antlitzes lag. Wie er sie so ansah, kam ihm irgend ein Erinnern, ganz leise schlief irgendwo um diese hagern Lippen eine Ähnlichkeit mit seiner Schwester, nur noch kindlicher war dieses Gesicht, noch unerblüht und verhärmt. Eine Neugier beschlich ihn, wie die Augen wohl sein möchten, ob wie die seiner Schwester auch, und wie eine Anklage sagte er sich immer wieder sein Versäumnis. Warum war er so fremd an diesem Mädchen und an ihrer Mutter vorübergegangen, warum hatte er nie an diese beiden gedacht, die neben ihm lebten? Warum hatte dieser Mund nie gelächelt für ihn, waren diese Augen ihm fremd wie jetzt, wo sie unter dem Schrein der Lider verschlossen waren, warum wußte er nichts von dem, was da lebte in dieser schmalen Kinderbrust, die auf- und niederging in sanften Atemzügen? Vorsichtig faßte er die matte Hand des Kindes, die über die Bettkante hinausschwang und legte sie auf die Decke. Wie eine Liebkosung so zart war seine Berührung. Und dann saß er still und sah sie an, dachte schmerzlich nach, wie viel er versäumt hatte von seinen Studien und gelobte sich im stillen, sein Leben von Grund auf zu beginnen. Schon flogen träumerische Bilder auf, er sah sich als Arzt, als Helfenden, und das Blut wurde ihm warm bei diesen lockenden Gedanken. Und immer wieder umfaßte sein Blick dieses blasse kindliche Mädchengesicht und hielt es fest, als könnte er mit diesem Blick ihr Schicksal bewahren und ihr bedrohtes Leben zurückhalten.

Plötzlich regte sich das Kind und schlug die Augen auf, große, fiebrig glänzende wie in Tränen schimmernde, funkelnde Augen. Das ganze Gesicht wurde wie mit einem Male hell. Zuerst wanderten sie im Kreise herum, als müßten sie sich irgendwo durch die Wolke des Fiebers und der nachschattenden Träume bohren. Dann blieben sie plötzlich, wie erschreckt, bei Bergers Antlitz stehen. Wie fragend tasteten sie seine Züge entlang, hingen sich dann fest an seinem Blick. Undeutlich bewegten sich die verbrannten Lippen.

Berger sprang auf, trocknete die fiebrig erhitzte Stirn und gab ihr dann zu trinken. Das Mädchen bog den Kopf vor, trank hastig und fiel dann wieder matt in die Kissen zurück, die Augen unbeweglich auf Berger gerichtet. Nicht ganz klar bewußt schien ihm dieser Blick, aber doch, dem Staunen war darin etwas von Dankbarkeit beigemengt. Unablässig sah sie ihn an. Und als er jetzt, leise zitternd vor diesem tiefen unverständlichen Blick, sich abwandte und sich im Zimmer zu schaffen machte, spürte er, ohne hinzusehen, wie ihm diese großen, feuchtfunkelnden Kinderaugen überall hin folgten. Und wie er dann zurücktrat an das Bett, waren sie weit aufgetan und nun, wie er sich niederbeugte, regte sich der Mund, er wußte nicht, wollte sie sprechen oder lächeln. Dann fielen die Lider zu, das Leuchten verlosch auf ihrem Gesicht. Und dann lag sie wieder, stumm und blaß und schlief, mit jetzt leiseren Atemzügen.

Berger fühlte auf einmal in der atemlosen Stille sein Herz ganz laut gehen. Irgendein Glücksgefühl war in ihm und wuchs wild auf. Zum ersten Male in seinem Leben sah er sich tätig eingereiht in den Kreis der anderen, ihm war, als hätte ihm jemand etwas Dankbares und Herzliches zugerufen, als hätte sich irgend etwas Großes und Schönes für ihn begeben in diesen paar Stunden. Fast zärtlich sah er nieder auf dieses Mädchen, auf dieses Kind, auf den ersten Menschen, der ihm anvertraut war, den er dem Leben gewinnen sollte und der ihn selbst zurückgewonnen hatte für das Leben. Er sah immer wieder auf die Schlafende und die langen Stunden schienen ihm leicht. Ganz überrascht war er, wie er, als die Lampe plötzlich mit einem jähen, aufspringenden Flackern erlosch, das Dunkel verloren und den Morgen schon mit seinem ersten leisen Schein vor dem Fenster warten fand.

Vormittags kam der Arzt, um nach der Kranken zu sehen. Berger stellte sich ihm als Student der Medizin vor und fragte ihn, nicht ohne das peinliche Gefühl seiner Unkenntnis bis in die Kehle quellend zu spüren, ob noch Gefahr vorhanden sei.

»Ich glaube nicht«, sagte der Arzt. »Die Krise scheint mir überstanden. Merkwürdig, die Kinder sind diesen Krankheiten gegenüber viel widerstandsfähiger, als die Erwachsenen, es ist, als ob in ihnen die Kraft ihres noch ungelebten Lebens dem Tode entgegenarbeiten würde und ihn niederringen. So ist es fast mit allen Kinderkrankheiten: Die Kinder überwinden sie und die Erwachsenen gehen daran zugrunde.«

Er untersuchte die Kranke. Berger stand ergriffen dabei. Wenn er so sah, wie er selbst nach jedem Wort dieses Menschen griff, jede seiner Bewegungen belauschte, da fühlte er im tiefsten die wunderbare Gewalt des von ihm einst blindlings erwählten und lang mißachteten Berufes. Die ganze Schönheit ging ihm auf wie eine jähe Sonne, so an ein Bett treten und dort, wie ein Geschenk, Hoffnung, Verheißung und vielleicht auch Gesundheit hinlegen zu dürfen. In diesem Augenblick war ihm die Richtung seines ganzen Lebens klar: tätig müßte er sein und nützlich, dann würde er auch nicht mehr allen fremd bleiben, nicht mehr einsam sein.

Er begann damit, die Pflege des Mädchens ganz zu übernehmen. Ohne selbständig etwas anzuordnen, beschränkte er sich darauf, die Phasen der Krankheit zu überwachen, die Nächte an dem Bett der Kranken zu verbringen und auch einen guten Teil des Tages. Es war jene Nacht wirklich die Krise gewesen. Das hohe Fieber wich, er konnte schon mit der Kleinen reden, und er tat es gerne. War er draußen gewesen, so brachte er ihr ein paar Blumen mit und erzählte ihr vom Frühling, der jetzt schon im Schönbornpark, wo das Kind sonst immer spielte, die Bäume leise begrünte, und daß die anderen Mädchen schon helle Kleider trügen. Er erzählte von der blanken Sonne, die jetzt draußen glänzte, erzählte allerlei Geschichten, las ihr vor, versprach ihr die baldige Genesung und hatte kein lieberes Vergnügen, als sie froh zu sehen. Ganz frei wurde ihm bei diesen einfältigen, absichtlich kindischen Gesprächen und er hörte manchmal, selbst überrascht, sich laut und lustig lachen.

Und das kleine blasse Mädchen lag in den Kissen und lächelte nur. Ganz matt lächelte sie, eine leise liebe Linie grub sich um die Lippen und flog wieder weg wie ein Hauch. Aber wenn sie ihn ansah, dann ruhte ihr Blick, ihr ganzes tiefes grauschillerndes Auge, feinstrahlig und leuchtend bis zum Grund, auf seinem Gesicht, ganz ohne Verwunderung und Fremdheit schon, hing warm und schwer an ihm, wie ein Kind um den Hals der Mutter. Nun durfte sie auch schon sprechen und bald verlor sie die anfängliche Scheu, ihn anzureden.

Am liebsten verlangte sie von seiner Schwester zu hören. Wie sie aussehe, ob sie groß sei oder klein, wie sie sich kleide und ob sie brav in der Schule war. Und ob sie auch so blonde Haare habe wie er. Und ob er es nicht einrichten könnte, daß sie einmal herkäme nach Wien, das doch sicher schöner sein müßte als das kleine Städtchen mit dem harten Namen, über den sie immer lachen mußte. Und ob sie auch schon so krank gewesen sei: lauter kindische einfältige Fragen fand sie und immer neue. Aber sie machten Berger nicht müde. Er antwortete ihr gern und es tat ihm wohl, einmal von seiner Schwester, die ihm das Liebste war auf der Welt, herzlich reden zu dürfen. Und als ihn das Mädchen darum bat, brachte er ihr auch die Photographie von seinem Schreibtisch.

Neugierig nahm sie das Bild in ihre schmalen, noch ganz durchsichtigen Kinderhände.

»Da« – sie strich sehr sorgfältig mit dem Fingernagel darüber – »das ist ganz Ihr Mund. Nur machen Sie oft eine böse Falte darum und dann schauen Sie ganz anders aus. Wenn ich Sie früher gesehen habe, habe ich immer Angst vor Ihnen gehabt, so haben Sie dreingeschaut.«

»Und jetzt?« Er lächelte leise.

»Jetzt nicht mehr. Aber sagen Sie, hat sie auch solche Augen wie Sie?«

»Ich glaube ja.«

»Und ist auch so groß wie Sie, nicht wahr? Sie muß sehr schön sein, Ihre Schwester. Ach, sehen Sie, sie trägt die Haare ganz so wie ich, auch so rund geflochten. Die Mutter hat's mir zuerst nicht erlauben wollen, daß ich sie so trage und hat gesagt, es macht mich zu alt. Aber ich bin ja kein Kind mehr, ich bin ja schon konfirmiert.«

Sie reichte ihm die Photographie zurück und er sah sie lange an, ohne ein Wort zu sprechen. Zum ersten Male fand er von dem Bilde die Züge seiner Erinnerung nicht mehr ganz zurück. Unmerklich waren seiner Schwester und dieses Kindes feine blasse Züge irgendwie zusammengeströmt in seinem innern Schauen, er vermochte sie nicht mehr zu scheiden. Beider Lächeln und beider Stimme war eins in ihm geworden, so wie sie jetzt auch in seinem Leben vereint waren, als die beiden einzigen weiblichen Wesen, die ihm vertrauten und es liebten, mit ihm zu sein. Die Gestalt Karlas war ganz weggeweht aus seiner Erinnerung, all die Tage hatte er nicht ein einziges Mal an sie gedacht und an jene Stunde, an die er jetzt ruhig sich erinnerte wie an ein Trunkensein von Wein, einen Rausch, eine Dummheit im Zorn. Und schon hatte er an alle die stumpfen bösen Tage vergessen, die er hier verlebt.

Er fühlte nur eines, daß ihm ein großes Glück begegnet sei. Ihm war, als ob er lange im Dunkel gegangen wäre in den Abend hinein und hätte plötzlich, jäh beglückt, ein Licht, weiß wie einen Stern von der Ferne glänzen sehen, Licht von einem Haus, wo er ruhen durfte und wo man ihn aufnahm als lieben Gast. Was hatte er, der Kindische, der Schwächling, der Verzagte bei den Frauen gewollt? Den Erfahrenen mußte er zu töricht sein, den Unschuldigen zu feige, ein Hilfloser war er ja noch, ein Unfertiger, ein Träumer. Er war zu früh gekommen, hatte sich zu früh an sie gedrängt, die nur die reife Frucht des Lebens begehrten. Aber hier dieses Kind, in dem die Frau erst keimte, knospennah und doch noch schlummernd, die noch sanft war, ohne Stolz und ohne Gier, wuchs ihm da nicht ein Schicksal entgegen, dem er Herr sein konnte, eine Seele, die er sich erziehen durfte, ein Herz, das unbewußt sich ihm schon hinneigte? Ein Traum, süßer als alle bisherigen und doch wirklicher als die dumpfen Gebilde seiner leeren Stunden schlug an seine Brust wie eine warme Welle.

Und dann, je öfter er sie ansah, je länger er sie kannte und nun, wie nach der Krankheit ihre Wangen sich leise färbten und das junge Gesicht verschönten, zitterte eine sehr verschwiegene und ganz begehrungslose Zärtlichkeit in ihm auf. Eine nur geschwisterliche Zärtlichkeit, der es Glück schon war, über die mageren Hände streifen zu dürfen und das Lächeln an den Lippen aufblühen zu sehen.

Einmal lag sie wieder still, ganz still. Sie hatten beide geschwiegen. Und plötzlich kam ihn ein Verlangen an, das er selbst nicht verstand. Er trat hin an ihr Bett, meinend, daß sie schliefe. Aber sie lag nur still und strahlte ihn so merkwürdig an mit den Augen. Stumm lag der Mund wie ein blasses eingerolltes Rosenblatt. Und plötzlich wußte er, was er wollte: diesen Mund einmal mit seinen Lippen berühren, ganz, ganz leise nur.

Er beugte sich nieder. Aber selbst diesem kranken Kinde gegenüber war er noch mutlos.

Sie sah auf zu ihm: »Woran denken Sie jetzt?«

Da packte es ihn an, er konnte es nicht mehr verschweigen. Ganz leise sagte er: »Ich möchte dir gern einen Kuß geben. Darf ich?«

Sie lag unbeweglich und lächelte nur, lächelte mit ihren hellen strahlenden Augen tief bis an sein Herz, lächelte nicht mehr wie ein Kind, sondern schon wie eine Frau ...

Da beugte er sich nieder und küßte leise den zarten unerfahrenen Kindermund.

Ein paar Tage später durfte die Kranke zum ersten Male aufstehen. Im Lehnsessel, den man ihr ans Fenster gerückt hatte, saß sie da, ganz glücklich, dem Bett entronnen zu sein. Berger saß bei ihr und sah sie stolz an, er hatte dunkel das Gefühl, als ob er sie retten geholfen hätte und dies auch seine Tat wäre, daß sie nun wieder dem Leben gehörte. Sie schien größer geworden zu sein während ihrer Krankheit und irgendwie war das Kindhafte leise abgeglitten von ihr: wie ein junges Mädchen saß sie da und ihre Freude war gar nicht mehr übermütig-kinderhaft, sondern schon so besonnen und tief gefühlt. Wie sie an das Fenster tippte, hinter dem die Luft lau glänzte, und sagte: »Der Frühling soll doch hereinkommen, wenn ich noch nicht hinaus kann«, das schien Berger wie ein kleines Wunder, wie eine nie gekannte Lieblichkeit des Lebens. Und er schämte sich gar nicht mehr vor sich selbst, verliebt zu sein in ein dreizehnjähriges Mädchen, weil er wußte, daß all dies gewissermaßen traumhaft war und unwiderbringlich, was er in diesen Tagen des Genesens erlebte. Und wunderbar ergriff ihn das herzhafte, von fraulicher Scham noch gar nicht verwirrte Zutrauen, ihre innige und heitere Zuneigung zu ihm. Sie sprach ihn jetzt oft beim Vornamen an, neckte sich mit ihm und er spürte, mitten im Übermütigsein ein lautes Glückseligkeitsgefühl, nicht mehr einsam zu sein. Lachen kam aus seiner Seele wieder herauf, er besann sich darauf wie an eine vergessene Sprache aus Kindertagen. Und dann kamen, wenn er allein war, sanfte Träumereien, er sah sie aufwachsen zur Frau, sah sie klug, ernst, verständig. Und sah sich selbst diesen Bildern verstrickt und verstand, daß sie für ihn wachsen und werden sollte.

Aber auch sonst hatte seine Einsamkeit ein Ende. Da war die Mutter des Mädchens, die aufsah zu ihm wie zu einem Gott. Sie schien den ganzen Tag nur auf Möglichkeiten zu sinnen, ihm ihre Dankbarkeit erweisen zu können. Und nun, wie er öfters mit ihr sprach, merkte er, daß diese ärmliche

Frau viel Schicksal erlebt hatte und trotz Erniedrigungen und Enttäuschungen eine ergreifende Güte bewahrt hatte. Er bereute jetzt, früher schroff an diesen ihm untergebenen Leuten vorbeigegangen zu sein, und fühlte sich froh, diese Schuld nun getilgt zu haben.

Und auch zu Schramek fand er wieder zurück. Er traf ihn einmal im Flur, und Berger staunte über sich selbst, wie heiter und unbesorgt er mit ihm reden konnte. Auch von der Karla sprachen sie und nichts tat ihm mehr weh bei diesem Wort. Es war zu viel innere Freudigkeit in ihm, ein Freischweben und Freisein, das bis in seinen Gang strömte, das ihn aufrecht sein ließ und elastisch. Von allen Seiten schien das Leben ihn zu durchdringen, alles paßte ineinander und das einzige wilde Begehren, das in ihm drängte, war, jetzt die verstaubten Bücher aufzuschlagen und das Studium zu beginnen. Mit goldenen Lichtern lockte ihn nun sein Beruf. Ein paar Tage nur wollte er noch warten, bis das Mädchen ganz gesund sei, diesen ersten Erfolg, diesen wilden, in jeder Sekunde dieser strahlenden Tage empfundenen Genuß wollte er noch zu Ende auskosten.

Zwei Wochen hatte Berger die Straße kaum gekannt, war nur manchmal vom Krankenzimmer eilig hinabgestürmt, um etwas zu besorgen. Wie er nun zum ersten Male wieder langsam hinschlenderte über das besonnte blinkende Pflaster, empfand er den Frühling erst ganz, dessen kühl duftender Atem hinzitterte über der wie festlich erleuchteten Stadt. Und ihm war, als sehe er heute diese Stadt zum ersten Male, als sei sie aus einem trüben nassen Nebel glitzernd aufgetaucht. Er sah diese alten Häuser der Josefstadt, die ihm immer morsch und schmutzig erschienen waren, jetzt, da ein blanker blauer Himmel scharf die Konturen der altertümlichen Dächer und Rauchfänge abzeichnete, in ihrer anheimelnden Vertrautheit, empfand den hinter den breiten Straßen fern vorlugenden Kahlenberg mit seinem noch ganz matten Grün wie einen Gruß. Alle Menschen schienen ihm hellere Mienen zu haben und manchmal war ihm, als funkelte aus den Blicken der Frauen ein freundlicher Blick ihm zu im Vorübergehen. Oder war das nur sein eigener innerer Glanz, zurückgespiegelt von jedem Ding, von der dunklen Pupille und den flackernden Fenstern, von den glimmernden Straßen und den grell leuchtenden erwachten Blumen hinter den Scheiben? Nicht feindlich schien dies alles mehr um ihn zu stehen und fremd, sondern lag da wie eine reifende Frucht, verheißend und farbig, baldiger Besitz und schon wunderbares Vorgefühl des Genießens. Eine immer wieder neuausströmende Fülle war rings in alledem und sie trug einen wie eine Welle fort. Ganz gab er sich hin an dieses Glücksgefühl.

Bald kam ihn eine leichte Betäubung an. Wie betrunken war er, seine Füße wurden ihm schwer, bleiern schloß sich ein Ring um seinen Kopf. Plötzlich fiel ihn diese Mattigkeit an wie eine Krankheit des Frühlings. Er mußte sich bei der Ringstraße hinsetzen auf eine Bank. Vor ihm, auf seine Hände, auf seinen ganz leicht fröstelnden Körper strahlte die Sonne, noch nicht gefiltert vom dichten Blattwerk der Bäume, sondern voll und prall, mit so stürmischer Gewalt, daß er die Augen schließen mußte. Lärm stürmte auf dem Pflaster vorbei, Menschen gingen vorüber, aber irgend etwas zwang ihn, die Augen geschlossen zu halten und unbeweglich hingegossen zu bleiben auf die harte Bank. Zwei, drei Stunden saß er so. Erst in der Dämmerung, als die Kühle kam, raffte er sich auf und ging nach Hause, mühsam, wie ein Kranker.

Er ging vorbei am Zimmer, wo das Mädchen war. Er fühlte, er müßte jetzt allein sein mit sich, endlich abrechnen mit der Fülle neuer Erlebnisse, die ihn anders gemacht hatten in diesen Wochen. Er setzte sich hin zum Schreibtisch, um seine Bücher und Schriften zu ordnen. Morgen wollte er mit dem Studium beginnen.

Da fiel ihm ein dickes unbeschriebenes Heft in die Hand, kaum erkannte er es wieder. Zum Tagebuch hatte er es sich bestimmt, als er nach Wien kam. Und hatte immer auf ein Erlebnis und Geschehnis gewartet, um würdig die erste Seite zu beschreiben, hatte gewartet und schließlich, als die Tage immer eintöniger wurden, ganz vergessen daran. Nun schien es ihm wie ein Zeichen. Denn jetzt hatte ja erst sein Leben begonnen, jetzt begannen Sterne über die trostlose Nacht zu glänzen. Ein Tagebuch der Erlebnisse sollte es werden und – unsicher spürte er es – vielleicht auch der Liebe. Denn in ihm war irgendeine Stimme, die so sprach, als ob die Neigung zu diesem Kinde einmal Liebe werden sollte zu einer Frau...

Er schraubte die Lampe hoch. Und nahm dann Tinte, schwarze und rote und allerhand Federn und begann mit vielen Schnörkeln und Arabesken Dantes Worte auf die erste Seite zu malen »*Incipit vita Nuova*«. »Ein neues Leben hat begonnen.« Er liebte von Kindertagen diese Spielerei des Schönschreibens und selbst da, wo er seine Zukunft und Vergangenheit festhalten wollte, stichelte er schöne geschwungene Lettern, füllte sie mit Rot und Schwarz: »Ein neues Leben hat begonnen.« Leuchten sollte das wie Blut!

Da ... er hielt inne im Schreiben ... ein Tintenspritzer saß auf seiner Hand. Ein kleiner roter runder Fleck. Er wollte ihn wegwischen. Es ging nicht. Er nahm Wasser und rieb daran. Der Fleck ging nicht weg ... wie seltsam ... Er versuchte wieder. Und wieder vergebens.

Da durchfuhr ihn ein Gedanke jäh wie ein Blitz. Er fühlte sein Blut stocken. Was war das? ... Etwa? ...

Zögernd, angstvoll schob er dann den Ärmel empor. Und spürte seine streifende Hand kalt werden: auch hier saßen rote kreisrunde Flecke, einer, zwei, drei. Mit einem Male verstand er die Müdigkeit und den Druck von vorhin. Er wußte genug. Stärker begann es in seiner Schläfe zu hämmern, die Kehle war ihm verklemmt. Und kalt, wie schwere fremde Klötze fühlte er seine Füße unter dem Tisch.

Taumelnd riß er sich auf, mit einem erschreckten Blick am Spiegel vorbei. Nein, nur nicht hinsehen! Und nichts tun, nicht schreien oder weinen, nichts hoffen oder erwarten, da es doch unabänderlich war. Und es war ja nur so natürlich. Er hatte sich angesteckt. Er hatte Scharlach.

Scharlach ... und da hörte er plötzlich, als spräche einer im Zimmer laut die Worte, die der Arzt damals von den Kinderkrankheiten und dem Scharlach gesagt hatte. »Die Kinder überwinden es leichter, die Erwachsenen gehen daran zugrunde.«

Scharlach ... Sterben ... das klang ihm alles ineinander. Scharlach – eine Kinderkrankheit! War das nicht ein Symbol für sein ganzes Leben, daß er immer an dem als Erwachsener noch gelitten hatte, was nur den Kindern und der Kindheit zugehört? Und die Erwachsenen überdauerten das schwerer wie die Kinder: wie wunderbar verstand er das mit einem Male!

Aber Sterben – es revoltierte doch zuviel in ihm dagegen. Vor drei Wochen, wie gerne wäre er gegangen, wie gerne still und unauffällig weggetreten von der Bühne, wo keiner ihm zuhörte und keiner zu ihm sprach. Aber jetzt? Warum spielte das Leben so mit ihm, daß es ihm Lockendes noch in letzter Stunde gezeigt, um ihm den Abschied schwer zu machen? Warum gerade jetzt, wo er wieder mit Menschen verknüpft war, wo manche vielleicht leiden würden, mehr vielleicht als er selbst?

Dann kam die Müdigkeit über ihn, eine stumme fassungslose Resignation. Starr sah er hin auf die roten Flecken, bis sie vor seinen Augen wie Funken tanzten. Wirr wurde ihm alles. Er fühlte nur noch, daß es ein Traum gewesen war, das Glück oder das Unglück, die Menschen oder die Einsamkeit, das Vergangene oder das Kommende. Er begehrte nichts mehr. War das schon Sterben, dieses Stillwerden in einem solchen Augenblick, dachte er schmerzlich.

Nur Abschied nehmen wollte er noch.

Er ging hinein in das Zimmer, wo das Mädchen schlief. Mit einem Blick nur sah er hin auf die ruhenden, ihm so vertrauten Züge. Hatte er nicht geträumt, hier werde ihm ein Schicksal werden? Und war es ihm nicht durch sie geworden, ganz, ganz anders nur, als er es dachte, ein Sterben und kein Leben?

Er streichelte mit dem Blick zärtlich die Züge. Und das Lächeln, das im Schlaf leise ihren kindischen Mund umrandete, nahm er mit auf seinen Lippen. Freilich, wie er zurücktrat ins Zimmer, hing es schon bitter herab, wie eine verwelkte Blume.

Er zerriß noch ein paar Briefe, schrieb eine Adresse auf einen Zettel. Dann klingelte er und wartete.

Die Frau kam sofort hereingestürzt. Sie stürmte nur immer, ihm, den sie abgöttisch verehrte, dienlich sein zu können.

»Ich« – er mußte noch einmal ansetzen, die Stimme war nicht ganz fest – »Ich fühle mich nicht ganz wohl. Bitte richten Sie mir das Bett und rufen sie dann den Arzt. Wenn es mir schlecht gehen sollte, senden Sie ein Telegramm an meine Schwester, hier ist die Adresse.«

Zwei Stunden später lag er in hitzigem Fieber.

Furchtbar brannte das Fieber in seinem Blut. Es war, als ob die ganze Kraft der noch ungelebten Stunden, die nie verbrauchte Leidenschaft ihn verbrennen würde in den zwei Tagen, die ihm noch gegeben waren von einem langen Leben. Das Haus war verstört. Mit verweinten Augen schlich das Mädchen herum und wagte keinen anzusehen, wie in Angst, man möchte sie anklagen. Die Frau lag verzweifelt vor dem Kruzifix im Vorzimmer und betete schluchzend um das Leben des Sterbenden. Auch Schramek kam mehrmals zu ihm herüber und versicherte allen mit seinem unverwüstlichen Vertrauen, es würde schon gut ausgehen. Der Arzt dachte anders und sandte das Telegramm an Bergers Schwester.

Zwei Tage hielt das Fieber den Besinnungslosen umklammert und schleuderte ihn auf und nieder in seinem roten Gischt. Einmal wachte er noch auf. Sein Blut war still geworden. Reglos lag er da mit matten Händen und geschlossenen Lidern.

Aber er war ganz wach. Er fühlte, das Zimmer mußte sehr hell jetzt sein, denn wie ein rosaroter Nebel lag es auf seinen Lidern.

Er blieb regungslos. Da begann nebenan der Vogel zu zwitschern. Ganz vorsichtig zuerst, wie zur Probe. Dann setzte er ein, trällerte und jubelte dann auf, eine Melodie stieg empor und wiegte sich auf und nieder. Der Kranke horchte hin. Vage fiel es ihm ein, es müßte jetzt Frühling sein.

Die Vogelstimme tönte immer lauter: fast tat sie ihm weh mit ihrem Jubel. Ihm war, als nistete der Vogel hart neben ihm am Bett und gellte ihm die schrillen Töne ins Ohr... Aber nein... Jetzt war er wieder ganz leise, so fern. Auf einem Baum mußte er sitzen, draußen im Frühling. Immer leiser ward das Lied, immer zarter, wie von einer Flöte, wie von einer Mädchenstimme. Oder war es gar kein Vogel, sang da nicht die feine silbern-biegsame Stimme eines Mädchens, eine süße helle Kinderstimme?

Ein Mädchen, ein Kind... Erinnerung kam zaghaft wieder hergeweht und rührte an sein Herz. Langsam fiel ihm alles wieder ein, aber nicht in richtiger Folge, sondern Bilder, eines nach dem anderen. Das lächelnde Kindergesicht stieg auf aus der Dunkelheit des Vergessens und jetzt, schattenhaft und doch süß, dieser eine verstohlene Kuß. Und die Krankheit dann und die Mutter, das ganze Haus – der Kreis des Erlebens lief zurück und plötzlich wußte er, daß er krank dalag und vielleicht sterben mußte.

Er riß die schweren Augenlider auf. Ja, das war das Zimmer. Und er war ganz allein da. Der Vogel nebenan sang nicht mehr und auch die Uhr war stumm, die sonst eilfertig tickte, man hatte sie aufzuziehen vergessen. Langsam glitten ihm die Lider wieder zu, ohne daß er es merkte. Er sah in das Zimmer wie in eine Ferne zurück und saß darin, in jener ersten Nacht wo er nach Wien kam und draußen der Regen rann und er weinte in seinem bitteren Verlassensein. Und dann kam alles wieder, das mit Schramek und die anderen bunten Dinge, aber schon ganz unwirklich war es... so fremd... es tat nicht gut und schmerzte doch nicht... es rann so vorüber, rann in die große dunkle Mattigkeit.

Da hörte er... plötzlich... wie nebenan eine Tür zufiel. Und dann ein paar Schritte. Die kannte er: das war Schramek. Ja, das war seine Stimme. Zu wem sprach er? Sein Blut fing an bei den Schläfen zu ticken... war das nicht die Karla, die jetzt lachte nebenan? Oh, wie weh tat das Lachen. Sie sollte jetzt ruhig sein! Ruhe wollte er... Schweigen... Stille. Aber nein, was taten die? Er hörte sie lachen. Und plötzlich, wie durch Glas sah er in das Zimmer hinein. Da stand der Schramek, faßte sie an und küßte sie. Und sie bog die Hüfte zurück, mit lachenden Augen, wie damals, ganz so wie damals...

Es fieberte ihm in den Händen. Was lachten die da drüben so toll! Es tat ihm ja weh. Wußten sie nicht, daß er hier sterben wollte, daß er hier starb, ganz allein, ohne Freund. Tränen fühlte er steigen, irgend etwas kochte in seiner Brust, er schlug mit den Händen um sich. Konnten sie nicht warten, bis er tot war? Aber da... ein Sessel polterte drin zu Boden... alles sah er, wie sie ihm entsprang. Und jetzt, wie er ihr nachlief, oh wie wild, wie stark war er, wie er sie faßte, über den Tisch hin und sie herüberzog... Und jetzt war sie wieder weg... wo?... Ja, da hatte sie sich versteckt... und jetzt sprangen sie herum und hetzten. Das Zimmer begann zu zittern... dröhnte nicht jetzt das ganze Haus... ja, alles schwang hin und her, voll wüsten Lärms war die Luft. Was schonten sie nicht seine letzte Stunde, die Verfluchten!... Nein, sie hetzten weiter, jetzt, jetzt hatte er sie gepackt. Was kreischst du so in deiner Angst und Brunst?... Der Kranke stöhnte bitter auf. Jetzt hatte sie der Schramek gefaßt, wie Blut rann das gelöste rote Haar herab... jetzt riß er ihr die Jacke ab... weiß leuchtete das Hemd... sie selbst ganz weiß und nackt... Und so jagten sie sich um den Tisch herüber, hinüber, herüber, zurück... wie sie nur lachte! wie sie nur lachte!... und jetzt – wie war das nur? – mitten durch die Wand war sie in sein Zimmer hereingestürmt und stand nun vor ihm... vor seinem Bett... weißfunkelnd, nackt... Oder...

Oder – er mühte sich die schweren Augenlider aufzureißen – oder... war das nicht seine Schwester im weißen Kleid, die da vor ihm stand? War das nicht ihre liebe kühle Hand auf seiner Stirne?...

Zwei Stunden noch brannte das Feuer. Dann losch alles aus. An seinem Bette stand die Schwester, das Kind und Schramek, die drei, denen seine Liebe galt und die nun so vereint, wie er sie nie gesehen hatte, sein ganzes Leben bedeuteten. Alle drei sprachen sie kein Wort. Das kleine Mädchen schluchzte leise und allmählich starb auch dieser letzte klagende Ton. Ganz still wurde es im Zimmer, allen dreien war feierlich und weh und nichts hörte man als draußen vor den Fenstern die laute zornige Stimme der großen fremden Stadt, die unablässig weitergrollte und sich nicht bekümmerte um Tod oder Leben.

Leporella

Sie hieß mit ihrem bürgerlichen Namen Crescentia Anna Aloisia Finkenhuber, war neununddreißig Jahre alt, stammte aus unehelicher Geburt und einem kleinen Gebirgsdorf im Zillertal. In der Rubrik »Besondere Kennzeichen« ihres Dienstbotenbuches stand ein querer, verneinender Strich; wären aber Beamte zu charakterologischer Schilderung verpflichtet, so hätte ein bloß flüchtiger Aufblick an jener Stelle unbedingt vermerken müssen: ähnlich einem abgetriebenen, starkknochigen, dürren Gebirgspferd. Denn etwas unverkennbar Pferdhaftes lag in dem Ausdruck der schwerfallenden Unterlippe, dem zugleich länglichen und harten Oval des gebräunten Gesichtes, dem dumpfen, wimperlosen Blick und besonders dem filzigen, dicken, mit Fett an die Stirn angesträhnten Haar. Auch aus ihrem Gang stieß die Stützigkeit, die störrische Mauleselart eines älplerischen Paßgaules vor, wie sie dort über steinige Saumpfade Sommer und Winter die gleichen hölzernen Tragen mit dem gleichen holperigen Trott mürrisch bergauf und talab schaffen. Vom Halfter der Arbeit gelöst, pflegte Crescenz, die knochigen Hände lose ineinander gefaltet, mit abgeschrägten Ellbogen dumpf vor sich hinzudösen, wie Tiere im Stalle stehen, mit gleichsam eingezogenen Sinnen. Alles an ihr war hart, hölzern und schwer. Sie dachte mühselig und begriff langsam: jeder neue Gedanke troff nur dumpf wie durch ein dickes Sieb in ihren innern Sinn; hatte sie aber einmal etwas Neues endlich in sich gezogen, so hielt sie es zäh und habgierig fest. Sie las nie, weder Zeitungen noch im Gebetbuch, schreiben bereitete ihr Mühe, und die ungelenken Buchstaben in ihrem Küchenbuch erinnerten merkwürdig an ihre eigene klobige, überallhin spitz ausfahrende Gestalt, die aller handgreiflichen Formen der Weiblichkeit sichtlich entbehrte. Ebenso hart wie Knochen, Stirn, Hüften und Hände war ihre Stimme, die trotz der dicken tirolischen Kehllaute immer eingerostet knarrte – dies eigentlich nicht verwunderlich, denn Crescenz sprach zu niemandem ein unnötiges Wort. Und niemand hatte sie jemals lachen sehen; auch darin war sie vollkommen tierhaft, denn, grausamer vielleicht als der Verlust der Sprache: den unbewußten Kreaturen Gottes ist das Lachen, dieser selig frei vorbrechende Ausdruck des Gefühls, nicht gegönnt.

Als uneheliches Kind zu Lasten der Gemeinde aufgezogen, mit zwölf Jahren bereits als Magd verdingt, späterhin Scheuerin in einer Gaststube, war sie endlich aus jener Fuhrwerkerkneipe, wo sie durch ihre zähe, stiernackige Arbeitswut auffiel, in ein angesehenes Touristengasthaus als Köchin vorgedrungen. Um fünf Uhr morgens stand die Crescenz dort tagtäglich auf, werkte, fegte, putzte, feuerte, bürstete, räumte, kochte, knetete, walkte, preßte, wusch und prasselte bis spät hinein in die Nacht. Niemals nahm sie Urlaub, nie betrat sie, außer für den Kirchgang, die Straße: das runde hitzende Stück Feuer im Herd war für sie Sonne, die Tausende und aber Tausende Holzscheite, die sie im Laufe der Jahre zerschlug, ihr Wald.

Die Männer ließen ihr Ruhe, sei es, weil dies Vierteljahrhundert verbissenen Robotens alles Weibliche von ihr weggeschunden, sei es, weil sie stockig und maulfaul jede Annäherung abwirschte. Ihre einzige Freude fand sie im baren Geld, das sie mit dem hamsterhaften Instinkt der Bäurischen und Einschichtigen zäh zusammenraffte, um nicht, alt geworden, im Armenhaus noch einmal das bittere Brot der Gemeinde würgen zu müssen.

Einzig des Geldes halber hatte auch dies dumpfe Geschöpf mit siebenunddreißig Jahren seine tirolische Heimat zum erstenmal verlassen. Eine berufsmäßige Vermittlerin, die sie während der Sommerfrische von früh bis nachts in Küche und Stube berserkern gesehen, lockte sie mit der Verheißung doppelter Löhnung nach Wien. Während der Eisenbahnfahrt sprach Crescenz keine Silbe zu keinem, hielt den schweren Strohkorb mit ihrer Habe trotz der freundlich angebotenen Hilfe der Mitreisenden, die ihn im Gepäcknetz verstauen wollten, waagrecht auf den schon schmerzenden Knien, denn Betrug und Diebstahl waren die einzigen Gedanken, die ihre klotzige Bauernstirn mit dem Begriff der Großstadt vermörtelten. In Wien mußte man sie dann während der ersten Tage auf den Markt begleiten, weil sie sich vor den Wagen fürchtete wie die Kuh vor dem Automobil. Sobald sie aber einmal die vier Straßen bis zum Markt hin kannte, brauchte sie niemanden mehr, trottete mit ihrem Korb, ohne den Blick zu heben, von der Haustüre zum Verkaufsstand und wieder heim, fegte, feuerte und räumte an dem neuen wie an dem früheren Herd, ohne eine Veränderung zu bemerken. Um neun Uhr, zur Stunde des Dorfes, ging sie zu Bett und schlief wie ein Tier mit offenem Mund, bis der Wecker sie morgens aufkrachte. Niemand wußte, ob sie sich wohl befinde, vielleicht sie selber nicht, denn sie ging keinem zu, antwortete auf Befehle bloß mit dumpfem »Woll, woll« oder, wenn sie andern Sinnes war, mit einem stützigen Aufbocken der Schultern. Nachbarn und Mägde im Hause beachtete sie nicht: die spöttelnden Blicke ihrer leichtlebigeren Gefährtinnen glitschten wie Wasser an dem ledernen Fell ihrer Gleichgültigkeit ab. Nur einmal, als ein Mädchen ihre tirolische Mundart nachspottete und nicht abließ, die Maulfaule zu hänseln, riß sie plötzlich ein brennendes Holzscheit aus dem Herd und fuhr damit auf die entsetzt Schreiende los. Von diesem Tage an wichen alle der Wütigen aus, und niemand wagte mehr, sie zu höhnen.

Jeden Sonntagmorgen aber ging Crescenz in ihrem gefältelten, weitgeplusterten Rock und der bäurischen Tellerhaube zur Kirche. Und ein einziges Mal, an ihrem ersten Wiener Ausgangstag, versuchte sie einen Spaziergang. Aber da sie die Trambahn nicht benutzen wollte und längs ihrer vorsichtigen Wanderung durch die wirblig sie umschütternden Straßen immer nur steinerne Wände sah, gelangte sie bloß bis zum Donaukanal; dort starrte sie das strömende Wasser an wie etwas Bekanntes, machte kehrt und stapfte auf demselben Wege, immer an den Häusern entlang und die Fahrstraße ängstlich vermeidend, wieder zurück. Dieser erste und einzige Erkundigungsgang mußte sie offenbar enttäuscht haben, denn seitdem verließ sie nie mehr das Haus, sondern saß sonntags lieber mit dem Nähzeug beschäftigt oder mit leeren Händen beim Fenster. So brachte die Großstadt keinerlei Veränderung in die alteingewerkelte Tretmühle ihrer Tage, außer daß sie nun an jedem Monatsende vier blaue Zettel statt vordem zwei in ihre verwitterten, zerkochten und zerstoßenen Hände bekam. Diese Banknoten prüfte sie jedesmal lange und mißtrauisch. Sie fältelte sie umständlich auseinander und glättete sie schließlich beinahe zärtlich flach, ehe sie die neuen Blätter zu den andern in das gelbe geschnitzte Holzkästchen legte, das sie vom Dorfe her mitgebracht. Diese ungefüge, klobige kleine Truhe war das ganze Geheimnis, der Sinn ihres Lebens. Nachts legte sie den Schlüssel unter ihr Kopfkissen. Wo sie ihn tagsüber verwahrte, erfuhr niemand im Hause.

So war dies sonderbare Menschenwesen beschaffen (wie sie genannt sein möge, obwohl eben das Menschliche nur in ganz abgedumpfter und verschütteter Weise aus ihrem Gehaben zutage trat) – aber vielleicht bedurfte es gerade eines Geschöpfes mit dermaßen scheuklappenhaft verschlossenen Sinnen, um den Dienst in dem gleichfalls höchst sonderbaren Haushalt des jungen Freiherrn von F... aushalten zu können. Denn im allgemeinen vermochten Dienstleute dort die zänkische Atmosphäre nicht länger zu ertragen als die gesetzlich bemessene Frist von Einstand und Kündigung. Der gereizte, bis zum Hysterischen hochgejagte Schreiton kam von der Hausfrau. Ältliche Tochter eines schwerreichen Essener Fabrikanten, hatte sie in einem Kurort den bedeutend jüngeren Freiherrn (von schlechtem Adel und noch schlechterer Geldsituation) kennengelernt und den bildhübschen, auf aristokratischen Charme zugespitzten Windhund hastig geheiratet. Aber kaum waren die Flitterwochen abgeklungen, so mußte die Neuvermählte schon die Berechtigung des Widerstandes zugeben, den ihre mehr auf Solidität und Tüchtigkeit drängenden Eltern der eiligen Eheschließung entgegengesetzt hatten. Denn nebst zahlreichen verschwiegenen Schulden trat bald zutage, daß der rasch lässig gewordene Ehemann seinen junggesellingen Schlendereien bedeutend mehr Interesse zuwandte als den ehelichen Pflichten; nicht gerade ungutmütig, im Innersten sogar jovial wie alle Leichtfertigen, aber durchaus lax und hemmungslos in seiner Welteinstellung, verachtete dieser hübsche Halbkavalier jede zinsrechnende Kapitalisierung des Geldes als eine knauserische Borniertheit plebejischer Herkunft. Er wollte ein leichtes Leben, sie eine solide ordentliche Häuslichkeit rheinisch-bürgerlicher Art: das stieg ihm in die Nerven. Und als er trotz ihres Reichtums jede größere Summe erfeilschen mußte und die rechnerische Gattin ihm sogar seine liebste Forderung, einen Rennstall, verweigerte, sah er wenig Anlaß mehr, sich weiterhin um die breitnackige massive Norddeutsche ehelich zu bekümmern, deren lauter, herrischer Ton ihm unangenehm in die Ohren fiel. So legte er sie, wie man zu sagen pflegt, still aufs Eis, schob ohne jede harte Gebärde, aber darum nicht minder gründlich die Enttäuschte von sich ab. Machte sie ihm Vorwürfe, so hörte er höflich und scheinbar teilnehmend zu, blies aber, sobald ihr Sermon zu Ende war, mit dem Dampf seiner Zigarette die leidenschaftlichen Ermahnungen weit von sich weg und tat ungehemmt, was ihm beliebte. Diese glatte, beinahe amtliche Liebenswürdigkeit erbitterte die enttäuschte Frau mehr als jeder Widerstand. Und da sie gegen seine gutgezogene, niemals ausfällige, gegen seine geradezu penetrante Höflichkeit vollkommen ohnmächtig blieb, brach sich der gestaute Zorn in anderer Richtung gewaltsam Bahn: sie wetterte mit den Dienstboten, an den Unschuldigen ihre im Grunde gerechte, hier aber unangebrachte Empörung ungestüm entladend. Die Folgen blieben nicht aus: innerhalb zweier Jahre mußte sie nicht weniger als sechzehnmal ihre Mädchen wechseln, einmal sogar nach einer vorausgegangenen Handgreiflichkeit, die nur durch eine namhafte Entschädigung geregelt werden konnte.

Einzig Crescenz stand, wie ein Droschkengaul im Regen, unerschütterlich inmitten dieses stürmischen Tumults. Sie nahm niemandes Partei, kümmerte sich um keine Veränderung, schien nicht zu bemerken, daß die ihr zugesellten fremden Wesen, mit denen sie die Mägdekammer teilte, fortwährend Rufnamen, Haarfarbe, Körperdunst und Benehmen wechselten. Denn sie selbst sprach mit keiner, kümmerte sich nicht um die krachend zufallenden Türen, die unterbrochenen Mittagsmahlzeiten, die ohnmächtigen und hysterischen Ausbrüche. Sie ging teilnahmslos geschäftig von ihrer Küche zum Markt, vom Markt wieder in ihre Küche; was jenseits dieses abgemauerten Kreises geschah, beschäftigte sie nicht. Wie ein Dreschflegel hart und fühllos werkend, schlug sie Tag um Tag entzwei, und derart flossen zwei Großstadtjahre ereignislos an ihr vorüber, keine Weiterung ihrer inneren Welt bewirkend, es sei denn, daß die gehäuften blauen Banknoten in ihrem Kästchen um einen

Zoll breit sich hoben und, wenn sie mit feuchtem Finger Zettel um Zettel am Jahresende durchzählte, die magische Tausendzahl nicht mehr ferne war.

Doch der Zufall hat diamantene Bohrer, und das Schicksal, gefährlich listenreich, weiß oft von unvermutetster Stelle sich Zugang und vollkommene Erschütterung auch in die felsigste Natur zu sprengen. Bei Crescenz kleidete sich der äußere Anlaß beinahe so banal wie sie selbst: nach zehnjähriger Pause hatte es dem Staat wieder einmal beliebt, eine Volkszählung zu verordnen, und in alle Wohnhäuser wurden wegen genauer Ausfüllung der Personalien äußerst komplizierte Bogen gesandt. Mißtrauisch gegen die kraxigen und nur phonetisch richtigen Schreibkünste der Dienstpersonen, zog der Baron vor, eigenhändig die Rubriken auszufüllen, und hatte zu diesem Behufe auch Crescenz in sein Zimmer beordert. Als er ihr nun Namen, Alter und Geburtsort abfragte, ergab sich, daß er, als passionierter Jäger und Freund des dortigen Revierbesitzers, gerade in ihrem älperischen Winkel öfters Gemsen geschossen und ein Führer gerade aus ihrem Heimatdorf ihn zwei Wochen lang begleitet hatte. Und da kurioserweise ebendieser Führer sich noch als Oheim der Crescenz und der Baron lockerer Laune erwies, wickelte sich vom zufälligen Anlaß ein längeres Gespräch los, bei dem eine abermalige Überraschung zutage trat, nämlich daß er damals in ebendemselben Wirtshaus, wo sie kochte, einen ausgezeichneten Hirschbraten gegessen hatte – Lappalien dies alles, aber doch sonderbar durch Zufälligkeit, und für Crescenz, die hier zum erstenmal einen Menschen sah, der etwas von ihrer Heimat wußte, geradezu wunderhaft. Sie stand vor ihm mit rotem, interessiertem Gesicht, bog sich unbeholfen und geschmeichelt, als er zu Späßen überging und, die Tiroler Mundart nachahmend, sie ausfragte, ob sie jodeln könne und dergleichen knabenhaften Unfug mehr. Schließlich, von sich selbst amüsiert, klatschte er ihr nach allumgänglicher Bauernart eine mit der flachen Hand auf den harten Hintern und entließ sie lachend: »Jetzt geh, brave Cenzi, und da hast du noch zwei Kronen dafür, weil du aus dem Zillertal bist.«

Gewiß: das war an und für sich kein pathetischer und bedeutsamer Anlaß. Aber auf das fischhaft unterirdische

Gefühl dieses dumpfen Wesens wirkte dies Fünfminutengespräch wie ein Stein in einem Sumpf: erst allmählich und träge bilden sich bewegte Kreise, die schwermassig weiterwellend ganz langsam den Rand des Bewußtseins erreichen. Zum erstenmal seit Jahren hatte die hartnäckige Maulfaule mit irgendeinem Menschen wieder ein persönliches Gespräch geführt und übernatürlich wollte ihr die Fügung erscheinen, daß gerade dieser erste Mensch, der zu ihr gesprochen, mitten hier im steinernen Gewirr von ihren Bergen wußte und sogar schon einmal einen von ihr zubereiteten Hirschbraten gegessen. Dazu kam noch jener burschikose Schlag auf den Hintern, der ja in der Bauernsprache eine Art lakonischer Anfrage und Werbung an das Weibsbild darstellt. Und wenn Crescenz auch nicht sich zu meinen erkühnte, dieser elegante, vornehme Herr habe damit tatsächlich ein derartiges Verlangen an sie gestellt – die körperliche Vertraulichkeit wirkte doch irgendwie aufrüttelnd in ihre schläfrigen Sinne.

So begann durch diesen zufälligen Anstoß nun Schicht um Schicht ein Ziehen und Bewegen in ihrem innern Erdreich, bis endlich, erst klotzhaft und dann immer deutlicher, ein neues Gefühl sich ablöste, jenem plötzlichen Erkennen gleich, mit dem ein Hund unter allen den zweibeinigen Gestalten, die ihn umgeben, eines unvermuteten Tages sich eine dieser Gestalten als Herrn zuerkennt: von dieser Stunde an läuft er ihm nach, grüßt schweifwedelnd oder mit Gebell den ihm vom Schicksal Übergeordneten, wird ihm freiwillig hörig und folgt seiner Spur gehorsam Schritt um Schritt. Genauso war in den abgestumpften Kreis der Crescenz, den bisher nur die fünf gewohnten Begriffe: Geld, Markt, Herd, Kirche und Bett restlos umgrenzten, ein neues Element gedrungen, das Raum forderte und mit brüsker Gewalt alles Frühere zur Seite drängte. Und mit jener bäuerischen Habgier, die das einmal Ergriffene nie mehr aus den harten Händen läßt, zog sie dieses neue Element tief hinein unter die Haut bis in die verworrene Triebwelt ihrer stumpfen Sinne. Es dauerte freilich einige Zeit, ehe die Verwandlung sichtlich zutage trat; auch diese ersten Zeichen waren durchaus unscheinbare, wie zum Beispiel diese: sie putzte die Kleider des Barons und seine Schuhe mit einer besonderen fanatischen

Sorgfalt, während sie Kleider und Schuhwerk der Baronin weiterhin der Sorge des Stubenmädchens überließ. Oder sie war öfters in Gang und Zimmern zu sehen, hastete, kaum daß sie den Schlüssel an der äußeren Tür knacken hörte, beflissen entgegen, um ihm Mantel und Stock abzunehmen. Der Küche wandte sie verdoppelte Aufmerksamkeit zu, fragte sich sogar mühsam den fremden Weg zur Großmarkthalle durch, eigens um einen Hirschbraten zu erstehen. Und auch an ihrer äußeren Gewandung waren Anzeichen verstärkter Sorgfalt zu bemerken.

Eine oder zwei Wochen hatte es gedauert, bis diese ersten Schößlinge ihres neuen Gefühls aus ihrer inneren Welt sich durchrangen. Und es bedurfte noch Wochen und Wochen, bis ein zweiter Gedanke diesem ersten Trieb zuwuchs und aus unsicherem Wachstum klare Farbe und Gestalt bekam. Dieses zweite Gefühl war nichts anderes als ein Komplementärgefühl des ersten: ein vorerst dumpfer, allmählich aber unverhüllt und nackt vorspringender Haß gegen die Gattin des Barons, gegen die Frau, die mit ihm wohnen, schlafen, sprechen durfte und dennoch nicht die gleiche hingegebene Ehrfurcht vor ihm hatte wie sie selbst. Sei es, daß sie – unwillkürlich jetzt achtsamer – einer jener beschämenden Szenen beigewohnt hatte, wobei der vergötterte Herr von seiner gereizten Frau in widerwärtiger Weise gedemütigt wurde, sei es, daß der Gegensatz seiner jovialen Vertraulichkeit sie die hochmütige Reserve der norddeutsch gehemmten Frau doppelt fühlen ließ – jedenfalls setzte sie mit einemmal der Ahnungslosen eine gewisse Bockigkeit entgegen, eine stachelige, mit tausend kleinen Spitzen und Bosheiten widerstrebende Feindseligkeit. So mußte die Baronin zumindest immer zweimal klingeln, ehe Crescenz mit absichtlicher Langsamkeit und deutlich vorgeschobener Unwilligkeit dem Rufe Folge leistete, und ihre hochgestemmten Schultern drückten dann immer schon von vornherein entschlossene Gegenwehr aus. Aufträge und Befehle nahm sie wortlos mürrisch entgegen, so daß die Baronin niemals wußte, ob sie richtig verstanden sei; fragte sie aber zur Vorsicht noch einmal, so bekam sie nur ein verdrossenes Nicken oder ein verächtliches »Hob jo scho g'hört«, zur Antwort. Oder es erwies sich knapp vor dem Theaterbesuch, wenn die Frau schon nervös durch die Zimmer fuhr, ein wichtiger Schlüssel als unauffindbar, um eine halbe Stunde später unvermutet in einem Winkel entdeckt zu werden. Botschaften und Telefonanrufe an die Baronin beliebte sie regelmäßig zu vergessen: ausgefragt, warf sie ihr dann, ohne das geringste Zeichen eines Bedauerns, nur ein hartes »I hob holt vergess'n«, vor die Füße. In die Augen blickte sie ihr nie, vielleicht aus Furcht, den Haß nicht verhalten zu können.

Unterdessen führten die häuslichen Mißhelligkeiten zu immer unerfreulicheren Szenen zwischen den Eheleuten: möglicherweise hatte auch die unbewußt aufreizende Mürrischkeit der Crescenz ihren Anteil an der Erregtheit der von Woche zu Woche mehr exaltierten Frau. Durch allzulangen Mädchenstand in ihren Nerven schwank, dazu noch erbittert durch die Gleichgültigkeit ihres Gatten, die frechen Feindseligkeiten der Dienstboten, verlor die Gepeinigte immer mehr das Gleichgewicht. Vergeblich wurde ihre Erregtheit mit Brom und Veronal gefüttert; um so heftiger riß dann in Diskussionen der überspannte Strang ihrer Nerven durch, sie bekam Weinkrämpfe und hysterische Zustände, ohne damit aber bei irgend jemandem den geringsten Anteil oder auch nur den Anschein einer gutmütigen Hilfe zu erfahren. Schließlich empfahl der zugezogene Arzt einen zweimonatigen Aufenthalt in einem Sanatorium, ein Vorschlag, der von dem sonst höchst gleichgültigen Gatten mit so plötzlicher Besorgtheit gutgeheißen wurde, daß die Frau, von neuem mißtrauisch, sich zunächst dagegen wehrte. Aber zuletzt wurde die Reise dennoch beschlossen, die Kammerjungfer zur Begleitung bestimmt, indes Crescenz zur Bedienung des Herrn allein in der geräumigen Wohnung zurückbleiben sollte.

Diese Nachricht, daß ihr allein der gnädige Herr zur Behütung anvertraut sein solle, wirkte auf die schweren Sinne der Crescenz wie eine plötzliche Aufpulverung. Als hätte man all ihre Säfte und Kräfte, einer magischen Flasche gleich, wild durcheinandergeschüttelt, so kam jetzt vom Grunde ihres Wesens ein verborgener Bodensatz von Leidenschaft herauf und durchfärbte vollkommen ihr ganzes Gehaben. Das Benommene, Schwerfällige taute mit einemmal ab von ihren harten, eingefrorenen Gliedern; es schien, als hätte sie seit dieser elektrisierenden Nachricht plötzlich leichte Gelenke, einen raschen, geschwinden Gang bekommen. Sie lief durch Zimmer hin und her, Treppen auf und ab, kaum daß es galt, die Reisevorbereitungen zu treffen, packte unaufgefordert alle Koffer und schleppte sie mit eigener Hand zum Wagen. Und als dann spätabends der Baron von der Bahn zurückkam und der diensteifrig ihm Entgegeneilenden Stock und Mantel in die Hände gab und mit einem Seufzer der Erleichterung sagte: »Glücklich expediert!«, da geschah etwas Merkwürdiges. Denn mit einemmal setzte um die verkniffenen Lippen der Crescenz, die sonst, wie alle Tiere, niemals lachte, ein gewaltsames Zerren und Dehnen ein. Der Mund wurde schief, schob sich breit in die Quere, und plötzlich quoll mitten aus ihrem idiotisch erhellten Gesicht ein Grinsen dermaßen offen und tierisch hemmungslos hervor, daß der Baron, von diesem Anblick peinlich überrascht, sich der übel angebrachten Vertraulichkeit schämte und wortlos in sein Zimmer trat.

Aber diese flüchtige Sekunde des Unbehagens ging rasch vorüber, und schon in den nächsten Tagen verband die beiden, Herrn und Magd, das einhellige Aufatmen einer köstlich empfundenen Stille und wohltuenden Ungebundenheit. Die Abwesenheit der Frau hatte die Atmosphäre gleichsam von überhängendem Gewölk entlüftet: der befreite Ehemann, glücklich entledigt des unablässigen Rechenschaferstattens, kam gleich am ersten Abend spät nach Hause, und die schweigsame Beflissenheit der Crescenz bot ihm wohltuenden Kontrast zu den allzu beredten Empfängen seiner Frau. Crescenz wieder stürzte sich mit begeisterter Leidenschaft in ihr Tagewerk, stand extra früh auf, putzte alles blitzblank, scheuerte Klinken und Schnallen wie eine Besessene, zauberte besonders leckere Menüs hervor, und zu seiner Überraschung bemerkte der Baron bei dem ersten Mittagstisch, daß für ihn allein das kostbare Service gewählt war, das sonst nur zu besonderen Anlässen den Silberschrank verließ. Im allgemeinen unachtsam, konnte er doch nicht umhin, die wachsame, beinahe zartsinnige Sorge dieses sonderbaren Geschöpfes zu bemerken; und gutmütig, wie er im Grunde war, sparte er nicht mit dem Ausdruck seiner Zufriedenheit. Er rühmte ihre Speisen, warf ihr hie und da ein paar freundliche

Worte hin, und als er am nächsten Morgen, es war sein Namenstag, eine Torte mit seinen Initialen und überzuckertem Wappen kunstvoll bereitet fand, lachte er ihr übermütig zu: »Du wirst mich noch verwöhnen, Cenzi! Und was fange ich dann an, wenn, Gott behüte, meine Frau wieder zurückkommt?«

Immerhin: einen gewissen Zwang legte er sich noch einige Tage auf, ehe er die letzten Rücksichten von sich warf. Dann aber, aus mehrfachen Anzeichen ihrer Verschwiegenheit gewiß, begann er, wieder ganz Junggeselle, sich's in seiner eigenen Wohnung bequem zu machen. Ohne weitere Erklärung rief er Crescenz am vierten Tage seiner Strohwitwenschaft zu sich herein und ordnete in gleichmütigstem Tonfall an, sie möge abends ein kaltes Nachtmahl für zwei Personen bereitstellen und sich dann zu Bett legen; alles andere werde er selbst besorgen. Stumm nahm Crescenz den Auftrag entgegen. Kein Blick, kein Blinzeln ließ durchschimmern, ob der eigentliche Sinn dieser Worte bis hinter ihre niedrige Stirn gedrungen sei. Aber wie gut sie seine eigentliche Absicht verstanden, bemerkte ihr Herr baldigst mit amüsierter Überraschung, denn nicht nur, daß er, spätabends mit einer kleinen Opernelevin nach dem Theater heraufkommend, den Tisch erlesen gerichtet und mit Blumen geschmückt fand: auch im Schlafzimmer erwies sich neben seinem eigenen Bett frech einladend das nachbarliche aufgeschlagen, und der seidene Schlafrock sowie die Pantoffeln seiner Frau waren erwartungsvoll bereitgestellt. Unwillkürlich mußte der freigelassene Ehemann über die weitgehende Sorge dieses Geschöpfes lachen. Und damit fiel von selbst die letzte Hemmung vor ihrer helfenden Mitwisserschaft. Morgens schon schellte er, daß sie dem galanten Eindringling beim Ankleiden behilflich sei; damit war das schweigende Einvernehmen zwischen beiden völlig besiegelt.

In diesen Tagen erhielt Crescenz auch ihren neuen Namen. Jene muntere Opernelevin, die gerade die Donna Elvira studierte und scherzhaft ihren zärtlichen Freund zum Don Juan zu erheben beliebte, hatte einmal lachend zu ihm gesagt: »Ruf doch deine Leporella herein!« Dieser Name machte ihm Spaß, eben weil er so grotesk die dürre Tirolerin parodierte, und von nun an rief er sie niemals mehr anders als Leporella.

Crescenz, das erste Mal verwundert aufstarrend, dann aber
verlockt von dem vokalischen Wohlklang dieses ihr unverständlichen Namens, genoß die Umtaufe geradezu als Nobilitierung: jedesmal, wenn der Übermütige sie so anrief,
schoben sich ihre dünnen Lippen auseinander, die braunen
Pferdezähne breit entblößend, und unterwürfig, gleichsam
schweifwedelnd drückte sie sich heran, um die Befehle des
gnädigen Gebieters entgegenzunehmen.

Als eine Parodie war der Name gedacht: aber in ungewollter Treffsicherheit hatte die angehende Operndiva mit diesem Namen dem eigenartigen Geschöpf ein geradezu zauberhaft passendes Wortkleid umgeworfen: denn ähnlich Dapontes mitgenießerischem Spießgesellen empfand diese liebesfremde verknöcherte alte Jungfer eine eigentümlich stolze
Freude an den Abenteuern ihres Herrn. War es bloß die
Genugtuung, das Bett der brennend gehaßten Frau jeden
Morgen bald von diesem, bald von jenem jungen Körper
umgewühlt und entehrt zu finden, oder knisterte ein geheimes Mitgenießen in ihren Sinnen – jedenfalls legte das bigotte, strenge alte Mädchen eine geradezu leidenschaftliche Beflissenheit an den Tag, allen Abenteuern ihres Herrn dienstbar zu sein. In ihrem eigenen abgerackerten, durch jahrzehntelange Arbeit geschlechtslos gewordenen Körper längst
nicht mehr bedrängt, wärmte sie sich wohlig an der kupplerischen Lust, nach ein paar Tagen schon einer zweiten und bald
auch der dritten Frau in den Schlafraum nachblinzeln zu
können: wie eine Beize wirkte diese Mitwisserschaft und das
prickelnde Parfüm der erotischen Atmosphäre auf ihre verschlafenen Sinne. Crescenz wurde wahrhaftig Leporella und
wie jener muntere Bursche beweglich, zuspringig und frisch;
seltsame Eigenschaften kamen, gleichsam emporgetrieben
von der flutenden Hitze dieser brennenden Anteilnahme, in
ihrem Wesen zum Vorschein, allerhand kleine Listen, Verschmitztheiten und Spitzfindigkeiten, etwas Horcherisches,
Neugieriges, Lauerndes und Umtummlerisches. Sie horchte
an der Tür, spähte durch die Schlüssellöcher, durchstöberte
Zimmer und Betten, flog, von einer merkwürdigen Erregtheit gestoßen, treppauf und treppab, kaum daß sie eine neue
Beute jagdhaft witterte, und allmählich formte diese Wachheit, diese neugierige, schaulustige Anteilnahme eine Art

lebendigen Menschen aus der hölzernen Hülle ihrer früheren Dösigkeit. Zum allgemeinen Erstaunen der Nachbarn wurde Crescenz mit einmal umgänglich, sie schwatzte mit den Mädchen, scherzte in plumper Weise mit dem Briefträger, begann sich mit den Verkäuferinnen in Tratsch und Gerede einzulassen; und einmal abends, als die Lichter im Hofe gelöscht waren, hörten die Dienstmädchen gegenüber ihrem Zimmer ein merkwürdiges Summen aus dem sonst längst verstummten Fenster: ungefüge, mit halblauter, knarrender Stimme sang Crescenz eines jener älplerischen Lieder, wie sie die Sennerinnen auf den Weiden am Abend singen. Mit ganz zerbrochenem Ton, verbogen von den ungeübten Lippen, holperte die eintönige Melodie mühsam heraus; aber doch: es tönte merkwürdig ergreifend und fremd. Zum erstenmal seit ihrer Kinderzeit versuchte Crescenz wieder zu singen, und es war etwas Rührendes in diesen stolpernden Tönen, die aus der Finsternis verschütteter Jahre mühsam aufstiegen ins Licht.

Von dieser merkwürdigen Verwandlung der ihm Verfallenen nahm ihr unbewußter Urheber, der Baron, am wenigsten wahr, denn wer wendet sich je um nach seinem Schatten? Man spürt ihn treu nachschleichend und stumm hinter den eigenen Schritten, manchmal voreilend wie einen noch nicht bewußten Wunsch, aber wie selten müht man sich, seine parodistischen Formen zu beobachten und sein Ich in dieser Verzerrung zu erkennen! Der Baron bemerkte nichts anderes an Crescenz, als daß sie immer zum Dienst bereit war, vollkommen schweigsam, verläßlich und bis zur Aufopferung ergeben. Und gerade dieses Stummsein, diese selbstverständliche Distanz in allen diskreten Situationen wirkte auf ihn als besondere Wohltat; manchmal streifte er ihr lässig, wie man einen Hund streichelt, ein paar freundliche Worte über, ein oder das andere Mal scherzte er auch mit ihr, kniff sie großmütig ins Ohrläppchen, schenkte ihr eine Banknote oder ein Theaterbillett – Kleinigkeiten für ihn, die er gedankenlos aus der Westentasche griff, für sie aber Reliquien, die sie ehrfürchtig in ihrer Holzkassette aufbewahrte. Allmählich gewöhnte er sich daran, laut vor ihr zu denken und ihr sogar komplizierte Aufträge anzuvertrauen – und je höhere Zeichen seines Zutrauens er gab, desto dankbarer und beflissener spannte sie sich empor. Ein merkwürdig schnuppernder, suchender und spürender Instinkt trat allmählich bei ihr zutage, all seinen Wünschen jagdhaft nachspähend und ihnen sogar vorauslaufend; ihr ganzes Leben, Trachten und Wollen schien gleichsam heraus aus ihrem eigenen Leib in den seinen hinübergefahren; alles sah sie mit seinen Augen, horchte sie für seine Sinne, alle seine Freuden und Eroberungen genoß sie dank einer beinahe lasterhaften Begeisterung mit. Sie strahlte, wenn ein neues weibliches Wesen die Schwelle betrat, blickte enttäuscht und wie in einer Erwartung gekränkt, kehrte er abends ohne zärtliche Begleitung zurück – ihr früher so verschlafenes Denken arbeitete jetzt ebenso behende und ungestüm wie vordem nur ihre Hände, und aus ihren Augen funkelte und glänzte ein neues, wachsames Licht. Ein Mensch war erwacht in dem abgetriebenen, müden Arbeitstier – ein Mensch, dumpf, verschlossen, listig und gefährlich, nachsinnend und beschäftigt, unruhig und ränkevoll.

Einmal, als der Baron vorzeitig nach Hause kam, blieb er verwundert im Gange stehen: hatte da nicht hinter der Küchentür der sonst unweigerlich Stummen sonderbares Kichern und Lachen geknistert? Und schon schob sich, schief die Hände an der Schürze herumreibend, Leporella aus der halboffenen Tür, frech und verlegen zugleich. »Entschuldigen scho, gnä' Herr«, sagte sie, mit dem Blick auf dem Boden herumwischend. »Ober die Tochter von Khonditor is drin... ein hübsches Mäddel... die hätt' so gern den gnä' Herrn kenneg'lernt.« Der Baron sah überrascht auf, ungewiß, ob er an einer solchen unverschämten Vertraulichkeit sich erbittern oder über ihre kupplerische Dienstfertigkeit sich amüsieren sollte. Schließlich überwog seine männliche Neugier: »Laß sie einmal anschaun.«

Das Mädel, ein knuspriger, blonder sechzehnjähriger Fratz, den Leporella mit schmeichlerischem Zureden allmählich an sich herangelockt, kam errötend und mit verlegenem Kichern, von der Magd immer wieder dringlich vorgeschoben, aus der Tür und drehte sich ungeschickt vor dem eleganten Mann, den sie tatsächlich von dem gegenüberliegenden Geschäft oft mit halb kindhafter Bewunderung betrachtet hatte. Der Baron fand sie hübsch und schlug ihr vor, in seinem Zimmer mit ihm Tee zu trinken. Ungewiß, ob sie annehmen dürfe, wandte sich das Mädel nach Crescenz um. Die aber war mit auffälliger Hast bereits in der Küche verschwunden, und so blieb der ins Abenteuer Verlockten nichts übrig, als, errötend und neugierig erregt, der gefährlichen Einladung Folge zu leisten.

Aber die Natur macht keine Sprünge: war auch durch den Druck einer krausen und verkrümmten Leidenschaft aus diesem hartknochigen, verdumpften Wesen eine gewisse geistige Bewegung herausgetrieben worden, so reichte bei Crescenz dieses neuerlernte und engstirnige Denken doch nicht über den nächsten Anlaß hinaus, darin noch immer dem kurzfristigen Instinkt der Tiere verwandt. Ganz eingemauert in ihre Besessenheit, dem hündisch geliebten Herrn in allem zu dienen, vergaß Crescenz vollkommen die abwesende Frau. Um so furchtbarer wurde deshalb ihr Erwachen: wie Donner aus klarem Himmel fiel es über sie, als eines Morgens, unwirsch und verärgert, der Baron, einen Brief in der Hand, eintrat und ihr ankündigte, sie möge alles im Hause zurechtmachen, seine Frau komme morgen aus dem Sanatorium. Crescenz blieb fahl stehen, den Mund offen im Schreck: die Nachricht hatte in sie hineingestoßen wie ein Messer. Sie starrte und starrte nur, als ob sie nicht verstanden hätte. Und so maßlos, so erschreckend zerriß der Wetterschlag ihr Gesicht, daß der Baron meinte, sie mit einem lockern Wort ein wenig beruhigen zu müssen: »Mir scheint, dich freut's auch nicht, Cenzi. Aber da kann man halt nichts machen.«

Doch schon begann sich wieder etwas zu regen in dem steinstarren Gesicht. Es arbeitete sich von tief unten, gleichsam von den Eingeweiden, herauf, ein gewaltsamer Krampf, der allmählich die eben noch schlohweißen Wangen dunkelrot färbte. Ganz langsam, mit harten Herzstößen heraufgepumpt, quoll etwas empor: die Kehle zitterte unter der zwängenden Anstrengung. Und endlich war es oben und stieß dumpf aus den verknirschten Zähnen: »Da... da... khönnt... da khönnt ma scho was machen...«

Hart, wie ein tödlicher Schuß war das herausgefahren. Und so böse, so finster entschlossen verpreßte sich das verzerrte Gesicht nach dieser gewaltsamen Entladung, daß der Baron unwillkürlich aufschreckte und erstaunt zurückwich. Aber schon hatte Crescenz sich wieder abgewandt und begann mit derart krampfigem Eifer einen Kupfermörser zu scheuern, als wollte sie sich die Finger zerbrechen.

Mit der heimgekehrten Frau wetterte wieder Sturm ins Haus, schlug krachend die Türen, sauste unwirsch durch die Zimmer und fegte wie Zugluft die schwül-behagliche Atmosphäre aus der Wohnung weg. Mochte die Betrogene durch Zuträgereien der Nachbarschaft und anonyme Briefe erfahren haben, in wie unwürdiger Weise der Mann das Hausrecht mißbraucht hatte, oder verdroß sie sein nervöser, hemmungslos offenkundiger Mißmut beim Empfang – jedenfalls, die zwei Monate Sanatorium schienen ihren zum Reißen gespannten Nerven wenig gedient zu haben, denn Weinkrämpfe wechselten strichweise mit Drohungen und hysterischen Szenen. Die Beziehungen wurden unleidlicher von Tag zu Tag. Einige Wochen lang trotzte der Baron noch mannhaft dem Ansturm der Vorwürfe mittels seiner bislang bewährten Höflichkeit und erwiderte ausweichend und vertröstend, sobald sie mit Scheidung oder Briefen an ihre Eltern drohte. Aber gerade diese seine lieblos-kühle Indifferenz trieb die freundlose, rings von geheimer Feindseligkeit umstellte Frau immer tiefer hinein in immer nervösere Erregung.

Crescenz hatte sich ganz in ihr altes Schweigen verpanzert. Aber dies Schweigen war aggressiv und gefährlich geworden. Bei der Ankunft ihrer Herrin blieb sie trotzig in der Küche und vermied, schließlich herausgerufen, die Heimgekehrte zu grüßen. Die Schultern bockig vorgestemmt, stand sie hölzern da und beantwortete dermaßen unwirsch alle Fragen, daß sich die Ungeduldige bald von ihr abwandte: in den Rücken der Ahnungslosen aber stieß Crescenz mit einem einzigen Blick den ganzen aufgespeicherten Haß. Ihr habgieriges Gefühl empfand sich durch diese Rückkehr widerrechtlich bestohlen, aus der Freude leidenschaftlich genossener Dienstbarkeit war sie wieder zurückgestoßen in die Küche und an den Herd, der vertrauliche Leporella-Name ihr genommen. Denn vorsichtig hütete sich der Baron vor seiner Frau, Crescenz irgendwelche Sympathie zu bezeigen. Aber manchmal, wenn er, erschöpft von den widerlichen Szenen und irgendeines Zuspruches bedürftig, sich Luft machen wollte, schlich er hinein in die Küche zu ihr, setzte sich auf einen der harten Holzsessel, nur um herausstöhnen zu können: »Ich halte es nicht mehr aus!«

Diese Augenblicke, da der vergötterte Herr aus übermäßiger Spannung bei ihr Zuflucht suchte, waren die seligsten Leporellas. Niemals wagte sie eine Antwort oder einen Trost; stumm in sich selbst gekehrt, saß sie da, blickte nur manchmal mit einem zuhörenden Blick mitleidig und gequält zu dem geknechteten Gotte auf, und diese wortlose Anteilnahme tat ihm wohl. Verließ er aber dann die Küche, so kroch jene rabiate Falte gleich wieder bis in die Stirn hinauf, und ihre schweren Hände schlugen den Zorn in wehrloses Fleisch hinein oder zerrieben ihn scheuernd an Schüsseln und Bestecken.

Endlich brach die dumpfgeballte Atmosphäre der Rückkehr in gewitterhafter Entladung los: bei einer der unwirtlichen Szenen hatte der Baron schließlich die Geduld verloren, war ruckhaft aus der demütig gleichgültigen Schuljungenstellung aufgesprungen und hatte knatternd die Tür hinter sich zugeschlagen. »Jetzt habe ich es satt«, schrie er dermaßen wütig, daß die Fenster bis in das letzte Zimmer klirrten. Und noch ganz zornheiß, mit blutrotem Gesicht, fuhr er hinaus in die Küche zu der wie ein gespannter Bogen zitternden Crescenz: »Sofort richt mir meinen Koffer her und mein Gewehr! Ich fahr' für eine Woche auf die Jagd. In dieser Hölle hält es selbst der Teufel nicht länger aus: da muß einmal ein Ende gemacht werden.«

Crescenz blickte ihn begeistert an: so war er wieder Herr! Und ein rauhes Lachen kollerte aus der Kehle herauf: »Recht hat der gnä' Herr, da muß ein End' gemacht werden.« Und zuckend vor Eifer, hinjagend von Zimmer zu Zimmer, raffte sie mit fliegender Hast aus Schränken und von Tischen alles zusammen, jeder Nerv des grobschlächtigen Geschöpfes zitterte vor Spannung und Gier. Eigenhändig trug sie dann den Koffer und das Gewehr zum Wagen hinab. Aber als er nun nach einem Wort suchte, um ihr für ihren Eifer zu danken, fuhr sein Blick erschreckt zurück. Denn über die verkniffenen Lippen war wieder dieses tückische Lachen breit aufgekrochen, das ihn immer von neuem erschreckte. Unwillkürlich mußte er an die zusammengekrallte Geste eines Tieres im Ansprung denken, als er sie so lauern sah. Aber da duckte sie sich schon wieder zusammen und flüsterte nur heiser, mit einer fast beleidigenden Vertraulichkeit: »Fahrn der gnä' Herr nur guet, i wer scho alles mochn.«

Drei Tage später wurde der Baron durch ein dringendes Telegramm von der Jagd zurückgerufen. Am Bahnhof erwartete ihn sein Vetter. Und mit dem ersten Blick erkannte der Beunruhigte, daß irgend etwas Peinliches sich ereignet haben müsse, denn der Vetter blickte nervös und fahrig. Nach einigen Worten schonender Vorbereitung erfuhr er: seine Frau sei morgens tot in ihrem Bett aufgefunden worden, das ganze Zimmer mit Leuchtgas erfüllt. Ein unachtsamer Zufall sei leider ausgeschlossen, berichtete der Vetter, denn der Gasofen sei jetzt im Mai längst außer Gebrauch und die selbstmörderische Absicht schon daran erkenntlich, daß die Unglückliche abends Veronal zu sich genommen. Dazu käme noch die Aussage der Köchin Crescenz, die allein an diesem Abend daheimgeblieben sei und gehört habe, wie die Unglückliche noch nachts in das Vorzimmer gegangen sei, anscheinend um den sorgfältig geschlossenen Gasometer absichtlich zu öffnen. Auf diese Mitteilung hin habe auch der beigezogene Polizeiarzt jeden Zufall für ausgeschlossen erklärt und den Selbstmord zu Protokoll genommen.

Der Baron begann zu zittern. Als sein Vetter das Zeugnis der Crescenz erwähnte, spürte er mit einemmal das Blut in den Händen kalt werden: ein unangenehmer, widerlicher Gedanke wogte wie eine Übelkeit in ihm auf. Aber er drückte dieses gärende, quälende Gefühl gewaltsam hinab und ließ sich willenlos von seinem Vetter in die Wohnung führen. Die Leiche war bereits fortgeschafft, im Empfangszimmer warteten seine Verwandten mit düster feindseligen Mienen: ihre Kondolenz war kalt wie ein Messer. Mit einer gewissen anklägerischen Nachdrücklichkeit meinten sie erwähnen zu müssen, bedauerlicherweise sei es nicht mehr möglich gewesen, den »Skandal« zu vertuschen, weil das Mädchen des Morgens grell schreiend auf die Stiege hinausgestürzt sei: »Die gnädige Frau hat sich umgebracht!« Und sie hätten ein stilles Begräbnis angeordnet, da – wieder kehrte sich die messerscharfe Schneide kalt gegen ihn – ja leider schon vordem durch allerhand Gerede die Neugier der Gesellschaft unangenehm gereizt worden sei. Der Verdüsterte hörte verworren zu, hob einmal unwillkürlich den Blick gegen die verschlossene Tür zum Schlafzimmer und duckte ihn feige wieder zurück. Er wollte irgend etwas zu Ende denken, das unablässig in ihm quälend wogte, aber diese leeren und gehässigen Reden verwirrten ihn. Noch eine halbe Stunde standen die Verwandten schwarz und schwatzend um ihn herum, dann empfahlen sie sich einer nach dem anderen. Er blieb allein zurück in dem leeren halbdunklen Zimmer, zitternd wie unter einem dumpfen Schlag, mit schmerzender Stirn und müden Gelenken.

Da pochte es an die Tür. »Herein«, schrak er auf. Und schon kam von hinten ein zögernder Schritt, ein harter, schleichender, schlurfender Schritt, den er kannte. Plötzlich überfiel ihn ein Grauen: er fühlte seinen Halswirbel wie festgeschraubt und gleichzeitig die Haut von den Schläfen herab bis in die Knie überrieselt von eiskalten Schauern. Er wollte sich umwenden, aber die Muskeln versagten. So blieb er mitten im Zimmer stehen, zitternd und ohne Laut, mit herabgefallenen steinstarren Händen, und fühlte dabei ganz genau, wie feige dieses schuldbewußte Dastehen wirken müsse. Aber vergebens, daß er alle Kraft aufbot: die Muskeln gehorchten ihm nicht. Da sagte ganz gleichmütig, in unbewegtester, trockenster Sachlichkeit die Stimme hinter ihm: »Ich wollt' nur fragen, ob der gnä' Herr zu Hause speist oder außer Haus.« Der Baron bebte immer heftiger, nun fuhr das Eiskalte schon bis in die Brust hinab. Und dreimal setzte er vergeblich an, ehe es ihm endlich gelang, herauszustoßen: »Nein, ich esse jetzt nichts.« Dann schlurfte der Schritt hinaus: er hatte nicht den Mut, sich umzuwenden. Und plötzlich brach die Starre: es schüttelte ihn durch und durch, ein Ekel oder ein Krampf. Mit einem Ruck sprang er hin gegen die Tür, drehte zuckend den Schlüssel um, damit dieser Schritt, dieser ihm gespenstisch nachfolgende verhaßte Schritt nicht noch einmal an ihn heranküme. Dann warf er sich in den Sessel, um einen Gedanken niederzuwürgen, den er nicht denken wollte und der doch immer wieder kalt und klebrig wie eine Schnecke in ihm aufkroch. Und dieser zwanghafte Gedanke, den anzufassen er sich ekelte, füllte sein ganzes Gefühl, unabwehrbar, schleimig und widerlich, und blieb bei ihm die ganze schlaflose Nacht und alle folgenden Stunden, selbst, da er schwarz gekleidet und schweigend während des Begräbnisses zu Häupten des Sarges stand.

Am Tage nach dem Begräbnis verließ der Baron hastig die Stadt: zu unerträglich waren ihm jetzt alle Gesichter; mitten in ihrer Teilnahme hatten sie (oder dünkte es ihn nur so?) einen merkwürdig beobachtenden, einen quälend inquisitorischen Blick. Und selbst die toten Dinge sprachen böse und anklägerisch: jedes Möbelstück in der Wohnung, insbesondere aber des Schlafzimmers, wo noch der süßliche Geruch von Gas an allen Gegenständen zu haften schien, stieß ihn fort, wenn er unwillkürlich nur die Türe aufklinkte. Aber der unerträgliche Alp seines Schlafes und Wachens war die unbekümmerte, kalte Gleichgültigkeit seiner ehemaligen Vertrauten, die, als wäre nicht das mindeste vorgefallen, im leeren Hause umherging. Seit jener Sekunde auf dem Bahnhof, da der Vetter ihren Namen genannt, zitterte er vor jeder Begegnung mit ihr. Kaum daß er ihren Schritt hörte, bemächtigte sich seiner eine fluchthaft nervöse Unruhe: er konnte es nicht mehr sehen, nicht mehr ertragen, dieses schlürfende, gleichgültige Gehen, diese kalte, stumme Gelassenheit. Ekel faßte ihn schon, wenn er nur an sie dachte, an ihre knarrige Stimme, das fettige Haar, das dumpfe, tierische, unbarmherzige Fühllossein, und in seinem Zorn war Zorn gegen sich selbst, daß ihm die Kraft fehlte, dies Band, das ihn an der Kehle würgte, wie einen Strick gewaltsam zu zerreißen. So sah er nur einen Ausweg: die Flucht. Er packte heimlich, ohne ihr ein Wort zu sagen, die Koffer, nichts als einen hastigen Zettel hinterlassend, daß er zu Freunden nach Kärnten gefahren sei.

Der Baron blieb den ganzen Sommer weg. Einmal zur Regelung der Verlassenschaft dringend nach Wien gerufen, zog er vor, heimlich zu kommen, im Hotel zu wohnen und den Totenvogel, der da harrend im Hause saß, gar nicht zu verständigen. Crescenz erfuhr nichts von seiner Anwesenheit, weil sie mit niemandem sprach. Unbeschäftigt, finster wie eine Eule, saß sie den ganzen Tag starr in der Küche, ging zweimal, statt wie vordem einmal, in die Kirche, empfing durch den Anwalt des Barons Aufträge und Geld zur Verrechnung: von ihm selbst hörte sie nichts. Er schrieb nicht und ließ ihr nichts sagen. So saß sie stumm und wartete: ihr Gesicht wurde härter und hagerer, ihre Bewegungen verholzten wieder, und so, wartend und wartend, verbrachte sie viele Wochen hindurch in einem geheimnisvollen Zustand von Starre.

Im Herbst aber erlaubten dringende Erledigungen dem Baron nicht länger, seinen Urlaub hinauszuziehen, er mußte in seine Wohnung zurück. An der Hausschwelle blieb er stehen und zögerte. Zwei Monate im Kreise vertrauter Freunde hatten ihn vieles beinahe vergessen lassen – aber nun, da er seinem Alp, seiner vielleicht Mitschuldigen körperlich wieder entgegentreten sollte, fühlte er genau denselben drückenden, Brechreiz verursachenden Krampf. Mit jeder Stufe, die er, immer langsamer, die Treppe hinaufstieg, griff auch die unsichtbare Hand höher hinauf an die Kehle. Schließlich benötigte er eine gewaltsame Zusammenfassung aller Willenskräfte, um die starren Finger zu zwingen, den Schlüssel im Schloß umzudrehen.

Überrascht fuhr Crescenz aus der Küche heraus, kaum daß sie den Schlüssel im Schloß knacken hörte. Als sie ihn sah, stand sie einen Augenblick bleich, griff dann, gleichsam, um sich zu ducken, nieder zur Handtasche, die er hingestellt hatte. Aber sie vergaß ein Wort des Grußes. Auch er sagte kein Wort. Stumm trug sie die Handtasche in sein Zimmer, stumm folgte er ihr nach. Stumm wartete er, zum Fenster hinausblickend, bis sie den Raum verlassen hatte. Dann drehte er hastig den Schlüssel der Zimmertür um.

Das war ihre erste Begrüßung nach Monaten.

Crescenz wartete. Und ebenso wartete der Baron, ob dieser gräßliche Krampf von Grauen bei ihrem Anblick weichen würde. Aber es wurde nicht besser. Noch ehe er sie sah, wenn er nur ihren Schritt vom Gang draußen hörte, fuhr schon das Unbehagen flattrig in ihm auf. Er rührte das Frühstück nicht an, entwich, ohne ein Wort an sie zu richten, allmorgendlich hastig dem Haus und blieb bis spät nachts fort, nur um ihre Gegenwart zu vermeiden. Die zwei, drei Aufträge, die er ihr zu erteilen genötigt war, gab er abgewandten Gesichts. Es würgte ihm die Kehle, die Luft desselben Raumes mit diesem Gespenst zu atmen.

Crescenz saß indes stumm den ganzen Tag auf ihrem Holzschemel. Für sich selber kochte sie nicht mehr. Jede Speise widerte sie, jedem Menschen wich sie aus. Sie saß nur und wartete mit scheuen Augen auf den ersten Pfiff ihres Herrn wie ein verprügelter Hund, der weiß, daß er Schlechtes getan hat. Ihr dumpfer Sinn verstand nicht genau, was geschehen war; nur daß ihr Gott und Herr ihr auswich und sie nicht mehr wollte, nur dies drang wuchtig in sie ein.

Am dritten Tage der Rückkehr des Barons ging die Klingel. Ein grauhaariger, ruhiger Mann mit gut rasiertem Gesicht, einen Koffer in der Hand, stand vor der Tür. Crescenz wollte ihn wegweisen. Aber der Eindringling beharrte darauf, er sei der neue Diener, der Herr habe ihn für zehn Uhr bestellt, sie solle ihn anmelden. Crescenz wurde kalkweiß, einen Augenblick lang blieb sie stehen, die weggespreizten Finger starr in der Luft. Dann fiel die Hand wie ein durchschossener Vogel herab. »Gehn S' selbst hinein«, wirschte sie den Erstaunten an, drehte sich der Küche zu und schlug die Tür klirrend ins Schloß.

Der Diener blieb. Von diesem Tage an brauchte der Herr kein Wort mehr an sie zu richten, alle Botschaften an sie gingen durch den ruhigen, alten Herrschaftsdiener. Was im Hause geschah, erfuhr sie nicht, alles floß wie die Welle über einen Stein kalt über sie hinweg.

Dieser drückende Zustand dauerte zwei Wochen und zehrte an Crescenz wie eine Krankheit. Ihr Gesicht war spitz und kantig geworden, das Haar an den Schläfen plötzlich grau. Ihre Bewegungen versteinerten vollkommen. Fast immer saß sie wie ein hölzerner Klotz stumm auf ihrem Holzschemel und starrte leer gegen das leere Fenster; arbeitete sie aber, so geschah es in einer wütigen, einem Zornausbruch ähnlichen gewalttätigen Art.

Nach diesen zwei Wochen trat einmal der Diener eigens in das Zimmer seines Herrn, und an seinem bescheidenen Warten erkannte der Baron, daß er ihm besondere Mitteilung zu machen wünsche. Schon einmal hatte der Diener Klage geführt über das mürrische Wesen des »Tiroler Trampels«, wie er sie verächtlich nannte, und vorgeschlagen, ihr zu kündigen. Aber irgendwie peinlich berührt, schien der Baron seinen Vorschlag zunächst zu überhören. Doch während damals sich der Diener mit einer Verbeugung entfernte, blieb er diesmal hartnäckig bei seiner Meinung, zog ein merkwürdiges, beinahe verlegenes Gesicht und stammelte dann schließlich heraus, der gnädige Herr möge ihn nicht lächerlich finden, aber... er könne... ja, er könne es nicht anders sagen... er *fürchte* sich vor ihr. Dieses verschlossene, bösartige Ding sei unerträglich, und der Herr Baron wisse gar nicht, eine wie gefährliche Person er da im Hause habe.

Unwillkürlich schrak der Gewarnte auf. Wie er das meine und was er damit sagen wolle? Da schwächte der Diener nun allerdings seine Behauptung ab, etwas Bestimmtes könne er ja nicht sagen, aber er habe so das Gefühl, diese Person sei ein wütiges Tier – die könne einem leicht irgendwas antun. Gestern, als er sich umwandte, um ihr eine Weisung zu geben, da habe er unvermutet einen Blick aufgefangen – nun, man könne ja nichts sagen über einen Blick, aber es sei so gewesen, als ob sie ihm an den Hals springen wolle. Und seitdem fürchte er sich vor ihr, ja er habe Angst, die Speisen anzurühren, die sie zubereite. »Herr Baron wissen gar nicht«, schloß er seinen Bericht, »was für eine gefährliche Person das ist. Sie redt nichts, sie deut' nichts, aber ich mein' halt, die wär einen Mord imstande.« Aufschreckend warf der Baron einen jähen Blick auf den Ankläger. Hatte er etwas Bestimmtes gehört? War ihm ein Verdacht zugetragen worden? Er spürte, wie seine Finger zu zittern begannen, und hastig legte er die Zigarre weg, damit sie die Erregung seiner Hände nicht in der Luft nachzeichne. Aber das Gesicht des alten Mannes war vollkommen arglos – nein, er konnte nichts wissen. Der Baron zögerte. Dann plötzlich raffte er seinen eigenen Wunsch zusammen und entschloß sich: »Wart noch ab. Aber wenn sie dir noch einmal unfreundlich begegnet, dann kündige ihr einfach in meinem Auftrag.«

Der Diener verbeugte sich, und erlöst wich der Baron zurück. Jede Erinnerung an dieses geheimnisvoll gefährliche Geschöpf verdüsterte ihm den Tag. Am besten, es geschah, überlegte er, während er weg war, zu Weihnachten vielleicht – schon der Gedanke an die erhoffte Befreiung tat ihm innerlich wohl. Ja, so ist es am besten, zu Weihnachten, bekräftigte er sich, wenn ich fort bin.

Aber am nächsten Tage schon, kaum daß er nach Tisch in sein Zimmer getreten war, klopfte es an die Tür. Gedankenlos von der Zeitung aufblickend, murrte er »Herein!« Und da schlurfte schon dieser verhaßte, harte Schritt, der immer in seinen Träumen umging, herzu. Er schrak auf: wie ein Totenschädel, bleich und käsig, schlotterte das verknöcherte Gesicht über der hagern, schwarzen Gestalt. Etwas von Mitleid mengte sich in sein Grauen, als er sah, wie der geängstigte Schritt dieses ganz in sich zertretenen Wesens am Rande des Teppichs demütig stehen blieb. Und um diese Benommenheit zu verbergen, bemühte er sich, arglos zu erscheinen. »Nun, was ist denn, Crescenz?« fragte er. Aber es kam nicht, wie beabsichtigt, jovial und herzlich heraus; wider seinen Willen klang die Frage wegstoßend und böse.

Crescenz rührte sich nicht. Sie starrte in den Teppich hinein. Endlich stieß sie, wie man mit dem Fuß etwas wegpoltert, heraus: »Der Diener hot mir aufgsogt. Er hat gsogt, daß der gnä' Herr mir khündigt.«

Peinlich berührt stand der Baron auf. Daß es so rasch kommen würde, hatte er nicht erwartet. So begann er stotterig herumzureden, es werde nicht so scharf gemeint sein, sie solle doch trachten, sich mit dem andern Personal zu verständigen, und derlei zufällige Dinge mehr, wie sie ihm gerade vom Munde fielen.

Aber Crescenz blieb stehen, unbeweglich den Blick in den Teppich gebohrt, die Schultern hochgezogen. Mit erbitterter Beharrlichkeit hielt sie stierhaft den Kopf gesenkt, hörte an allen seinen verbindlichen Reden vorbei, einzig ein Wort erwartend, das nicht kam. Und als er endlich, leicht angewidert von der verächtlichen Rolle des Beschwätzers, die er hier vor einem Dienstboten spielen mußte, ermüdet schwieg, blieb sie bockig und stumm. Dann rang sie ungefügt heraus: »Nur das wollt' ich wissen, ob der Herr Baron selber dem Anton Auftrag 'gebn hat, er soll mir khündigen?«

Sie stieß es heraus, hart, unwillig, gewalttätig. Und wie einen Stoß empfand es der in seinen Nerven schon Gereizte. War das eine Drohung? Forderte sie ihn heraus? Und mit einemmal verflog alle Feigheit, alles Mitleid in ihm. Der ganze, in Wochen aufgestaute Haß und Ekel schoß brennend zusammen mit dem Wunsch, endlich ein Ende zu machen.

Und plötzlich, völlig umschlagend im Ton, mit jener im Ministerium erlernten kühlen Sachlichkeit, bestätigte er gleichgültig, ja, ja, es sei richtig, er habe in der Tat dem Diener freie Hand gelassen, in allen Dingen des Haushalts zu verfügen. Er persönlich wolle ja ihr Bestes und sich auch bemühen, die Kündigung rückgängig zu machen. Wenn sie aber weiterhin darauf bestehe, sich mit dem Diener nicht freundschaftlich zu stellen, ja, dann müsse er allerdings auf ihre Dienste verzichten.

Und stark den ganzen Willen zusammenfassend, fest entschlossen, nicht zurückzuschrecken vor irgendeiner heimlichen Andeutung oder Vertraulichkeit, stemmte er bei den letzten Worten den Blick gegen die vermeintlich Drohende und sah sie entschlossen an.

Aber der Blick, den Crescenz jetzt scheu vom Boden hob, war nur der eines weidwunden Tieres, das knapp vor sich aus dem Gebüsch die Meute herausbrechen sieht. »Ich dankhe...«, rang sie noch ganz schwach hervor. »Ich geh' schon ... ich will dem gnä' Herrn nicht mehr lästig sein...«

Und langsam, ohne sich umzuwenden, schlurfte sie mit sinkenden Schultern und steifen, hölzernen Schritten zur Türe hinaus.

Abends, als der Baron aus der Oper kam und auf dem Schreibtisch nach den eingelangten Briefen griff, bemerkte er dort etwas Fremdes und Viereckiges. Im aufgeflammten Licht erkannte er eine holzgeschnittene Kassette bäurischer Arbeit. Sie war nicht verschlossen: in säuberlicher Ordnung lagen darin alle Kleinigkeiten, die Crescenz jemals von ihm erhalten, ein paar Karten von der Jagd, zwei Theaterbillette, ein Silberring, das ganze gehäufte Rechteck ihrer Banknoten und zwischendurch noch eine Momentfotografie, vor zwanzig Jahren in Tirol aufgenommen, auf der ihre Augen, offenbar vom Blitzlicht erschreckt, mit demselben getroffenen und verprügelten Ausdruck starrten wie vor wenigen Stunden bei ihrem Abschied.

Etwas ratlos schob der Baron die Kassette beiseite und ging hinaus, den Diener zu fragen, was denn diese Sachen der Crescenz auf seinem Schreibtisch zu schaffen hätten. Der Diener erbot sich sofort, seine Feindin zur Rechenschaftslegung hereinzuholen. Aber Crescenz war weder in der Küche noch in irgendeinem der anderen Zimmer zu finden. Und erst als der Polizeibericht am nächsten Tage den selbstmörderischen Sturz einer etwa vierzigjährigen Frau von der Brücke des Donaukanals meldete, mußten die beiden nicht länger fragen, wohin Leporella geflohen sei.

Angst

Als Frau Irene die Treppe von der Wohnung ihres Geliebten hinabstieg, packte sie mit einem Male wieder jene sinnlose Angst. Ein schwarzer Kreisel surrte plötzlich vor ihren Augen, die Knie froren zu entsetzlicher Starre, und hastig mußte sie sich am Geländer festhalten, um nicht jählings nach vorne zu fallen. Es war nicht das erstemal, daß sie den gefahrvollen Besuch wagte, dieser jähe Schauer ihr keineswegs fremd, immer unterlag sie trotz aller innerlichen Gegenwehr bei jeder Heimkehr solchen grundlosen Anfällen unsinniger und lächerlicher Angst. Der Weg zum Rendezvous war unbedenklich leichter. Da ließ sie den Wagen an der Straßenecke halten, lief hastig und ohne aufzuschauen die wenigen Schritte bis zum Haustor und dann die Stufen eilend empor, wußte sie doch, er warte schon innen auf sie hinter der rasch geöffneten Tür, und diese erste Angst, in der doch auch Ungeduld brannte, zerfloß heiß in einer grüßenden Umarmung. Aber dann, wenn sie heim wollte, stieg es fröstelnd auf, dies andere geheimnisvolle Grauen, nun wirr gemengt mit dem Schauer der Schuld und jenem törichten Wahn, jeder fremde Blick auf der Straße vermöchte ihr abzulesen, woher sie käme, und mit frechem Lächeln ihre Verwirrung erwidern. Noch die letzten Minuten in seiner Nähe waren schon vergiftet von der steigenden Unruhe dieses Vorgefühls; im Fortwollen zitterten ihre Hände vor nervöser Eile, zerstreut fing sie seine Worte auf und wehrte hastig den Nachzüglern seiner Leidenschaft; fort, nur fort wollte dann immer schon alles in ihr, aus seiner Wohnung, seinem Haus, aus dem Abenteuer in ihre ruhige bürgerliche Welt zurück. Kaum wagte sie in den Spiegel zu schauen, aus Furcht vor dem Mißtrauen im eigenen Blick, und doch war es nötig zu prüfen, ob nichts an ihrer Kleidung die Leidenschaft der Stunde durch Verwirrung verriete. Dann kamen noch jene letzten, vergeblich beruhigenden Worte, die sie vor Aufregung kaum hörte, und jene horchende Sekunde hinter der bergenden Tür, ob niemand die Treppe hinauf oder hinab ginge. Draußen aber stand schon die Angst, ungeduldig sie anzufassen, und hemmte ihr so herrisch den Herzschlag, daß sie immer schon atemlos die wenigen Stufen niederstieg, bis sie die nervös zusammengeraffte Kraft versagen fühlte.

Eine Minute stand sie so mit geschlossenen Augen und atmete die dämmerige Kühle des Treppenhauses gierig ein. Da fiel von einem oberen Stockwerk eine Tür ins Schloß, erschreckt raffte sie sich zusammen und hastete, indes ihre Hände unwillkürlich den dichten Schleier noch fester zusammenrafften, die Stufen hinab. Jetzt drohte noch jener letzte furchtbarste Moment, das Grauen, aus fremdem Haustor auf die Straße zu treten und vielleicht in die vordringliche Frage eines vorübergehenden Bekannten hinein, woher sie käme, in die Verwirrung und Gefahr einer Lüge: sie senkte den Kopf wie ein Springer beim Anlauf und eilte mit jähem Entschluß gegen das halboffene Tor.

Da stieß sie hart mit einer Frauensperson zusammen, die offenbar eben eintreten wollte. »Pardon«, sagte sie verlegen und mühte sich, rasch an ihr vorbeizukommen. Aber die Person sperrte ihr breit die Tür und starrte sie zornig und zugleich mit unverstelltem Hohn an. »Daß ich Sie nur einmal erwische!« schrie sie ganz unbekümmert mit einer derben Stimme. »Natürlich, eine anständige Frau, eine sogenannte! Das hat nicht genug an einem Mann und dem vielen Geld und an allem, das muß noch einem armen Mädel ihren Geliebten abspenstig machen...«

»Um Gottes willen... was haben Sie... Sie irren sich...«, stammelte Frau Irene und machte einen linkischen Versuch durchzuwischen, aber die Person pfropfte ihren massigen Körper breit in die Tür und keifte ihr grell entgegen: »Nein, ich irre mich nicht... ich kenne Sie... Sie kommen von Eduard, meinem Freund... Jetzt habe ich Sie endlich einmal erwischt, jetzt weiß ich, warum er so wenig Zeit für mich in der letzten Zeit hat... Wegen Ihnen also... Sie gemeine...!«

»Um Gottes willen«, unterbrach sie Frau Irene mit erlöschender Stimme, »schreien Sie doch nicht so«, und trat unwillkürlich in den Hausflur wieder zurück. Die Frau sah sie höhnisch an. Diese schlotternde Angst, diese sichtliche Hilflosigkeit schien ihr irgendwie wohlzutun, denn mit einem selbstbewußten und spöttisch zufriedenen Lächeln musterte sie jetzt ihr Opfer. Ihre Stimme wurde vor gemeinem Wohlbehagen ganz breit und beinahe behäbig.

»So sehen sie also aus, diese verheirateten Damen, die nobeln, vornehmen Damen, wenn sie einem die Männer stehlen gehen. Verschleiert, natürlich verschleiert, damit man nachher überall die anständige Frau spielen kann...«

»Was... was wollen Sie denn von mir?... Ich kenne Sie ja gar nicht... Ich muß fort...«

»Fort... ja natürlich... zum Herrn Gemahl... in die warme Stube, die vornehme Dame spielen und sich auskleiden lassen von den Dienstboten... Aber was unsereiner treibt, ob das krepiert vor Hunger, das schert ja so eine vornehme Dame nicht... So einer stehlen sie auch das letzte, diese anständigen Frauen...«

Irene gab sich einen Ruck und griff, einer vagen Eingebung gehorchend, in ihr Portemonnaie und faßte, was ihr gerade an Banknoten in die Hand kam. »Da... da haben Sie... aber lassen Sie mich jetzt... Ich komme nie mehr her... ich schwöre es Ihnen.«

Mit einem bösen Blick nahm die Person das Geld. »Luder«, murmelte sie dabei. Frau Irene zuckte unter dem Wort zusammen, aber sie sah, daß die andere ihr die Tür freigab und stürzte hinaus, dumpf und atemlos, wie ein Selbstmörder vom Turm. Sie spürte Gesichter als verzerrte Fratzen vorbeigleiten, wie sie vorwärts lief, und rang sich mühsam mit schon verdunkeltem Blick durch bis zu einem Automobil, das an der Ecke stand. Wie eine Masse warf sie ihren Körper in die Kissen, dann wurde alles in ihr starr und regungslos, und als der Chauffeur endlich verwundert den sonderbaren Fahrgast fragte, wohin der Weg ginge, starrte sie ihn einen Augenblick ganz leer an, bis ihr benommenes Gehirn seine Worte schließlich erfaßte. »Zum Südbahnhof«, stieß sie dann hastig heraus und, plötzlich vom Gedanken erfaßt, die Person könnte ihr folgen, »rasch, rasch, fahren Sie schnell!«

In der Fahrt erst spürte sie, wie sehr diese Begegnung sie ins Herz getroffen hatte. Sie tastete ihre Hände an, die erstarrt und kalt wie abgestorbene Dinge an ihrem Körper niederhingen, und begann mit einem Male so zu zittern, daß es sie schüttelte. In der Kehle klomm etwas Bitteres empor, sie spürte Brechreiz und zugleich eine sinnlose, dumpfe Wut, die wie ein Krampf das Innere ihrer Brust herauswühlen wollte. Am liebsten hätte sie geschrien oder mit den Fäusten getobt, sich freizumachen von dem Grauen dieser Erinnerung, die fest wie ein Angelhaken in ihrem Gehirn saß, dieses wüste Gesicht mit seinem höhnischen Lachen, dieser Dunst von Gemeinheit, der aufstieg vom schlechten Atem der Proletarierin, dieser wüste Mund, der voll Haß ihr hart bis ins Gesicht die niedrigen Worte gespien, und die gehobene rote Faust, mit der sie ihr gedroht hatte. Immer stärker wurde das Übelkeitsgefühl, immer höher klomm es in die Kehle, dazu schleuderte der rasch rollende Wagen hin und her, und eben wollte sie dem Chauffeur bedeuten, langsamer zu fahren, als ihr noch rechtzeitig einfiel, sie hätte vielleicht nicht mehr genug Geld bei sich, ihn zu bezahlen, da sie doch alle Banknoten an diese Erpresserin gegeben. Hastig gab sie das Signal zum Halten und stieg zu neuerlicher Verwunderung des Chauffeurs plötzlich aus. Glücklicherweise reichte der Rest ihres Geldes. Aber dann fand sie sich in einen fremden Bezirk verschlagen, in einem Geschiebe geschäftiger Menschen, die ihr physisch weh taten mit jedem Wort und jedem Blick. Dabei waren ihre Knie wie aufgeweicht von der Angst und trugen unwillig die Schritte vorwärts, aber sie mußte heim, und alle Energie zusammenraffend, stieß sie sich von Gasse zu Gasse fort mit einer übermenschlichen Anstrengung, als ob sie durch einen Morast watete oder knietiefen Schnee. Endlich kam sie zu ihrem Hause und stürzte mit einer nervösen Hast, die sie aber sofort wieder mäßigte, um nicht durch ihre Unruhe aufzufallen, die Treppe hinauf.

Jetzt erst, da ihr das Dienstmädchen den Mantel abnahm, sie nebenan ihren kleinen Knaben mit der jüngeren Schwester laut spielen hörte und der beruhigte Blick überall Eigenes faßte, Eigentum und Geborgenheit, gewann sie wieder einen äußeren Schein von der Gefaßtheit zurück, indes unterirdisch die Woge der Erregung noch schmerzhaft die gespannte Brust durchrollte. Sie nahm den Schleier ab, glättete mit dem starken Willen, arglos zu scheinen, ihr Gesicht und trat in das Speisezimmer, wo ihr Mann bei dem abendlich gedeckten Tisch die Zeitung las.

»Spät, spät, liebe Irene«, grüßte er mit sanftem Vorwurf,

stand auf und küßte sie auf die Wange, was ihr unwillkürlich ein peinliches Gefühl der Scham erweckte. Sie setzten sich zu Tische, und gleichgültig, kaum von der Zeitung weg, fragte er: »Wo warst du so lange?«

»Ich war... bei... bei Amélie... sie mußte da noch etwas besorgen... und ich ging mit«, ergänzte sie und schon zornig über die eigene Unbedachtsamkeit, so schlecht gelogen zu haben. Sonst rüstete sie immer im voraus eine sorgfältig ausgeklügelte, allen Möglichkeiten der Überprüfung trotzende Lüge, heute aber hatte die Angst sie daran vergessen lassen und zu einer so ungeschickten Improvisation gezwungen. Wenn, fuhr es ihr durch den Sinn, ihr Mann, wie jüngst in dem Stück, das sie im Theater sahen, hintelefonierte und sich erkundigte...

»Was hast du denn?... Du scheinst mir so nervös... und warum nimmst du denn den Hut nicht ab?« fragte ihr Mann. Sie schrak zusammen, als sie sich neuerdings in ihrer Verlegenheit ertappt fühlte, stand eilig auf, ging in ihr Zimmer, den Hut abzunehmen, und sah dabei im Spiegel ihr unruhiges Auge so lange an, bis der Blick ihr wieder sicher und fest schien. Dann kehrte sie in das Speisezimmer zurück.

Das Mädchen kam mit der Abendmahlzeit, und es wurde ein Abend wie alle anderen, vielleicht etwas mehr wortkarg und weniger gesellig als sonst, ein Abend mit einem armen, müden, oft hinstolpernden Gespräch. Ihre Gedanken wanderten den Weg unablässig zurück und schraken immer entsetzt empor, wenn sie zu jener Minute kamen, in die grauenhafte Nähe der Erpresserin: dann hob sie immer den Blick, um sich geborgen zu fühlen, griff Ding um Ding der beseelten Nähe, jedes durch Erinnerung und Bedeutung in die Zimmer gestellt, zärtlich an, und eine leichte Beruhigung kehrte in sie zurück. Und die Wanduhr, gemächlich mit ihrem stählernen Schritt das Schweigen durchschreitend, gab ihrem Herzen unmerklich wieder etwas von seinem gleichmäßigen, sorglos-sicheren Takt.

Am nächsten Morgen, als ihr Mann in seine Kanzlei, die Kinder spazierengegangen waren und sie endlich mit sich allein blieb, verlor im klaren Vormittagslicht jene schreckhafte Begegnung bei nachträglicher Überprüfung viel von ihrer Beängstigung. Frau Irene besann sich zunächst, daß ihr Schleier sehr dicht und es jener Person dadurch unmöglich gewesen war, die Züge ihres Gesichtes genau wahrzunehmen und wiedererkennen zu können. Ruhig erwog sie nun alle Maßnahmen der Vorbeugung. Auf keinen Fall würde sie ihren Geliebten nochmals in seiner Wohnung aufsuchen – und damit war wohl die eheste Möglichkeit eines solchen Überfalls beseitigt. Blieb also nur die Gefahr einer zufälligen Wiederbegegnung mit dieser Person, doch auch eine solche war unwahrscheinlich, denn nachgefolgt konnte sie ihr, die doch im Automobil geflüchtet war, nicht sein. Name und Wohnung waren ihr fremd und ein sonstiges zuverlässiges Erkennen nach dem undeutlichen Gesichtsbilde nicht zu befürchten. Aber auch für diesen äußersten Fall war Frau Irene gerüstet. Dann, nicht mehr im Schraubstock der Angst, würde sie einfach, so beschloß sie sofort, ruhige Haltung bewahren, alles ableugnen, kühl einen Irrtum behaupten und, da ein Beweis jenes Besuches anders als zur Stelle kaum zu erbringen war, diese Person eventuell der Erpressung bezichtigen. Nicht umsonst war Frau Irene die Gattin eines der bekanntesten Verteidiger der Residenz, sie wußte genug aus dessen Gesprächen mit Fachkollegen, daß Erpressungen nur sofort und durch größte Kaltblütigkeit gedrosselt werden könnten, weil jede Verzögerung, jeder Schein von Unruhe von seiten des Verfolgten die Überlegenheit seines Gegners nur steigert.

Die erste Gegenmaßregel war ein knapper Brief an ihren Geliebten, sie könne morgen zur vereinbarten Stunde nicht kommen, auch in den nächsten Tagen nicht. Beim Überlesen schien ihr das Billett, in dem sie zum erstenmal ihre Schrift verstellte, etwas frostig im Ton, und schon wollte sie die ungefälligen Worte durch intimere ersetzen, als die Erinnerung an die gestrige Begegnung plötzlich einen unterirdisch regen Groll, der unbewußt die Kälte der Zeilen verschuldet hatte, ihr erklärte. Ihr Stolz war gereizt durch jene peinliche Entdeckung, in der Gunst ihres Liebhabers eine so niedere und unwürdige Vorgängerin abgelöst zu haben, und mit gehässigerem Gefühl die Worte prüfend, freute sie sich nun rachsüchtig der kühlen Art, mit der sie ihr Kommen darin gewissermaßen in die Sphäre ihrer gütigen Laune erhob.

Sie hatte diesen jungen Menschen, einen Pianisten von Ruf, in einem freilich noch begrenzten Kreise, bei einer gelegentlichen Abendunterhaltung kennengelernt und war bald, ohne es recht zu wollen und beinahe ohne es zu begreifen, seine Geliebte geworden. Nichts in ihrem Blute hatte eigentlich nach dem seinen verlangt, nichts Sinnliches und kaum ein Geistiges sie seinem Körper verbunden: sie hatte sich ihm hingegeben, ohne seiner zu bedürfen oder ihn nur stark zu begehren, aus einer gewissen Trägheit des Widerstandes gegen seinen Willen und einer Art unruhigen Neugier. Nichts in ihr, weder ihr durch eheliches Glück voll befriedigtes Blut, noch das bei Frauen so häufige Gefühl, in ihren geistigen Interessen zu verkümmern, hatte ihr einen Liebhaber zum Bedürfnis gemacht, sie war vollkommen glücklich an der Seite eines begüterten, geistig ihr überlegenen Gatten, zweier Kinder, träge und zufrieden gebettet in ihrer behaglichen, breitbürgerlichen, windstillen Existenz. Aber es gibt eine Schlaffheit der Atmosphäre, die ebenso sinnlich macht als Schwüle oder Sturm, eine Wohltemperiertheit des Glückes, die aufreizender ist als Unglück, und für viele Frauen durch ihre Wunschlosigkeit ebenso verhängnisvoll als eine dauernde Unbefriedigung durch Hoffnungslosigkeit. Sattheit reizt nicht minder wie Hunger, und das Gefahrlose, Gesicherte ihres Lebens gab ihr Neugier nach dem Abenteuer. Nirgends war Widerstand in ihrer Existenz. Überall griff sie ins Weiche, überall war Vorsorglichkeit, Zärtlichkeit, laue Liebe und häusliche Achtung hingebreitet, und ohne zu ahnen, daß diese Gemäßigtheit der Existenz niemals von den äußeren Dingen bemessen wird, sondern immer nur Widerspiel einer inneren Beziehungslosigkeit ist, fühlte sie sich irgendwie um das wirkliche Leben durch diese Behaglichkeit betrogen.

Ihre dämmernden Mädchenträume von der großen Liebe und der Ekstase des Gefühls, eingeschläfert von den freundlichen Beruhigungen der ersten Ehejahre und dem spielhaften Reiz junger Mütterlichkeit, begannen jetzt, da sie sich dem dreißigsten Jahre näherte, wieder zu erwachen, und wie jede Frau maß sie sich innerlich die Fähigkeit zu großer Leidenschaft bei, ohne aber dem Willen zum Erleben den Mut beizugesellen, der das Abenteuer mit seinem wahrhaften

Preis, der Gefahr, bezahlt. Als ihr nun in diesen Augenblicken einer Zufriedenheit, die sie selbst nicht zu steigern vermochte, dieser junge Mensch mit starkem, unverhehltem Begehren sich ihr näherte und, von der Romantik der Kunst umwittert, in ihre bürgerliche Welt trat, wo sonst die Männer nur mit lauen Späßen und kleinen Koketterien die »schöne Frau« in ihr respektvoll feierten, ohne je ernstlich das Weib in ihr zu begehren, fühlte sie sich zum erstenmal seit ihren Mädchentagen wieder in ihrem Innersten gereizt. An seinem Wesen hatte sie vielleicht nichts verlockt als ein Schatten von Trauer, der über seinem etwas zu interessant arrangierten Gesicht lag und von dem sie nicht zu unterscheiden wußte, daß er eigentlich ebenso erlernt sei wie das Technische seiner Kunst und jene melancholisch verdüsterte Nachdenklichkeit, aus der er ein (längst vorausstudiertes) Impromptu erhob. In dieser Traurigkeit lag für sie, die sich von lauter satten und bürgerlichen Menschen umringt fühlte, eine Ahnung jener höheren Welt, die ihr farbig aus den Büchern entgegenblickte und romantisch in den Theaterstücken sich regte, und unwillkürlich beugte sie sich über den Rand ihrer täglichen Gefühle, um sie zu betrachten. Ein Kompliment, aus der Hingerissenheit der Sekunde, vielleicht etwas heißer als schicklich dargebracht, ließ ihn vom Klavier zu der Frau aufschauen, und schon dieser erste Blick griff nach ihr. Sie erschrak und fühlte gleichzeitig die Wollust aller Angst: ein Gespräch, in dem alles wie von unterirdischen Flammen durchleuchtet und erhitzt schien, beschäftigte und reizte ihre nun schon rege Neugier so sehr, daß sie einer neuerlichen Begegnung in einem öffentlichen Konzert nicht auswich. Sie sahen sich dann öfter, und bald nicht mehr durch Zufall. Der Ehrgeiz, daß sie, die ihrem musikalischen Urteil bisher wenig Wert zugemutet hatte und mit Recht ihrem künstlerischen Gefühl Bedeutung versagte, ihm, einem wirklichen Künstler, als Verstehende und Beratende viel bedeute, wie er ihr wiederholt versicherte, ließ sie wenige Wochen später voreilig seinem Vorschlage vertrauen, er wolle ihr und nur ihr allein sein neuestes Werk bei sich vorspielen – ein Versprechen, das in seiner Absicht vielleicht halb aufrichtig war, aber doch in Küssen und schließlich ihrer überraschten Hingabe unterging. Ihr erstes Gefühl war Erschrecken vor dieser unerwarteten Wendung ins Sinnliche, der geheimnisvolle Schauer, der diese Beziehung umwitterte, war jählings gebrochen, und das Schuldbewußtsein für diesen ungewollten Ehebruch wurde nur teilweise beruhigt durch die prickelnde Eitelkeit, zum erstenmal durch einen, wie sie glaubte, eigenen Entschluß die bürgerliche Welt, in der sie lebte, verneint zu haben. Den Schauer vor ihrer eigenen Schlechtigkeit, der sie in den ersten Tagen erschreckte, verwandelte ihre Eitelkeit so in gesteigerten Stolz. Aber auch diese geheimnisvollen Erregungen hatten ihre volle Spannung nur in den ersten Augenblicken. Ihr Instinkt wehrte sich unterirdisch gegen diesen Menschen und am meisten gegen das Neue in ihm, das Andersartige, das ihre Neugier eigentlich verlockt hatte. Die Extravaganz seiner Kleidung, das Zigeunerische seines Hausstandes, das Ungeregelte seiner finanziellen Existenz, die zwischen Verschwendung und Verlegenheit ewig pendelte, waren ihrem bourgeoisen Empfinden antipathisch; wie die meisten Frauen wollten sie den Künstler sehr romantisch von der Ferne und sehr gesittet im persönlichen Umgang, ein funkelndes Raubtier, aber hinter den Eisenstäben der Sitte. Die Leidenschaft, die sie an seinem Spiel berauschte, beunruhigte in seiner körperlichen Nähe, sie mochte eigentlich diese plötzlichen und herrischen Umarmungen nicht, deren eigenwillige Rücksichtslosigkeit sie unwillkürlich mit der nach Jahren noch scheuen und verehrungsvollen Glut ihres Mannes verglich. Aber nun sie einmal in die Untreue geraten war, kam sie wieder und wieder zu ihm, ohne beglückt, ohne enttäuscht zu sein, aus einem gewissen Gefühl der Verpflichtung und einer Trägheit der Gewöhnung. Sie war eine jener Frauen, die selbst unter den leichtsinnigen und sogar den Kokotten nicht selten sind, deren innere Bürgerlichkeit so stark ist, daß sie selbst in den Ehebruch eine Ordnung, in die Ausschweifung eine Art Häuslichkeit mitbringen und selbst das seltenste Gefühl mit geduldiger Maske in eine Alltäglichkeit zu verspinnen suchen. Nach wenigen Wochen schon paßte sie diesen jungen Menschen, ihren Geliebten, irgendwo säuberlich in ihr Leben ein, bestimmte ihm, so wie ihren Schwiegereltern, einen Tag in der Woche, aber sie gab mit dieser neuen Beziehung nichts von ihrer alten Ordnung auf, sondern legte nur gewissermaßen ihrem Leben etwas hinzu. Dieser Geliebte änderte bald gar nichts mehr am behaglichen Mechanismus ihrer Existenz, er wurde irgendein Zuwachs von temperiertem Glück, wie ein drittes Kind oder ein Automobil, und das Abenteuer schien ihr bald so banal wie der erlaubte Genuß.

Das erstemal nun, da sie das Abenteuer mit seinem wirklichen Preis, der Gefahr, bezahlen sollte, begann sie kleinlich auf seinen Wert zu berechnen. Vom Schicksal verwöhnt, verzärtelt von ihrer Familie, fast wunschlos gemacht durch günstige Vermögensverhältnisse, schien schon die erste Unbequemlichkeit ihrer Wehleidigkeit zu viel. Sie weigerte sich sofort, etwas von ihrer seelischen Sorglosigkeit herzugeben, und war eigentlich ohne Überlegung bereit, den Geliebten ihrer Gemächlichkeit zu opfern.

Die Antwort ihres Geliebten, ein aufgeschreckter, nervös hingestammelter Brief, noch am Nachmittag von einem Boten überbracht, ein Brief, der verstört flehte, klagte und anklagte, machte sie wieder unsicher in ihrem Entschluß, das Abenteuer zu enden, weil diese Gier ihrer Eitelkeit schmeichelte und sie durch seine ekstatische Verzweiflung entzückte. Ihr Geliebter bat sie in dringendsten Worten wenigstens um eine flüchtige Begegnung, damit er doch wenigstens seine Schuld aufklären könne, falls er sie durch irgend etwas unwissend verletzt haben sollte, und nun reizte sie das neue Spiel, weiter mit ihm zu schmollen und durch unmotiviertes Verweigern sich ihm noch kostbarer zu machen. Sie empfand sich jetzt inmitten einer Aufregung, und das tat ihr, wie allen innerlich kühlen Menschen, wohl, umbrandet zu sein von Leidenschaften und doch selbst nicht zu brennen. So bestellte sie ihn in eine Konditorei, von der sie sich plötzlich wieder erinnerte, dort als junges Mädchen ein Rendezvous mit einem Schauspieler gehabt zu haben, eines freilich, das ihr jetzt kindisch dünkte, in seiner Ehrerbietung und Sorglosigkeit. Seltsam, lächelte sie in sich hinein, daß die Romantik in ihrem Leben jetzt wieder aufzublühen begann, die in all den Jahren ihrer Ehe verkümmert war. Und beinahe war sie schon jener brüsken Begegnung mit der Weibsperson von gestern innerlich froh, bei der sie seit langem wieder ein wirkliches Gefühl so stark und stimulierend empfunden hatte, daß ihre sonst ganz leicht entspannten Nerven noch unterirdisch davon bebten.

Sie nahm diesmal ein dunkles, unauffälliges Kleid und einen anderen Hut, um bei der möglichen Begegnung die Erinnerung jener Person irrezumachen. Einen Schleier hatte sie schon bereit, um sich unkenntlicher zu machen, aber ein plötzlich aufsteigender Trotz ließ sie ihn beiseite legen. Sollte sie es denn nicht wagen dürfen, sie, eine geachtete, angesehene Frau, auf die Straße zu gehen, aus Angst vor irgendeiner Person, die sie gar nicht kannte? Und schon mengte sich der Furcht vor der Gefahr ein fremdartig lockender Reiz, eine kampfbereite, gefährlich prickelnde Lust, ähnlich der, mit den Fingern die kühle Schneide eines Dolches zu fühlen oder in die Mündung eines Revolvers zu schauen, in dessen schwarzer Hülse der Tod zusammengepreßt sitzt. In diesem Schauer des Abenteuers war etwas ihrem geborgenen Leben Ungewohntes, dem wieder nahe zu sein es sie spielhaft verlockte, eine Sensation, die ihre Nerven jetzt wundervoll spannte und elektrische Funken durch ihr Blut sprühte.

Ein flüchtiges Angstgefühl überflog sie nur in der ersten Sekunde, da sie die Straße betrat, ein nervöser Schauer von rieselnder Kälte, wie wenn man die Fußspitze prüfend ins Wasser taucht, ehe man sich der Welle voll hingibt. Aber eine Sekunde bloß flog diese Kühle durch sie hin, dann rauschte mit einemmal in ihr eine seltene Lebensfreude auf, die Lust, so leicht, stark und elastisch auszuschreiten, mit einem gespannten, gehobenen Schritt, den sie an sich selber nicht kannte. Fast leid war es ihr, daß die Konditorei so nahe lag, denn irgendein Wille trieb sie jetzt rhythmisch weiter fort in die geheimnisvoll magnetische Anziehung des Abenteuers. Aber die Stunde war knapp, die sie der Begegnung bestimmt hatte, und eine angenehme Sicherheit im Blut verhieß ihr, daß ihr Geliebter sie bereits erwartete. Er saß in einer Ecke, als sie eintrat, und sprang mit einer Erregung auf, die sie angenehm und peinlich zugleich berührte. Sie mußte ihn mahnen, die Stimme zu dämpfen, so heiß sprudelte er aus dem Tumult seiner inneren Erregtheit einen Wirbel von Fragen und Vorwürfen ihr entgegen. Ohne den wahrhaften Grund ihres Ausbleibens auch nur anzudeuten, spielte sie mit

Andeutungen, die ihn durch ihre Unbestimmtheit noch mehr entzündeten. Für seine Wünsche blieb sie diesmal unnahbar und zögerte selbst mit Versprechungen, weil sie spürte, wie sehr dies geheimnisvoll plötzliche Entziehen und Versagen ihn aufreizte... Und als sie ihn nach einer halben Stunde heißen Gesprächs verließ, ohne ihm das mindeste an Zärtlichkeit gewährt oder auch nur verheißen zu haben, loderte sie innen von einem sehr seltsamen Gefühl, wie sie es nur als Mädchen gekannt hatte. Es war ihr, als glimme eine kleine, prickelnde Flamme tief unten und warte nur auf den Wind, der das Feuer aufpeitschte, daß es über ihrem Haupte zusammenschlage. Sie nahm jeden Blick, den ihr die Gasse zusprengte, hastig mit im Vorüberschreiten, und der unerwartete Erfolg vieler solcher männlicher Lockungen reizte ihre Neugier nach dem eigenen Gesicht so sehr, daß sie plötzlich vor dem Spiegel an der Auslage einer Blumenhandlung stehen blieb, um im Rahmen roter Rosen und tauglitzernder Veilchen ihre eigene Schönheit zu sehen. Funkelnd blickte sie sich an, leicht und jung, ein wollüstig halbgeöffneter Mund lächelte ihr von drüben Zufriedenheit zu, und beflügelt fühlte sie nun ihre Glieder im Weiterschreiten; ein Verlangen nach einer körperlichen Entkettung, nach Tanz oder Taumel löste den gewohnten gemächlichen Rhythmus aus ihren Schritten, und ungern hörte sie jetzt von der Michaelerkirche, an der sie vorbeieilte, die Stunde, die sie nach Hause rief, in ihre enge, ordentliche Welt. Seit ihren Mädchentagen hatte sie nie sich so leicht empfunden, nie so beseelt in allen Sinnen, nicht die ersten Tage der Ehe und nicht die Umarmungen ihres Geliebten hatten derart mit Funken ihren Leib gestachelt, und der Gedanke wurde ihr unerträglich, jetzt schon all diese seltene Leichtigkeit, diese süße Besessenheit des Blutes an geregelte Stunden zu verschwenden. Müde ging sie weiter. Vor dem Hause blieb sie noch einmal zögernd stehen, die feurige Luft, das Verwirrende dieser Stunde noch einmal mit geweiteter Brust in sich einzuatmen, sie tief bis ans Herz zu spüren, diese letzte verebbende Welle des Abenteuers.

Da rührte sie jemand an der Schulter. Sie wandte sich um. »Was... was wollen Sie denn schon wieder?« stammelte sie tödlich erschreckt, als sie plötzlich das verhaßte Gesicht sah, und erschrak noch mehr, sich selbst diese verhängnisvollen Worte sagen zu hören. Sie hatte sich doch vorgenommen, diese Frau nicht mehr zu erkennen, wenn sie ihr jemals wieder begegnen sollte, alles abzuleugnen, Stirn an Stirn der Erpresserin entgegenzutreten ... Jetzt war es zu spät.

»Ich warte schon eine halbe Stunde hier auf Sie, Frau Wagner.«

Irene zuckte zusammen, als sie ihren Namen hörte. Die Person wußte ihren Namen, ihre Wohnung. Jetzt war alles verloren, sie ihr rettungslos ausgeliefert. Sie hatte Worte zwischen ihren Lippen, die sorgsam vorbereiteten und berechnenden Worte, aber ihre Zunge war gelähmt und ohne Kraft, einen Laut hervorzubringen.

»Eine halbe Stunde warte ich schon, Frau Wagner.«

Drohend wie einen Vorwurf wiederholte die Person ihre Worte.

»Was wollen Sie ... was wollen Sie denn von mir ...«

»Sie wissen schon, Frau Wagner« – Irene zuckte bei dem Namen wieder zusammen –, »Sie wissen ganz genau, warum ich komme.«

»Ich habe ihn nie mehr gesehen ... lassen Sie mich jetzt ... nie mehr werde ich ihn sehen ... nie ...«

Die Person wartete gemächlich, bis Irene in ihrer Erregung nicht mehr weiter konnte. Dann sagte sie barsch wie zu einem Untergebenen:

»Lügen Sie nicht! Ich bin Ihnen ja nachgegangen bis an die Konditorei«, und fügte, als sie Irene zurückweichen sah, noch höhnisch hinzu: »Ich habe ja keine Beschäftigung. Aus dem Geschäft haben sie mich entlassen, wegen Arbeitsmangels, wie sie sagen, und wegen der schlechten Zeiten. Na, das nützt man halt aus, und da geht unsereins auch ein biß'l spaziern ... ganz so wie die anständigen Frauen.«

Sie sagte das mit einer kalten Bosheit, die Irene ins Herz stach. Wehrlos fühlte sie sich gegen die nackte Brutalität dieser Gemeinheit, und immer wirbeliger faßte sie der Angstgedanke, die Person könnte jetzt wieder laut zu sprechen anfangen oder ihr Mann vorbeikommen, und dann wäre alles verloren. Rasch tastete sie in den Muff, riß ihre Silbertasche auf und holte alles Geld heraus, das ihr in die Finger kam. Mit Ekel stieß sie es ihr in die Hand, die sich schon langsam in sicherer Erwartung der Beute frech entgegenstreckte.

Aber diesmal sank die freche Hand, sobald sie das Geld spürte, nicht wie damals demütig in sich zusammen, sondern blieb starr in der Luft schweben und offen wie eine Kralle.

»Geben S' mir doch auch die Silbertasche, damit ich das Geld nicht verlier'!« sagte dazu der höhnisch aufgeworfene Mund mit einem leisen, kollernden Lachen.

Irene blickte ihr in das Auge, aber nur eine Sekunde. Dieser freche, gemeine Hohn war nicht zu ertragen. Wie einen brennenden Schmerz spürte sie Ekel ihren ganzen Körper durchdringen. Nur fort, fort, nur dies Gesicht nicht mehr sehen! Abgewandt, mit rascher Bewegung streckte sie ihr die kostbare Tasche hin, dann lief sie, von Grauen gejagt, die Treppe empor.

Ihr Mann war noch nicht zu Hause, so konnte sie sich hinwerfen auf das Sofa. Regungslos, wie von einem Hammer getroffen, blieb sie liegen, nur durch die Finger sprang ein wildes Zucken und rüttelte den Arm bis zu den Schultern hinauf, aber nichts in ihrem Körper vermochte sich zu wehren gegen diese aufstürmende Gewalt des entfesselten Grauens. Erst als sie die Stimme ihres Mannes von draußen hörte, raffte sie sich mit äußerster Anstrengung auf und schleppte sich in das andere Zimmer mit automatischen Bewegungen und entseelten Sinnen.

Nun saß das Grauen bei ihr im Haus und rührte sich nicht aus den Zimmern. In den vielen leeren Stunden, die immer wieder Welle auf Welle die Bilder jener entsetzlichen Begegnung in ihr Gedächtnis zurückspülten, wurde ihr das Hoffnungslose ihrer Situation vollkommen klar. Die Person wußte – unbegreiflich war ihr, wie das geschehen konnte – ihren Namen, ihre Wohnung und würde, da ihre ersten Versuche so vortrefflich gelungen waren, nun unzweifelhaft kein Mittel scheuen, ihre Mitwisserschaft zu dauernder Erpressung nutzbar zu machen. Jahre und Jahre lang würde sie wie ein Alp auf ihrem Leben lasten, nicht abzuschütteln, durch keine, auch die verzweifeltste Anstrengung, denn obzwar vermögend und die Gattin eines begüterten Mannes, war es Frau Irene doch nicht möglich, ohne ihren Gemahl zu verständigen, eine so bedeutende Summe aufzubringen, die sie ein für allemal von dieser Person befreite. Und außerdem – dies wußte sie aus zufälligen Erzählungen ihres Mannes und dessen Prozessen – waren doch Verträge und Versprechungen so abgefeimter und ehrloser Personen gänzlich unwertig. Einen Monat oder zwei vielleicht, so rechnete sie, war das Verhängnis noch fernzuhalten, dann mußte das künstliche Gebäude ihres häuslichen Glückes niederstürzen, und geringe Befriedigung bot die Gewißheit, daß sie die Erpresserin in ihren Sturz mitriß. Denn was waren sechs Monate Gefängnis für jene gewiß liederliche und wohl schon abgestrafte Person im Vergleich gegen die Existenz, die sie selber verlor und von der sie entsetzt fühlte, daß sie ihre einzig mögliche sei. Eine neue anzufangen, entehrt und bemakelt, schien ihr, die vom Leben sich bisher nur immer hatte beschenken lassen und keinen Teil ihres Schicksals selbst gezimmert, unfaßbar, und dann, ihre Kinder waren ja hier, ihr Mann, ihr Heim, all diese Dinge, von denen sie jetzt erst, da sie sie verlieren sollte, spürte, wie sehr sie Teil und Wesen ihres inneren Lebens waren. All das, woran sie früher nur mit dem bloßen Kleid gestreift war, empfand sie mit einem Mal entsetzlich notwendig, und der Gedanke schien ihr manchmal unfaßbar, ja traumhaft unwirklich, daß eine fremde Vagabundin, die irgendwo auf der Straße lauerte, die Macht haben sollte, diesen warmen Zusammenhalt mit einem einzigen Wort zu sprengen.

Unabwendbar war, das spürte sie jetzt mit entsetzlicher Gewißheit, das Verhängnis, unmöglich ein Entkommen. Aber was... was würde geschehen? Von Morgen bis Abend rüttelte sie an der Frage. Eines Tages würde ein Brief an ihren Mann kommen, sie sah ihn schon eintreten, blaß mit finsterem Blick, sie beim Arme fassen, sie fragen... Aber dann... was würde dann geschehen? Was würde er tun? Hier verloschen die Bilder plötzlich im Dunkel einer wirren und grausamen Angst. Sie wußte nicht weiter, und ihre Vermutungen stürzten schwindlig ins Bodenlose. Eines wurde aber ihr in diesem brütenden Sinnen grauenhaft bewußt, wie ungenau sie eigentlich ihren Mann kannte, wie wenig sie seine Entschließungen im voraus zu berechnen vermochte. Sie hatte ihn auf die Anregung ihrer Eltern hin, aber ohne Widerstand und mit einer angenehmen, durch die späteren Jahre nicht enttäuschten Sympathie geheiratet und nun acht Jahre behaglichen, stillpendelnden Glücks an seiner Seite gelebt, hatte Kinder von ihm, ein Heim und zahllose Stunden körperlicher Gemeinschaft, aber jetzt erst, da sie sich nach seinem möglichen Verhalten fragte, wurde ihr klar, wie fremd und unbekannt er ihr geblieben war. Sie entdeckte in den fieberhaften Rückblicken, mit denen sie die letzten Jahre gleich gespenstischen Scheinwerfern absuchte, daß sie nie nach seinem wirklichen Wesen geforscht hatte und nun nach Jahren nicht einmal wußte, ob er hart war oder nachgiebig, streng oder zärtlich. Mit einem verhängnisvoll späten, von dieser ernsten Lebensangst aufgerüttelten Schuldgefühl mußte sie sich bekennen, nur die flache, die gesellschaftliche Schicht seines Wesens gekannt zu haben und nie die innere, aus der in jener tragischen Stunde die Entscheidung geschürft werden mußte. Unwillkürlich begann sie nach kleinen Zügen und Andeutungen zu forschen, sich zu besinnen, wie er in ähnlichen Fragen gesprächsweise geurteilt habe, und zu ihrem peinlichen Erstaunen wurde ihr bewußt, daß er fast niemals über seine persönlichen Anschauungen zu ihr gesprochen hatte, freilich andererseits auch, daß sie nie sich an ihn mit ähnlich verinnerlichten Fragen gewendet habe. Nun erst begann sie sein ganzes Leben an vereinzelten Zügen zu messen, die seinen Charakter ihr aufdeuten konnten. An jede kleine Erinnerung pochte jetzt ihre Angst mit zaghaftem Hammer, Eingang zu finden in die geheimen Kammern seines Herzens.

Die kleinste Äußerung belauerte sie nun und fieberte schon seinem Kommen ungeduldig entgegen. Sein Gruß traf sie kaum ins Gesicht, aber doch in seinen Gesten – nun wie er ihr die Hand küßte oder das Haar mit den Fingern überschmeichelte – schien ihr eine Zärtlichkeit zu liegen, die, obzwar sie stürmische Gebärden keusch scheute, eine tiefe innere Neigung andeuten mochte. Er war immer gemessen, wenn er zu ihr sprach, niemals ungeduldig oder erregt, und in seinem ganzen Gehaben von einer gelassenen Freundlichkeit, doch einer, wie ihre Unruhe zu mutmaßen begann, die wenig verschieden war von der zu den Dienstboten und sichtlich geringer als die zu den Kindern, die bei ihm immer rege, bald heitere, bald leidenschaftliche Formen annahm. Er erkundigte sich auch heute wieder umständlich nach häuslichen Dingen, gleichsam um ihr Gelegenheit zu geben, ihre Interessen vor ihm auszubreiten, indes er die seinen verbarg, und zum erstenmal entdeckte sie jetzt, da sie ihn beobachtete, wie sehr er sie schonte, mit welcher Zurückhaltung er sich ihren täglichen Gesprächen – deren harmlose Banalität sie mit einem Male entsetzt erkannte – anzupassen bemühte. Von sich selbst gab er nichts her im Wort, und ihre nach Beruhigung lechzende Neugier blieb unbefriedigt.

So durchfragte sie, da das Wort ihn nicht verriet, sein Gesicht, nun er in seinem Fauteuil saß, ein Buch lesend und scharf beleuchtet von der elektrischen Flamme. Wie in ein fremdes Antlitz sah sie in das seine hinein und suchte den vertrauten und mit einem Male wieder fremden Zügen den Charakter zu entraten, den acht Jahre Beisammensein ihrer Gleichgültigkeit verborgen hatten. Die Stirne war hell und edel, wie von einer inneren starken, geistigen Anstrengung geformt, der Mund aber streng und ohne Nachgiebigkeit. Alles war straff in den sehr männlichen Zügen, Energie und Kraft: erstaunt, eine Schönheit darin zu finden, und mit einer gewissen Bewunderung betrachtete sie diesen verhaltenen Ernst, diese sichtliche Herbheit seines Wesens, die sie bisher immer in ihrer einfältigen Art nur als wenig unterhaltsam empfunden und gern gegen eine gesellschaftliche Gesprächigkeit vertauscht hätte. Die Augen aber, in denen doch das wirkliche Geheimnis verschlossen sein mußte, waren auf das Buch gesenkt und so ihrer Betrachtung entzogen. So konnte sie immer nur fragend auf das Profil starren, als bedeute diese geschwungene Linie ein einziges Wort, das Gnade sagte oder Verdammnis, dies fremde Profil, dessen Härte sie erschreckte, aber in dessen Entschlossenheit ihr eine merkwürdige Schönheit zum erstenmal bewußt wurde. Mit einem Male spürte sie, daß sie ihn gerne ansah, mit Lust und mit Stolz. Irgend etwas zerrte ihr bei dem Wachwerden dieser Empfindung schmerzhaft in der Brust, ein dumpfes Gefühl, das Bedauern war für irgend etwas Versäumtes, eine beinahe sinnliche Spannung, die sie nie ähnlich stark von seinem körperlichen Wesen empfangen zu haben sich entsinnen konnte. Da sah er vom Buche auf. Eilig trat sie tiefer ins

Dunkel zurück, um nicht mit der brennenden Frage ihrer Blicke seinen Verdacht zu entzünden.

Drei Tage hatte sie nun das Haus nicht verlassen. Und schon merkte sie mit Unbehagen, daß ihre mit einem Male so beharrliche Gegenwart den anderen bereits auffällig geworden war, denn im allgemeinen zählte es bei ihr zu den Seltenheiten, daß sie viele Stunden oder gar Tage in den eigenen Räumen verbrachte. Wenig häuslich veranlagt, durch materielle Unabhängigkeit von den kleinen Sorgen der Wirtschaft enthoben, gelangweilt von sich selbst, war die Wohnung ihr kaum mehr als ein flüchtiger Ruheplatz und die Straße, das Theater, die gesellschaftlichen Vereinigungen mit ihren bunten Begegnungen, dem ewigen Zustrom äußerer Veränderungen ihr liebster Aufenthalt, weil hier das Genießen keine innere Anstrengung erforderte und bei schlummerndem Gefühl die Sinne vielfache Reizung empfinden. Frau Irene gehörte mit ihrer ganzen Denkweise zu jener eleganten Gemeinschaft der Wiener Bourgeoisie, deren ganze Tagesordnung nach einer geheimen Vereinbarung darin zu bestehen scheint, daß alle Mitglieder dieses unsichtbaren Bundes einander zu gleichen Stunden mit den gleichen Interessen unablässig begegnen und dies ewig vergleichende Beobachten und Begegnen allmählich zum Sinn ihrer Existenz erheben. Auf sich selbst angewiesen und vereinsamt, verliert ein so an lässige Gemeinsamkeit gewöhntes Leben jeden Halt, die Sinne ohne ihr gewohntes Futter an höchst geringfügigen, aber doch unentbehrlichen Sensationen revoltieren und das Alleinsein artet rasch zu einer nervösen Selbstbefeindung aus. Unendlich fühlte sie die Zeit auf sich lasten, und die Stunden verloren ohne ihre gewohnte Bestimmung jeden Sinn. Wie zwischen Kerkerwänden, müßig und erregt, ging sie auf und nieder in ihren Zimmern; die Straße, die Welt, die ihr wirkliches Leben waren, waren ihr gesperrt, wie der Engel mit feurigem Schwerte stand dort die Erpresserin mit ihrer Drohung.

Die ersten, jene Veränderung zu bemerken, waren ihre Kinder, besonders der ältere Knabe, der seiner naiven Verwunderung, die Mama so viel zu Hause zu sehen, peinlich deutlichen Ausdruck gab, indes die Dienstboten nur tuschelten und mit der Gouvernante ihre Vermutungen austauschten. Vergeblich mühte sie sich, ihre auffällige Anwesenheit mit den verschiedensten zum Teile sehr glücklich ersonnenen Notwendigkeiten zu motivieren, aber gerade dies Künstliche ihrer Erklärungen offenbarte ihr, wie sehr unnütz sie in ihrem eigenen Wirkungskreise durch jahrelange Gleichgültigkeit geworden war. Überall, wo sie sich betätigen wollte, stieß sie auf den Widerstand fremder Interessen, die ihre plötzlichen Versuche als angemaßte Einmengung in Gewohnheitsrechte ablehnten. Überall war der Platz besetzt, sie selbst durch die Entwöhnung Fremdkörper im Organismus des eigenen Hauses. So wußte sie nichts mit sich und der Zeit anzufangen, selbst die Annäherung an die Kinder mißlang ihr, die in ihrem plötzlich regen Interesse eine neueingeführte Kontrolle argwöhnten, und sie spürte sich beschämt erröten, als sie bei einem jener Versuche der Überwachung der siebenjährige Junge frech fragte, warum sie denn eigentlich nicht mehr spazierenginge. Überall wo sie helfen wollte, störte sie eine Ordnung, und wo sie Anteil nahm, erweckte sie Verdacht. Dabei fehlte ihr noch die Geschicklichkeit, das Ständige ihrer Gegenwart weniger sichtbar zu machen durch eine kluge Zurückhaltung und ruhig in einem Zimmer zu bleiben, bei einem Buche, bei einer Arbeit; unablässig jagte sie die innere Angst, die sich wie jedes stärkere Gefühl bei ihr in Nervosität verwandelte, von einem Zimmer ins andere. Bei jedem Anruf des Telefons, jedem Klingeln an der Tür schrak sie zusammen und ertappte sich selbst immer wieder dabei, wie sie hinter den Gardinen auf die Straße lugte, hungrig nach Menschen oder wenigstens deren Anblick, sehnsüchtig nach Freiheit und doch voll Angst, plötzlich unter den vorbeigehenden Gesichtern das eine emporstarren zu sehen, das sie bis in die Träume verfolgte. Sie spürte, wie ihre ruhige Existenz sich plötzlich auflöste und zerrann, und aus dieser Kraftlosigkeit entwuchs ihr schon die Ahnung eines ganzen zertrümmerten Lebens. Diese drei Tage im Kerker der Zimmer schienen ihr länger als die acht Jahre ihrer Ehe.

Doch für jenen dritten Abend hatte sie seit Wochen eine Einladung mit ihrem Manne angenommen, die jetzt plötzlich abzulehnen ohne Angabe triftiger Gründe ihr unmöglich war. Und überdies, diese unsichtbaren Gitterstäbe von Grauen, die jetzt um ihr Leben gebaut waren, mußten doch einmal zerbrochen werden, sollte sie nicht zugrunde gehen. Sie brauchte Menschen, ein paar Stunden Rast von sich selber, von dieser selbstmörderischen Einsamkeit der Angst. Und dann, wo war sie geborgener als in fremdem Hause bei Freunden, wo sicherer vor jener unsichtbaren Verfolgung, die ihre Wege umschlich? Eine Sekunde bloß schauerte sie, die knappe Sekunde, als sie aus dem Hause trat, nun zum erstenmal seit jener Begegnung wieder die Straße berührte, wo irgendwo jene Person lauern konnte. Unwillkürlich faßte sie den Arm ihres Mannes, schloß die Augen und trat rasch die paar Schritte vom Trottoir bis zum harrenden Automobil, dann aber sank, als, sie an der Seite ihres Mannes geborgen, durch die nächtlich verlassenen Straßen der Wagen hinsauste, die innere Schwere von ihr ab, und wie sie nun die Stufen des fremden Hauses emporstieg, wußte sie sich geborgen. Für ein paar Stunden durfte sie jetzt sein wie die langen Jahre vordem: sorglos, froh, nur noch mit der gesteigert bewußten Freude eines, der aus Kerkermauern wieder zur Sonne emporsteigt. Hier war ein Wall gegen alle Verfolgung, der Haß konnte hier nicht herein, hier waren nur Menschen, die sie liebten, achteten und verehrten, geschmückte, absichtslose Menschen, von der Flamme des Leichtsinns rötlich umfunkelt, ein Reigen des Genießens, der endlich wieder auch sie umschlang. Denn nun, da sie eintrat, spürte sie an den Blicken der andern, daß sie schön war, und sie wurde es noch mehr durch das bewußte und lang entbehrte Gefühl. Wie wohl das tat nach all diesen Tagen des Schweigens, wo sie immer den schneidenden Pflug dieses einen Gedankens ihr Hirn unfruchtbar hatte durchgründen fühlen, daß alles in ihr wund war und weh, wie wohl das tat, nun wieder schmeichelnde Worte zu hören, die elektrisch belebend bis unter die Haut knisterten und das Blut aufjagten. Sie stand und starrte, irgend etwas zuckte in ihrer Brust unruhig und wollte heraus. Und mit einem Male wußte sie, daß es das eingesperrte Lachen war, das sich befreien wollte. Wie ein Pfropfen aus der Champagnerflasche knallte es empor, überschlug sich in kleinen kollernden Koloraturen, sie lachte und lachte, schämte sich manchmal ihres bacchantischen Übermutes und lachte wieder im nächsten Augenblick. Elektrizität zuckte aus ihren gelockerten Nerven, alle Sinne waren stark, gesund und gereizt, seit Tagen aß sie zum erstenmal wieder mit wirklichem Hunger und trank wie eine Verdurstete.

Ihre eingetrocknete, nach Menschen lechzende Seele sog aus allem Leben und Genuß. Nebenan lockte Musik und drang ihr tief unter die brennende Haut. Der Tanz begann, und ohne es zu wissen, war sie schon mitten im Gewühle. Wie noch nie in ihrem Leben tanzte sie. Dieser kreisende Wirbel schleuderte alle Schwere aus ihr heraus, der Rhythmus wuchs in die Glieder und durchatmete den Körper mit feuriger Bewegung. Hielt die Musik inne, so fühlte sie die Stille schmerzhaft, die Schlange der Unrast züngelte auf an ihren schauernden Gliedern, und wie ein Bad, in kühlendes, beruhigendes, tragendes Wasser, stürzte sie sich wieder in den Wirbel hinein. Sonst war sie immer nur eine mittelmäßige Tänzerin gewesen, zu gemessen, zu besonnen, zu hart und vorsichtig in den Bewegungen, aber dieser Rausch der befreiten Freude löste alle körperlichen Hemmungen. Ein stählernes Band von Scham und Besonnenheit, das sonst ihre wildesten Leidenschaften in eine Form zusammenhielt, riß jetzt mittendurch, und sie fühlte sich haltlos, restlos, selig zerfließen. Arme, Hände spürte sie um sich, Berührung und Entschwinden, Atem von Worten, kitzelndes Lachen, Musik, die innen im Blut zuckte, ihr ganzer Körper war gespannt, so sehr gespannt, daß ihr die Kleider am Leibe brannten und sie unbewußt am liebsten alle Hülle abgerissen hätte, um nackt diesen Rausch tiefer in sich hineinzuspüren.

»Irene, was hast du?« – sie wandte sich um, taumelnd und lachenden Auges, noch ganz heiß von der Umschlingung ihres Tänzers. Da stieß kalt und hart der verwundert starre Blick ihres Mannes in ihr Herz. Sie erschrak. War sie zu wild gewesen? Hatte ihre Raserei etwas verraten?

»Was... was meinst du, Fritz?« stammelte sie, verwundert vom jähen Stoß seines Blickes, der immer tiefer in sie zu dringen schien und den sie jetzt schon ganz innen, ganz an ihrem Herzen spürte. Sie hätte aufschreien mögen unter der wühlenden Entschlossenheit dieser Augen.

»Das ist doch seltsam«, murmelte er endlich. In seiner Stimme war eine dumpfe Verwunderung. Sie wagte nicht zu fragen, was er damit meinte. Aber ein Schauer lief ihr durch die Glieder, als sie jetzt, da er sich wortlos wegwandte, seine Schultern sah, breit, hart und groß, zu einem eisernen Nakken nervig getürmt. Wie bei einem Mörder, flog es ihr durch das Hirn, irrsinnig und schon wieder verscheucht. Jetzt erst, als ob sie ihn zum erstenmal gesehen, ihren eigenen Mann, empfand sie voll Grauen, daß er stark und gefährlich war.

Die Musik hob wieder an. Ein Herr trat auf sie zu, mechanisch nahm sie seinen Arm. Aber nun war alles schwer geworden, und die helle Melodie konnte ihre erstarrten Glieder nicht mehr heben. Eine dumpfe Schwere wuchs vom Herzen aus den Füßen zu, jeder Schritt tat ihr weh. Und sie mußte ihren Tänzer bitten, sie freizugeben. Unwillkürlich sah sie sich im Zurücktreten um, ob ihr Mann nahe wäre. Und schrak zusammen. Er stand unmittelbar hinter ihr, als erwarte er sie, und wieder stieß er blank mit dem Blick gegen den ihren. Was wollte er? Was wußte er schon? Unwillkürlich raffte sie das Kleid zusammen, als müßte sie die nackte Brust vor ihm schützen. Sein Schweigen blieb hartnäckig wie sein Blick.

»Wollen wir gehen?« fragte sie ängstlich.

»Ja.« Seine Stimme klang hart und unfreundlich. Er ging voraus. Wieder sah sie den breiten, drohenden Nacken. Man warf ihr den Pelz um, aber sie fror. Schweigend fuhren sie nebeneinander. Sie wagte kein Wort. Dumpf fühlte sie eine neue Gefahr. Nun war sie von beiden Seiten umstellt.

In dieser Nacht hatte sie einen drückenden Traum. Irgendeine fremde Musik rauschte, ein Saal war hell und hoch, sie trat ein, viele Menschen und Farben mengten ihre Bewegung, da drängte ein junger Mann, den sie zu kennen glaubte und doch nicht ganz erriet, auf sie zu, faßte sie am Arm, und sie tanzte mit ihm. Ihr war wohl und weich, eine einzige Welle Musik hob sie auf, daß sie den Boden nicht mehr spürte, und so tanzten sie durch viele Säle, in denen goldene Leuchter ganz hoch oben wie Sterne strahlend kleine Flammen hielten und viele Spiegel Wand an Wand ihr eigenes Lächeln ihr zuwarfen und wieder weit wegtrugen in unendlichen Reflexen. Immer heißer wurde der Tanz, immer brennender die Musik. Sie merkte, wie der Jüngling sich enger an sie schmiegte, seine

Hand in ihren nackten Arm sich vergrub, daß sie stöhnen mußte vor schmerzvoller Lust, und jetzt, da ihre Augen in seine tauchten, meinte sie ihn zu erkennen. Ein Schauspieler dünkte er sie, den sie als kleines Mädchen von fern ekstatisch geliebt hatte, schon wollte sie seinen Namen beseligt aussprechen, aber er verschloß ihren leisen Schrei mit einem glühenden Kuß. Und so, mit verschmolzenen Lippen, ein einziger ineinanderglühender Körper, flogen sie, wie von einem seligen Wind getragen, durch die Räume. Die Wände strömten vorbei, sie spürte die aufschwebende Decke nicht mehr und die Stunde, unsäglich leicht und mit entketteten Gliedern. Da plötzlich rührte sie jemand an die Schulter. Sie hielt inne und mit ihr die Musik, die Lichter verloschen, schwarz drängten sich die Wände heran, und der Tänzer war verschwunden. »Gib ihn mir her, du Diebin!« schrie das grauenhafte Weib, denn sie war es, daß die Wände gellten, und klemmte eiskalte Finger um ihr Handgelenk. Sie bäumte sich auf und hörte sich selber schreien, einen irren, kreischenden Laut des Entsetzens, und sie rangen beide, aber das Weib war stärker, riß ihr das Perlenhalsband ab und dabei das halbe Kleid, daß ihre Brust und Arme sich nackt entblößten unter den niederhängenden Fetzen. Mit einem Male waren wieder Menschen da, aus allen Sälen strömten sie in anschwellendem Lärm und starrten sie, die Halbnackte, höhnisch an und das Weib, das gellend schrie: »Sie hat ihn mir gestohlen, die Ehebrecherin, die Dirne.« Sie wußte nicht, wohin sich verbergen, wohin ihre Augen wenden, denn immer näher traten die Menschen heran, neugierige, fauchende Fratzen griffen in ihre Nacktheit, und jetzt, da ihr taumelnder Blick nach Rettung fortflüchtete, sah sie plötzlich im finsteren Rahmen der Tür ihren Mann reglos stehen, die rechte Hand hinter dem Rücken verborgen. Sie schrie auf und lief von ihm fort, lief durch viele Räume, hinter ihr brandete die gierige Menge, sie spürte, wie ihr Kleid immer mehr niederglitt, kaum konnte sie es noch halten. Da sprang eine Tür vor ihr auf, gierig stürzte sie die Treppe hinab, sich zu retten, aber unten wartete schon wieder das gemeine Weib in ihrem wollenen Rock und mit ihren krralligen Händen. Sie sprang zur Seite und lief wie wahnsinnig ins Weite, aber die andere stürzte ihr nach, und so jagten sie beide durch die Nacht lange schweigende Straßen entlang, und die Laternen bogen sich grinsend zu ihnen nieder. Hinter sich hörte sie immer die Holzschuhe des Weibes ihr nachklappern, aber immer, wenn sie an eine Straßenecke kam, sprang auch dorten wieder das Weib hervor und wieder an der nächsten, hinter allen Häusern, rechts und links lauerte sie. Immer war sie schon da, entsetzlich vervielfacht, nicht zu überholen, immer sprang sie vor und griff nach ihr, die schon die Knie sich versagen fühlte. Doch endlich, da war ihr Haus, sie stürzte darauf zu, aber wie sie die Tür aufriß, stand dort ihr Mann, ein Messer in der Hand, starrte sie an mit einem bohrenden Blick. »Wo bist du gewesen?« fragte er dumpf. »Nirgends«, hörte sie sich sagen und schon ein grelles Gelächter an ihrer Seite. »Ich habe es gesehen! Ich habe es gesehen!« schrie grinsend das Weib, das plötzlich wieder neben ihr stand und irrsinnig lachte. Da hob ihr Mann das Messer. »Hilfe!« schrie sie auf. »Hilfe!« ...

Sie starrte auf, und ihre erschreckten Blicke stießen in die ihres Mannes. Was... was war das? Sie war in ihrem Zimmer, die Ampel brannte fahl, sie war zu Hause in ihrem Bett, sie hatte nur geträumt. Aber wieso saß ihr Mann am Rand ihres Bettes und betrachtete sie gleich einer Kranken? Wer hatte das Licht angezündet, warum saß er so ernst da, so regungslos starr? Ein Schrecken zuckte ihr durch und durch. Unwillkürlich blickte sie nach seiner Hand: nein, es war kein Messer darin. Langsam wich die Benommenheit des Schlafs von ihr und das Wetterleuchten seiner Bilder. Sie mußte geträumt, im Traume geschrien und ihn erweckt haben. Aber warum blickte er so ernst, so durchdringend, so unerbittlich ernst auf sie?

Sie versuchte zu lächeln. »Was... was ist denn? Warum siehst du mich so an? Ich glaube, ich habe bös geträumt.«

»Ja, du hast laut geschrien. Vom andern Zimmer habe ich's gehört.«

Was habe ich gerufen, was habe ich verraten, schauerte ihr, was weiß er schon? Sie wagte sich kaum wieder empor in seinen Blick. Aber er sah ganz ernst auf sie nieder mit einer merkwürdigen Ruhe.

»Was ist mit dir, Irene? Etwas geht in dir vor. Du bist ganz verwandelt seit ein paar Tagen, bist wie im Fieber, nervös, zerfahren und schreist um Hilfe aus dem Schlaf?«

Sie versuchte wieder zu lächeln. »Nein«, beharrte er. »Du sollst mir nichts verschweigen. Hast du irgendeine Sorge oder quält dich etwas? Alle haben es schon bemerkt im Hause, wie du verwandelt bist. Du sollst Vertrauen zu mir haben, Irene.«

Er rückte unmerklich an sie heran, sie fühlte, wie seine Finger ihren nackten Arm glätteten und schmeichelten, und in seinen Augen war ein seltsames Licht. Ein Verlangen überkam sie, jetzt sich an seinen festen Körper zu werfen, sich anzuklammern, alles zu gestehen und ihn nicht eher zu lassen, als bis er vergeben, jetzt in diesem Augenblick, da er sie leiden gesehen.

Aber die Ampel brannte fahl, ihr Gesicht erhellend, und sie schämte sich. Sie fürchtete sich vor dem Wort.

»Sei nicht besorgt, Fritz«, suchte sie zu lächeln, indes ihr Körper schauerte bis in die nackten Zehen. »Ich bin nur ein wenig nervös. Es wird schon vorübergehen.«

Die Hand, die sie schon umschlungen hielt, zog sich rasch zurück. Sie schauerte, wie sie ihn jetzt ansah, bleich im gläsernen Licht, und die Stirn von den schweren Schatten finsterer Gedanken überwölbt. Langsam richtete er sich auf.

»Ich weiß nicht, mir war so, als hättest du mir etwas zu sagen all diese Tage schon. Etwas, was nur dich angeht und mich. Wir sind jetzt allein, Irene.«

Sie lag und rührte sich nicht, gleichsam hypnotisiert von diesem ernsten und verschleierten Blick. Wie gut, fühlte sie, könnte jetzt alles werden, nur ein Wort brauchte sie zu sagen, ein kleines Wort: Verzeihung, und er würde nicht fragen, wofür. Aber warum brannte das Licht, dieses laute, freche, horchende Licht? Im Dunkel hätte sie es zu sagen vermocht, das fühlte sie. Aber das Licht zerbrach ihre Kraft.

»Also wirklich nichts, gar nichts hast du mir zu sagen?«

Wie furchtbar die Verlockung, wie weich seine Stimme war! Nie hatte sie ihn so sprechen gehört. Aber das Licht, die Ampel, dieses gelbe, gierige Licht!

Sie gab sich einen Ruck. »Was fällt dir ein«, lachte sie und erschrak schon vor dem Falsett der eigenen Stimme. »Weil ich nicht gut schlafe, sollte ich schon Geheimnisse haben? Am Ende gar Abenteuer?«

Sie schauerte selber, wie falsch, wie verlogen die Worte

klangen, ihr graute bis in das innerste Mark vor sich selbst, und unwillkürlich wandte sie den Blick.

»Nun – schlaf gut.« Kurz sagte er's jetzt, ganz scharf. Mit einer ganz anderen Stimme, wie eine Drohung oder wie einen bösen, gefährlichen Spott.

Dann löschte er das Licht. Sie sah seinen weißen Schatten bei der Tür verschwinden, lautlos, fahl, ein nächtiges Gespenst, und wie die Tür zufiel, war ihr, als schließe sich ein Sarg. Abgestorben fühlte sie alle Welt und hohl, nur innen in ihrem erstarrten Leib stieß das eigene Herz laut und wild gegen die Brust, Schmerz und Schmerz jeder Schlag.

Am nächsten Tage, als sie gemeinsam beim Mittagessen saßen – die Kinder hatten eben gestritten und konnten nur mit Mühe zur Ruhe verwiesen werden –, brachte das Dienstmädchen einen Brief. Für die gnädige Frau und man warte auf Antwort. Erstaunt betrachtete sie eine fremde Schrift und löste eilig das Kuvert, um schon bei der ersten Zeile jäh zu erblassen. Mit einem Ruck sprang sie auf und erschrak noch mehr, als sie an der einhelligen Verwunderung der anderen das Verräterisch-Unbedachte ihres Ungestüms erkannte.

Der Brief war kurz. Drei Zeilen: »Bitte, geben Sie dem Überbringer dieses sofort hundert Kronen.« Keine Unterschrift, kein Datum, in den sichtbar verstellten Schriftzügen, nur dieser grauenhaft eindringliche Befehl. Frau Irene lief in ihr Zimmer, um das Geld zu holen, doch sie hatte die Schlüssel zu ihrem Kasten verlegt, fieberhaft riß und rüttelte sie an allen ihren Laden, bis sie ihn endlich fand. Zitternd faltete sie die Banknote in ein Kuvert und übergab sie selbst an der Tür dem wartenden Dienstmann. Sie tat das alles ganz sinnlos, wie in einer Hypnose, ohne an die Möglichkeit eines Zögerns zu denken. Dann trat sie – kaum zwei Minuten war sie weggeblieben – wieder in das Zimmer zurück.

Alles schwieg. Sie setzte sich mit einem scheuen Unbehagen nieder und wollte eben irgendeine eilige Ausflucht suchen, als sie – und so zitterte ihre Hand, daß sie das erhobene Glas eilig niederstellen mußte – in furchtbarstem Erschrekken bemerkte, daß sie, vom Blitzschlag der Erregung geblendet, den Brief offen neben ihrem Teller hatte liegen lassen. Eine kleine Bewegung nur, und ihr Mann hätte ihn zu sich herüberziehen können, ein Blick vielleicht konnte genügt haben, die groß und ungelenk geschriebenen Zeilen zu lesen. Das Wort versagte ihr. Mit einem verstohlenen Griff knitterte sie das Billett zusammen, aber jetzt, wie sie es einsteckte, begegnete sie, aufschauend, einem starken Blick ihres Mannes, einem bohrenden, strengen, schmerzhaften Blick, den sie früher nie an ihm gekannt hatte. Jetzt erst, seit einigen Tagen, gab er ihr mit dem Blick diese plötzlichen Stöße des Mißtrauens, von denen sie ihr Innerstes erzittern fühlte und die zu parieren sie nicht verstand. Mit solch einem Blick hatte er nach ihren Gliedern damals beim Tanz gegriffen, es war der gleiche, der gestern nachts wie ein Messer über ihrem Schlaf gefunkelt hatte.

War es ein Wissen oder ein Wissenwollen, das ihn so schärfte, so blank, so stählern, so schmerzhaft machte? Und während sie noch nach einem Wort rang, überfiel sie eine längst vergessene Erinnerung, nämlich, daß ihr Mann einmal erzählt hatte, als Anwalt einem Untersuchungsrichter gegenübergestanden zu sein, dessen Kunstgriff es war, während des Verhörs mit gleichsam kurzsichtigen Blicken die Akten zu durchmustern, um dann bei der wirklich entscheidenden Frage blitzartig den Blick zu heben und wie einen Dolch in das jähe Erschrecken des Angeklagten zu stoßen, der dann bei diesem grellen Blitz konzentrierter Aufmerksamkeit die Fassung verlor und die sorgsam hochgehaltene Lüge kraftlos fallen ließ. Sollte er nun selbst sich in so gefährlicher Kunst versuchen und sie das Opfer sein? Sie schauderte, um so mehr als sie wußte, eine wie große psychologische Leidenschaft ihn weit über das Maß der juridischen Ansprüche an seinen Beruf fesselte. Aufspüren, Entfalten, Erpressen eines Verbrechens konnte ihn beschäftigen wie andere Hasardspiel oder Erotik, und in solchen Tagen psychologischer Spürjagd war sein Wesen gleichsam innerlich durchglüht. Eine brennende Nervosität, die ihn nachts oft vergessene Entscheidungen aufstöbern ließ, wurde nach außen zu einer stählernen Undurchdringlichkeit, er aß und trank wenig, rauchte nur unablässig, das Wort gleichsam aufsparend für die Stunde vor dem Gericht. Einmal hatte sie ihn dort gesehen bei einem Plädoyer und nicht ein zweites Mal mehr, so sehr war sie erschreckt gewesen von der finsteren Leidenschaft, der fast bösen Glut seiner Rede und einem dumpfen und herben Zug in seinem Gesicht, den sie nun mit einem Male in dem starren Blick unter den drohend gefalteten Brauen wiederzufinden meinte.

Alle diese verlorenen Erinnerungen drängten sich in dieser einen Sekunde zusammen und wehrten den Worten, die sich auf ihren Lippen immer bilden wollten. Sie schwieg und wurde in dem Maße verwirrter, je mehr sie spürte, wie gefährlich dieses Schweigen war, und wie sehr sie die letzte plausible Möglichkeit einer Erklärung versäumte. Die Augen wagte sie nicht mehr zu erheben, aber jetzt im Niederblicken erschrak sie noch mehr, als sie seine, des sonst so Ruhigen und Gemessenen Hände wie kleine wilde Tiere auf dem Tisch auf und nieder wandern sah. Zum Glück war das Mittagsmahl bald zu Ende, die Kinder sprangen auf und stürmten ins Nebenzimmer mit ihren hellen, heiteren Stimmen, deren Übermut die Gouvernante vergebens sich zu dämpfen bemühte. Auch ihr Mann erhob sich und ging schwer und ohne sich umzuschauen ins Nebenzimmer.

Kaum allein, holte sie den verhängnisvollen Brief wieder hervor. Einmal überflog sie noch die Zeilen: »Bitte, geben Sie dem Überbringer dieses sofort hundert Kronen.« Dann riß ihre Wut ihn in Fetzen und ballte schon die Reste zusammen, um sie in den Papierkorb zu schleudern, da besann sie sich, hielt inne, beugte sich über den Kamin und warf das Papier in die aufzischende Glut. Die weiße Flamme, die mit aufspringender Gier die Drohung fraß, beruhigte sie.

In diesem Augenblick hörte sie den rückkehrenden Schritt ihres Mannes schon an der Tür. Rasch fuhr sie auf, das Gesicht rot vom Anhauch der Glut und der Ertappung. Die Tür des Ofens stand noch verräterisch offen, ungeschickt suchte sie mit ihrem Körper sie zu decken. Er trat an den Tisch, entflammte ein Streichholz für seine Zigarre, und, wie die Flamme nun nah seinem Gesichte war, glaubte sie ein Zittern um seine Nasenflügel flimmern zu sehen, das bei ihm immer Zorn verriet. Ruhig blickte er jetzt herüber: »Ich will dich nur aufmerksam machen, daß du nicht verpflichtet bist, mir deine Briefe zu zeigen. Wenn du es wünschst, Geheimnisse vor mir zu haben, so steht dir das vollkommen frei.« Sie schwieg und wagte ihn nicht anzusehen. Er wartete einen Augenblick, dann stieß er den Dampf seiner Zigarre mit starkem Atem wie aus innerster Brust heraus und verließ mit schwerem Schritt das Zimmer.

Sie wollte nun an nichts mehr denken, nur mehr leben, sich betäuben, ihr Herz mit leeren und sinnlosen Beschäftigungen füllen. Das Haus ertrug sie nicht mehr, sie mußte, das fühlte sie, auf die Straße, unter Menschen, um nicht wahnsinnig zu werden vor Grauen. Mit diesen hundert Kronen waren, so hoffte sie, wenigstens einige knappe Tage Freiheit von der Erpresserin erkauft, und sie beschloß, wieder einen Spaziergang zu wagen, um so mehr, als vielerlei zu besorgen und vor allem zu Hause das Auffällige ihres veränderten Benehmens zu verdecken war. Sie hatte jetzt schon eine bestimmte Art zu fliehen. Vom Haustor stürzte sie wie von einem Sprungbrett mit geschlossenen Augen in die Flut der Straße. Und einmal das harte Pflaster unter den Füßen, die warme Flut von Menschen um sich, stieß sie sich in einer nervösen Hast, so rasch eine Dame nur gehen durfte, ohne auffällig zu werden, blindlings nach vorwärts, die Augen starr auf den Boden geheftet, in der begreiflichen Furcht, wieder jenem gefährlichen Blick zu begegnen. War sie belauert, so wollte sie es wenigstens nicht wissen. Und doch spürte sie, daß sie an nichts anderes dachte, und schrak zusammen, wenn zufällig jemand an ihren Körper streifte. Ihre Nerven litten schmerzhaft unter jedem Laut, jedem Schritt, der nachkam, jedem Schatten, der vorbeistreifte; nur im Wagen oder fremden Haus konnte sie wahrhaft atmen.

Ein Herr grüßte sie. Aufschauend, erkannte sie einen Jugendfreund ihrer Familie, einen freundlichen, geschwätzigen Graubart, dem sie sonst gerne auswich, weil er die Art hatte, einen stundenlang mit seinen kleinen, vielleicht nur eingebildeten körperlichen Leiden zu belästigen. Aber jetzt war es ihr leid, den Gruß nur dankend erwidert und nicht seine Begleitung gesucht zu haben, denn ein Bekannter wäre doch Abwehr gegen eine unvermutete Ansprache jener Erpresserin gewesen. Sie zögerte und wollte noch nachträglich umkehren, da war ihr, als ob jemand von rückwärts rasch auf sie zuschritte, und instinktiv, ohne zu überlegen, stürmte sie weiter. Aber sie spürte im Rücken mit dem durch die Angst grausam geschärften Ahnungsgefühl eine gleichsam beschleunigte Annäherung und lief immer hastiger, obwohl sie wußte, der Verfolgung schließlich nicht entgehen zu können. Ihre Schultern begannen zu schauern im Vorgefühl der Hand, die sie nun – immer näher spürte sie den Schritt – im nächsten Augenblick berühren würde, und je mehr sie ihren Gang beschleunigen wollte, desto schwerer wurden ihre Knie. Ganz nahe spürte sie jetzt den Verfolger, und »Irene!« rief jetzt eindringlich und doch leise von rückwärts eine Stimme, an die sie sich erst besinnen mußte, die aber doch nicht die gefürchtete war, die grauenhafte Botin des Unglücks. Aufatmend wandte sie sich herum: es war ihr Geliebter, der bei dem plötzlichen Ruck, mit dem sie anhielt, fast an sie stürzte. Bleich, verwirrt war sein Gesicht mit allen Zeichen der Erregung und nun, unter ihrem fassungslosen Blick, schon der Beschämung. Unsicher hob er die Hand zum Gruß und ließ sie wieder sinken, als sie ihm die ihre nicht bot. Sie starrte ihn nur an, ein, zwei Sekunden, so unerwartet war er ihr. Gerade ihn hatte sie vergessen in all den Tagen der Angst. Jetzt aber, da sie sein bleiches und fragendes Gesicht von nah sah mit jenem Ausdruck ratloser Leerheit, die jedes ungewisse Gefühl immer in die Augen zeichnet, schäumte plötzlich die Wut in heißer Welle in ihr empor. Ihre Lippen zitterten nach einem Wort, und die Erregung in ihrem Antlitz war so sichtbar, daß er erschreckt nur ihren Namen stammelte: »Irene, was hast du?« und als er ihre ungeduldige Gebärde sah, schon ganz geduckt beifügte: »Was habe ich dir denn getan?«

Sie starrte ihn an mit schlecht bezähmter Wut. »Was Sie mir getan haben?« lachte sie höhnisch. »Nichts! Gar nichts! Nur Gutes! Nur Annehmlichkeiten.«

Sein Blick war entgeistert, und sein Mund blieb halb offen vor Erstaunen, was das Einfältige und Lächerliche seines Aussehens noch vermehrte. »Aber Irene... Irene!«

»Machen Sie kein Aufsehen da«, herrschte sie ihn barsch an. »Und spielen Sie mir keine Komödien vor. Gewiß lauert sie wieder in der Nähe, Ihre saubere Freundin, und dann fällt sie mich wieder an...«

»Wer... wer denn?«

Am liebsten hätte sie ihn mit der Faust ins Gesicht geschlagen, in dieses läppisch-starre, verzerrte Gesicht. Sie spürte schon, wie ihre Hand den Schirm umkrallte. Nie hatte sie einen Menschen so verachtet, so gehaßt.

»Aber Irene ... Irene«, stammelte er immer verwirrter. »Was habe ich dir denn getan? ... Auf einmal bleibst du fort ... Ich warte auf dich Tag und Nacht ... Den ganzen Tag stehe ich heute schon vor deinem Haus und warte, dich eine Minute sprechen zu können.«

»Du wartest ... so ... du auch.« Sinnlos machte sie, das fühlte sie, die Wut. Ihm ins Gesicht schlagen können, wie wohl das täte! Aber sie hielt sich zusammen, sah ihn noch einmal an voll brennenden Ekels, gleichsam überlegend, ob sie ihm nicht den ganzen aufgestauten Zorn mit einer Beschimpfung ins Gesicht speien sollte, dann wandte sie sich plötzlich und drängte, ohne zurückzublicken, in das Menschengewirr hinein. Er blieb stehen mit seiner noch flehend ausgestreckten Hand, ratlos und durchschauert, bis das Geschiebe der Straße ihn faßte und fortschob wie die Strömung ein sinkendes Blatt, das taumelnd und kreisend sich wehrt und schließlich doch willenlos weggeschwemmt wird.

Daß dieser Mensch jemals ihr Geliebter gewesen war, kam ihr jetzt plötzlich ganz unwahr und sinnlos vor. An nichts konnte sie sich besinnen, nicht an die Farbe seiner Augen, die Form seines Gesichts, keine seiner Liebkosungen war ihr körperlich gewärtig, und von seinen Worten klang nichts in ihr nach als dieses jammernde, weibische, hündische »Aber, Irene!« seiner stammelnden Verzweiflung. Nicht ein einziges Mal hatte sie in all den Tagen, so sehr er Ursprung alles Unheils war, an ihn gedacht, nicht einmal in ihren Träumen. Nichts war er für ihr Leben, keine Lockung und kaum eine Erinnerung. Unverständlich war ihr geworden, daß jemals ihre Lippen seinen Mund gefühlt haben sollten, und sie fühlte die Kraft zum Eide in sich, niemals ihm angehört zu haben. Was hatte sie in seine Arme getrieben, welcher fürchterliche Wahnsinn in ein Abenteuer gejagt, das ihr eigenes Herz nicht mehr verstand und kaum ihre Sinne? Nichts wußte sie mehr davon, fremd war ihr alles in diesem Geschehnis, fremd sie sich selber.

Aber war nicht auch alles andere anders geworden in diesen sechs Tagen, dieser einen Woche des Entsetzens? Wie

Scheidewasser hatte die ätzende Angst ihr Leben zersetzt und seine Elemente gesondert. Die Dinge hatten mit einem Male anderes Gewicht, vertauscht waren alle Werte und die Beziehungen verwirrt. Ihr war, als hätte sie nur mit dämmrigem Gefühl, halb verschlossenen Blicks bisher durch ihr Leben getastet, und nun strahlte mit einem Male alles von innen in einer furchtbar schönen Klarheit. Ganz vor ihr, atemnah, standen Dinge, an die sie nie gerührt hatte und von denen sie mit einem Male begriff, daß sie ihr wahrhaftes Leben bedeuteten, und anderes wieder, was ihr wichtig geschienen, schwand hin wie Rauch. Sie hatte bislang in einer regen Geselligkeit gelebt, in jener lauten, gesprächigen Gemeinschaft der begüterten Kreise, und eigentlich nur für sie, aber nun, seit einer Woche im Kerker ihres eigenen Hauses, spürte sie keinen Mangel darin, sie zu entbehren, sondern nur Ekel vor dieser leeren Geschäftigkeit der Unbeschäftigten, und unwillkürlich maß sie an diesem ersten starken Gefühl, das ihr zuteil war, die Seichtigkeit ihrer bisherigen Neigungen und das unendliche Versäumnis an werktätiger Liebe. Wie in einem Abgrund sah sie in ihre Vergangenheit. Acht Jahre vermählt, war sie im Wahn eines zu bescheidenen Glückes nie ihrem Manne nähergetreten, fremd seinem innersten Wesen und nicht minder ihren eigenen Kindern. Zwischen ihr und ihnen standen bezahlte Menschen, Gouvernanten und Dienstboten, ihr all die kleinen Sorgen abzunehmen, von denen sie jetzt – seit sie näher in das Leben ihrer Kinder geblickt – erst zu ahnen begann, daß sie verlockender waren als die heißen Blicke der Männer und beseligender als eine Umarmung. Langsam bildete sich ihr Leben zu einem neuen Sinn um, alles gewann Beziehungen und wandte ihr plötzlich ein ernst-bedeutsames Antlitz zu. Seit sie die Gefahr kannte und mit der Gefahr ein wahrhaftes Gefühl, begannen mit einem Male alle Dinge und auch die fremdesten ihr gemeinsam zu werden. In allem spürte sie sich, und die Welt, früher durchsichtig wie Glas, wurde an der dunklen Fläche ihres eigenen Schattens mit einem Male zum Spiegel. Wohin sie sah, wohin sie horchte, war plötzlich Wirklichkeit.

Sie saß bei den Kindern. Das Fräulein las ihnen ein Märchen vor von der Prinzessin, die alle Kammern ihres Palastes beschauen durfte, nur die eine nicht, die mit silbernem

Schlüssel verriegelt war und die sie doch öffnete zu ihrem Verhängnis. War das nicht ihr eigenes Schicksal, daß auch sie nur das Verbotene gereizt hatte und ins Unglück getrieben? Tiefe Weisheit schien ihr das kleine Märchen, das sie vor einer Woche noch als einfältig belächelt hätte. In der Zeitung stand die Geschichte eines Offiziers, der unter Erpressung zum Verräter geworden war. Sie schauerte und verstand. Würde denn sie nicht auch Unmögliches tun, um sich Geld zu schaffen, ein paar Tage Ruhe zu kaufen, einen Schein von Glück. Jede Zeile, die von Selbstmord sprach, jedes Verbrechen, jede Verzweiflung wurde ihr plötzlich zum Geschehnis. Alles sagte »ich« zu ihr, der Lebensmüde, der Verzweifelte, das verführte Dienstmädchen und das verlassene Kind, alles war wie ihr eigenes Schicksal. Mit einem Male spürte sie den ganzen Reichtum des Lebens und wußte, daß nie eine Stunde in ihrem Schicksal mehr arm sein könnte und jetzt, da sich alles zu Ende neigte, spürte sie erst einen Anbeginn. Und dieses wunderbare Verstricktsein mit der ganzen unendlichen Welt sollte diese eine verlotterte Weibsperson Macht haben mit ihren groben Fäusten zu zerreißen? Um dieser einen Schuld willen sollte all das Große und Schöne, dessen sie sich nun zum erstenmal fähig fühlte, zertrümmert sein?

Und warum – sie wehrte sich blind gegen ein Verhängnis, das sie unbewußt sinnvoll glaubte – warum gerade ihr so entsetzliche Strafe für geringfügiges Vergehen! Wie viele Frauen kannte sie, eitle, freche, wollüstige, die sich für Geld sogar Liebhaber hielten und in ihrem Arm den eigenen Mann verhöhnten, Frauen, die in der Lüge lebten wie im eigenen Haus, die schöner wurden in der Verstellung, stärker in der Verfolgung, klüger in der Gefahr, indes sie ohnmächtig zusammenbrach bei der ersten Angst, dem ersten Vergehen.

Aber war sie denn überhaupt schuldig? In ihrem Innersten fühlte sie, daß dieser Mensch, dieser Geliebte ihr fremd war, daß sie nichts von ihrem wirklichen Leben ihm jemals hingegeben. Nichts hatte sie empfangen von ihm, nichts von sich ihm geschenkt. All dies Vergangene und Vergessene war gar nicht ihr Verbrechen, sondern das einer anderen Frau, die sie selbst nicht verstand und in die sie sich nicht einmal mehr zurückerinnern konnte. Durfte man denn ein Vergehen strafen, das durch die Zeit schon entsühnt war?

Plötzlich erschrak sie. Sie fühlte, daß dies gar nicht mehr ihr eigener Gedanke war. Wer hatte das nur gesagt? Irgend jemand in ihrer Nähe, jüngst erst, vor wenigen Tagen. Sie dachte nach, und ihr Erschrecken wurde nicht geringer, als sie sich besann, daß es ihr eigener Mann war, der diesen Gedanken in ihr geweckt hatte. Er war von einem Prozeß zurückgekommen, aufgeregt, bleich, und plötzlich sagte der sonst so Ungesprächige zu ihr und zufällig anwesenden Freunden: »Heute hat man einen Unschuldigen verurteilt.« Von ihr und den anderen befragt, erzählte er noch ganz aus seiner Erregung, man habe soeben einen Dieb bestraft für eine Entwendung, die er vor drei Jahren begangen hätte, und für sein Empfinden zu Unrecht, denn nach drei Jahren sei doch das Verbrechen gar nicht mehr das seine. Man bestrafe einen anderen Menschen und strafe ihn überdies doppelt, weil er doch schon diese drei Jahre im Kerker seiner eigenen Angst, in der ewigen Unruhe der Überführung verbracht habe.

Mit Entsetzen entsann sie sich, ihm damals widersprochen zu haben. Ihrem lebensfremden Empfinden war der Verbrecher immer nur ein Schädling der bürgerlichen Behaglichkeit gewesen, der ausgerottet werden mußte um jeden Preis. Nun erst spürte sie, wie jämmerlich ihre Argumente gewesen waren, wie gütig und gerecht die seinen. Aber würde er auch bei ihr verstehen können, daß sie nicht einen Menschen geliebt, sondern das Abenteuer? Daß er mitschuldig war durch zuviel Güte, durch die erschlaffende Behaglichkeit, die er um ihr Leben gebreitet? Würde er auch gerecht sein können als Richter seiner eigenen Sache?

Aber es war gesorgt dafür, daß sie sich freundlichen Hoffnungen nicht hingeben sollte. Schon am nächsten Tag kam wieder ein Zettel, wieder ein Peitschenhieb, der ihre ermattete Angst aufscheuchte. Diesmal waren zweihundert Kronen gefordert, die sie widerstandslos gab. Entsetzlich war ihr diese jähe Steigerung der Erpressung, der sie sich auch materiell nicht gewachsen fühlte, denn obzwar aus vermögender Familie, war sie doch nicht in der Lage, sich unauffällig größere Summen zu beschaffen. Und dann, was half es? Sie wußte, morgen würden es vierhundert Kronen sein und bald tausend, immer mehr, je mehr sie gab, und dann schließlich, sobald ihre Mittel versagten, der anonyme Brief, der Zusammenbruch. Was sie kaufte, war nur Zeit, eine Atemspanne, zwei Tage Rast oder drei, eine Woche vielleicht, aber eine wie entsetzlich wertlose Zeit voll Qual und Spannung. Seit Wochen schlief sie jetzt unruhig mit Träumen, die ärger waren als das Wachsein, ihr fehlte die Luft, die freie Bewegung, die Ruhe, die Beschäftigung. Sie vermochte nicht mehr zu lesen, nichts mehr zu tun, dämonisch gejagt von ihrer inneren Angst. Sie fühlte sich krank. Manchmal mußte sie sich plötzlich niedersetzen, so heftig überfiel sie das Herzklopfen, eine unruhige Schwere füllte mit dem zähen Saft einer fast schmerzhaften Müdigkeit alle Glieder, die aber dennoch dem Schlaf sich verwehrte. Unterhöhlt von der fressenden Angst war ihre ganze Existenz, vergiftet ihr Körper, und im Innersten sehnte sie sich eigentlich danach, daß dieses Kranksein doch endlich herausbrechen möge in einem sichtbaren Schmerz, einem wirklich faßbaren, sichtbaren klinischen Leiden, für das die Menschen doch Mitleid hatten und Erbarmen. Sie beneidete die Kranken in diesen Stunden unterirdischer Qual. Wie gut müßte es sein, in einem Sanatorium zu liegen, im weißen Bett zwischen weißen Wänden, umgeben von Bedauern und Blumen, Menschen würden kommen, alle gütig zu ihr sein, und hinter der Wolke des Leidens stünde schon fern wie eine große gütige Sonne die Genesung. Hatte man Schmerzen, so durfte man wenigstens laut schreien, sie aber mußte unaufhörlich die tragische Komödie eines heiteren Gesundseins spielen, für die jeder Tag und beinahe jede Stunde ihr neue und furchtbare Situationen fand. Mit zukkenden Nerven mußte sie lächeln und froh scheinen, ohne daß jemand die unendliche Anstrengung dieser vorgetäuschten Heiterkeit ahnte, die heroische Kraft, die sie verschwendete an solche tägliche und doch nutzlose Selbstvergewaltigung.

Nur einer von allen Menschen rings um sie schien, so dünkte es ihr, etwas zu ahnen von dem Furchtbaren, das in ihr vorging, und dieser nur, weil er sie belauerte. Sie spürte, und diese Sicherheit zwang sie zu doppelter Vorsicht, daß er sich unablässig mit ihr beschäftigte, so wie sie mit ihm. Sie umschlichen sich Tag und Nacht, gleichsam einander umkreisend, um einer des andern Geheimnis aufzuspähen und das eigene hinter dem Rücken zu bergen. Auch ihr Mann war anders geworden in der letzten Zeit. Die drohende Strenge jener ersten inquisitorischen Tage war bei ihm einer eigenen Art von Güte und Besorgtheit gewichen, die sie unwillkürlich an ihre Brautzeit erinnerte. Wie eine Kranke behandelte er sie, mit einer Sorgsamkeit, die sie verwirrte, weil sie sich beschämt fühlte durch so unverdiente Liebe, und die sie anderseits doch fürchtete, weil sie doch auch eine List bedeuten könnte, um ihr jäh in unvermutetem Augenblick das Geheimnis aus den erschlafften Händen zu winden. Seit jener Nacht, da er sie im Schlafe belauscht, und jenem Tage, da er den Brief in ihren Händen erblickt, war sein Mißtrauen wie in Mitleid verwandelt, er warb um ihr Vertrauen mit einer Zartheit, die sie manchmal beruhigte und schon nachgiebig stimmte, um in der nächsten Sekunde dem Argwohn wieder nachzugeben. War es nur eine List, die verführerische Lokkung des Untersuchungsrichters für den Angeklagten, eine Fangbrücke des Vertrauens, die ihr Geständnis überschreiten sollte und die dann, plötzlich hochgezogen, sie wehrlos in seiner Willkür ließ? Oder war auch schon in ihm das Gefühl, daß dieser gesteigerte Zustand des Belauerns und Belauschens ein unerträglicher war, und seine Sympathie so stark, daß er heimlich mitlitt an ihrem täglich mehr sichtbaren Leiden? Sie spürte in einem merkwürdigen Schauer, wie er ihr manchmal das erlösende Wort gleichsam hinreichte, wie verlockend leicht er ihr das Geständnis machte; sie verstand seine Absicht und war seiner Güte dankbar froh. Aber sie empfand auch, daß mit dem regeren Gefühl der Neigung auch ihre Scham vor ihm wuchs und ihr strenger das Wort verwehrte als vordem ihr Mißtrauen.

Einmal in diesen Tagen sprach er zu ihr ganz deutlich und Blick in Blick. Sie war nach Hause gekommen und hatte vom Vorzimmer laute Stimmen gehört, die ihres Mannes, scharf und energisch, das zänkische Geschwätz der Gouvernante und dazwischen Weinen und schluchzende Laute. Ihr erstes Gefühl war Erschrecken. Immer, wenn sie laute Stimmen hörte oder eine Erregung im Hause, schauerte sie zusammen. Angst war das Gefühl, das bei ihr auf alles antwortete, was außergewöhnlich war, die brennende Angst, der Brief sei schon gekommen, das Geheimnis enthüllt. Immer, wenn sie die Tür auftat, stürzte ihr erster fragender Blick sich auf die Gesichter und fragte sie ab, ob nichts in ihrer Abwesenheit geschehen sei, die Katastrophe nicht schon hereingebrochen, indes sie fern war. Diesmal war es nur Kinderzank, wie sie bald beruhigt erkannte, eine kleine improvisierte Gerichtsverhandlung. Eine Tante hatte vor wenigen Tagen dem Knaben ein Spielzeug, ein buntes Pferdchen, gebracht, was das jüngere Mädchen, das mindere Gaben erhalten, neidisch erbitterte. Vergeblich hatte sie ihr Recht geltend zu machen gesucht und so gierig, daß der Knabe ihr verweigerte, sein Spielzeug überhaupt zu berühren, was zuerst lauten Zorn des Kindes erregte und dann ein dumpfes, geducktes, hartnäckiges Schweigen. Aber am nächsten Morgen war das Pferdchen plötzlich verschwunden, spurlos, und alle Bemühungen des Knaben vergebens, bis man durch Zufall das Verlorene schließlich zerstückelt im Ofen entdeckte, die Holzteile zerbrochen, das bunte Fell abgerissen und das Innere ausgeweidet. Der Verdacht fiel selbstverständlich auf das kleine Mädchen; weinend war der Bub zum Vater gestürzt, die Boshafte zu verklagen, die einer Rechtfertigung nicht ausweichen konnte, und eben begann das Verhör.

Irene fühlte einen jähen Neid. Warum kamen die Kinder mit all ihren Sorgen immer zu ihm und niemals zu ihr? Von je vertrauten sie alle ihre Streitigkeiten und Klagen immer ihrem Manne an; bisher war ihr's lieb gewesen, von diesen kleinen Plackerein befreit zu sein, aber auf einmal geizte sie danach, weil sie darin die Liebe fühlte und Vertrauen.

Die kleine Gerichtsverhandlung war bald entschieden. Das Kind leugnete zuerst, freilich mit scheugesenkten Augen und einem verräterischen Zittern in der Stimme. Die Gouvernante zeugte gegen sie, sie hatte gehört, wie das kleine Mädchen im Zorn gedroht hatte, das Pferdchen zum Fenster hinunterzuwerfen, was das Kind vergeblich abzuleugnen sich bemühte. Es gab einen kleinen Tumult von Schluchzen und Verzweiflung. Irene blickte auf ihren Mann; ihr war es, als säße er zu Gericht nicht über das Kind, sondern schon über ihr eigenes Schicksal, denn so würde sie vielleicht morgen schon ihm gegenüberstehen, mit dem gleichen Zittern und demselben Sprung in der Stimme. Ihr Mann blickte zuerst streng, solange das Kind bei der Lüge beharrte, zwang dann Wort für Wort den Widerstand nieder, ohne je bei einer Weigerung in Zorn zu geraten. Dann aber, als sich das Leugnen in eine dumpfe Verstocktheit löste, sprach er ihr gütig zu, bewies geradezu die innere Notwendigkeit der Handlung und entschuldigte gewissermaßen, daß sie im ersten unbedachten Zorn etwas so Abscheuliches getan habe, damit, daß sie dabei nicht besonnen habe, es würde ihren Bruder tatsächlich kränken. Und so warm und eindringlich erläuterte er dem immer unsicherer werdenden Kinde die eigene Tat als etwas Begreifliches, aber doch Verurteilenswertes, daß es endlich in Tränen ausbrach und wild zu heulen begann. Und bald, gedeckt vom Schwall der Tränen, stammelte es endlich das gestehende Wort.

Irene stürzte hin, die Weinende zu umarmen, aber die Kleine stieß sie weg im Zorn. Auch ihr Mann verwies ihr mahnend dies voreilige Mitleid, denn er wollte das Vergehen doch nicht straflos hingehen lassen, und verhängte die zwar geringfügige, für das Kind aber empfindliche Strafe, am nächsten Tage nicht zu einer Veranstaltung gehen zu dürfen, auf die sich das Mädchen seit Wochen gefreut hatte. Heulend hörte das Kind sein Urteil; der Knabe begann laut zu triumphieren, aber dieser frühzeitige und gehässige Hohn verwikkelte ihn augenblicklich gleichfalls in die Strafe, und auch ihm wurde für seine Schadenfreude die Erlaubnis, jenes Kinderfest zu besuchen, entzogen. Traurig, und nur getröstet durch die Gemeinsamkeit ihrer Bestrafung, zogen die beiden schließlich ab, und Irene blieb allein mit ihrem Mann.

Jetzt, fühlte sie plötzlich, war endlich Gelegenheit, statt der Anspielungen hinter der Maske eines Gespräches über die Schuld des Kindes und sein Geständnis von ihrer eigenen zu sprechen, und irgendein Gefühl der Erleichterung überkam sie, wenigstens in verhüllter Form die Beichte ablegen und um Mitleid bitten zu dürfen. Denn wie ein Zeichen war es ihr, ob er ihre Fürsprache für das Kind nun gütig aufnahm, und sie wußte, dann würde sie vielleicht wagen können, für sich selbst zu sprechen.

»Sag, Fritz«, begann sie, »willst du wirklich die Kinder morgen nicht gehen lassen? Sie werden ganz unglücklich sein, besonders die Kleine. So arg war es ja gar nicht, was sie angestellt hat. Warum willst du sie so streng bestrafen? Tut sie dir gar nicht leid, die Kleine?«

Er sah sie an. Dann setzte er sich gemächlich. Er schien sichtlich willig, das Thema ausführlicher zu erörtern, und ein Vorgefühl, angenehm und ängstlich zugleich, ließ sie vermuten, er würde Wort für Wort gegen sie münzen; alles in ihr wartete die Pause zu Ende, die er, wohl mit Absicht oder in angestrengtem Überlegen, besonders dehnte.

»Ob es mir nicht leid tut, fragst du? Darauf sage ich: heute nicht mehr. Ihr ist jetzt leicht, seit sie bestraft ist, ob's ihr auch bitter scheint. Unglücklich war sie gestern, als das arme Pferdchen zerbrochen im Ofen steckte, alles im Hause danach suchte und sie tagaus, tagein die Angst hatte, man würde, man müsse es entdecken. Die Angst ist ärger als die Strafe, denn die ist ja etwas Bestimmtes und, viel oder wenig, immer mehr als das entsetzlich Unbestimmte, dies Grauenhaft-Unendliche der Spannung. Sobald sie ihre Strafe wußte, war ihr leicht. Das Weinen darf dich ja nicht irremachen: es ist nur jetzt herausgefahren, und früher stak es drinnen. Und innen tut's ärger als draußen. Wär' sie nicht ein Kind oder könnte man irgendwie ganz in ihr Letztes schauen, ich glaube, man würde finden, daß sie eigentlich froh ist trotz der Bestrafung und der Tränen und sicher froher als gestern, wo sie anscheinend sorglos herumging und niemand sie verdächtigte.«

Sie sah auf. Ihr war so, als zielte er jedes Wort gegen sie. Aber er schien sie gar nicht zu beachten, sondern fuhr, ihre Bewegung vielleicht mißdeutend, entschiedener fort:

»Es ist wirklich so, du kannst es mir glauben. Ich kenne das vom Gericht und aus den Untersuchungen. Die Angeklagten leiden am meisten unter den Verheimlichungen, unter der Drohung der Entdeckung, unter dem grauenvollen Zwang, eine Lüge gegen tausend kleine versteckte Angriffe verteidigen zu müssen. Es ist furchtbar, so einen Fall zu sehen, wo der Richter schon alles in Händen hat, die Schuld, den Beweis, vielleicht sogar das Urteil bereits, und nur das Geständnis noch nicht, das steckt innen im Angeklagten und will nicht heraus, so sehr er auch zieht und zerrt. Entsetzlich ist das zu sehen, wie der Angeklagte sich windet und krümmt, weil man ihm sein ›Ja‹ wie mit einem Haken aus dem widerstrebenden Fleisch reißen muß. Manchmal sitzt es schon ganz oben in der Kehle, von innen drängt's eine unwiderstehliche Macht nach oben, sie würgen daran, beinahe ist es schon Wort: da kommt die böse Gewalt über sie, jenes unbegreifliche Gefühl von Trotz und Angst, und sie schlucken es wieder hinab. Und der Kampf beginnt von neuem. Die Richter leiden manchmal mehr dabei als die Opfer. Und dabei betrachten die Angeklagten ihn immer als den Feind, der in Wahrheit ihr Helfer ist. Und ich als ihr Anwalt, als Verteidiger, sollte ja eigentlich meine Klienten warnen, zu gestehen, ihre Lügen festigen und stärken, aber innerlich wage ich es oft nicht, denn sie leiden mehr am Nichtgestehen als am Geständnis und seiner Bestrafung. Ich verstehe das eigentlich noch immer nicht, daß man eine Tat tun kann, mit Bewußtsein der Gefahr, und dann nicht den Mut zum Geständnis haben. Diese kleine Angst vor dem Wort finde ich kläglicher als jedes Verbrechen.«

»Meinst du ... daß es immer ... immer nur Angst ist ... die die Menschen hindert? Könnte es nicht ... könnte es nicht Scham sein ... die Scham, sich auszusprechen ... sich auszukleiden vor all den Menschen?«

Verwundert blickte er auf. Er war sonst nicht gewohnt, von ihr Antwort zu empfangen. Aber das Wort faszinierte ihn.

»Scham, sagst du ... das ... das ist ja auch nur eine Angst ... aber eine bessere ... eine, nicht vor der Strafe, sondern ... ja, ich verstehe ...«

Er war aufgestanden, merkwürdig erregt, und ging auf und ab. Der Gedanke schien in ihm irgend etwas getroffen zu haben, das jetzt aufzuckte und sich stürmisch regte. Plötzlich blieb er stehen.

»Ich gebe zu ... Scham vor den Menschen, vor den Fremden ... vor dem Pöbel, der aus der Zeitung fremdes Schicksal frißt wie ein Butterbrot ... Aber deshalb könnte man doch sich wenigstens jenen bekennen, denen man nahesteht ... Du erinnerst dich an jenen Brandstifter, den ich im vergangenen Jahr verteidigte ... der zu mir eine so merkwürdige Zuneigung gefaßt hatte ... er erzählte mir alles, kleine Geschichten aus seiner Kindheit ... sogar von intimeren Dingen ... Siehst du, der hatte die Tat bestimmt begangen, er ist auch verurteilt worden ... aber auch mir hatte er sie nicht eingestanden ... das war eben die Angst, ich könnte ihn verraten ... nicht die Scham, denn mir vertraute er ja ... ich war, glaube ich, der einzige, zu dem er im Leben so etwas wie Freundlichkeit empfunden hatte ... da war es also doch nicht Scham vor den Fremden ... was war es da, wo er doch vertrauen konnte?«

»Vielleicht« – sie mußte sich abwenden, weil er sie so ansah und sie ihre Stimme zittern spürte – »vielleicht ... ist die Scham am größten ... denen gegenüber, denen man sich ... am nächsten fühlt.«

Er blieb plötzlich stehen, wie gepackt von einer innerlichen Gewalt.

»Du meinst also ... du meinst ...« – und mit einem Male wurde seine Stimme anders, ganz weich und dunkel ... »du meinst ... daß Helene ... jemand anderem ihre Schuld leichter gestanden hätte ... der Gouvernante vielleicht ... daß sie ...«

»Ich bin überzeugt davon ... sie hat gerade dir so viel Widerstand nur entgegengesetzt ... weil ... weil dein Urteil ihr das wichtigste ist ... weil ... weil ... sie ... dich am meisten liebt ...«

Wieder blieb er stehen.

»Du ... du hast vielleicht recht ... ja sogar bestimmt ... das ist doch seltsam ... gerade daran habe ich nie gedacht ... es ist doch so einfach ... Ich war vielleicht zu streng, du kennst mich ja ... ich meine es nicht so. Aber ich gehe jetzt gleich hinein ... sie darf natürlich hin ... ich wollte ja nur ihren Trotz bestrafen, ihren Widerstand und daß ... daß sie kein Vertrauen hatte zu mir ... Aber du hast recht, ich will nicht, daß du glaubst, ich könnte nicht verzeihen ... das möchte ich nicht ... gerade von dir möchte ich das nicht, Irene ...«

Er sah sie an, und sie spürte, wie sie errötete unter seinem Blick. War das Absicht, daß er so sprach, oder ein Zufall, ein tückischer, gefährlicher Zufall? Noch immer fühlte sie die entsetzliche Unentschlossenheit.

»Das Urteil ist kassiert« – irgendeine Heiterkeit schien jetzt über ihn zu kommen – »Helene ist frei, und ich gehe, es ihr selbst ankündigen. Bist du jetzt zufrieden mit mir? Oder hast du noch einen Wunsch? ... Du ... du siehst ... du siehst, ich bin in generöser Laune heute ... vielleicht weil ich froh bin, ein Unrecht rechtzeitig einbekannt zu haben. Das schafft immer eine Erleichterung, Irene, immer ...«

Sie glaubte zu verstehen, was diese Betonung meinte. Unwillkürlich trat sie ihm näher, schon fühlte sie das Wort in sich aufquellen, und auch er trat vor, als wollte er ihr eilig aus den Händen nehmen, was sie so sichtlich bedrückte. Da traf sie sein Blick, in dem eine Gier war, nach dem Geständnis, nach irgend etwas von ihrem Wesen, eine glühende Ungeduld, und plötzlich brach alles in ihr zusammen. Müde fiel ihre Hand, und sie wandte sich ab. Es war vergeblich, fühlte sie, nie würde sie es aussprechen können, das eine befreiende Wort, das innen brannte und ihre Ruhe verzehrte. Wie naher Donner rollte die Warnung, aber sie wußte, daß sie nicht entfliehen konnte. Und im geheimsten Wunsch ersehnte sie schon, was sie bislang gefürchtet, den erlösenden Blitz: die Entdeckung.

Rascher, als sie ahnte, schien ihr Wunsch sich erfüllen zu wollen. Vierzehn Tage währte jetzt der Kampf, und Irene fühlte sich am Ende ihrer Kraft. Nun waren es schon vier Tage, daß die Person sich nicht gemeldet hatte, und so in den Körper gedrungen, so eins mit dem Blute war schon die Angst, daß sie bei jedem Klingeln an der Tür immer jäh aufschoß, um selbst eine erpresserische Botschaft rechtzeitig abzufangen. Eine Ungeduld, beinahe eine Sehnsucht, war in dieser Gier, denn mit jeder dieser Bezahlungen kaufte sie ja einen Abend Beruhigung, ein paar stille Stunden mit den Kindern, einen Spaziergang. Für einen Abend, einen Tag konnte sie dann aufatmen, auf der Straße gehen und zu Freunden; freilich, der Schlaf war weise, er ließ sich sein sicheres Wissen um die beständig nahe Gefahr nicht von so kärglichem Trost betrügerisch nehmen und füllte ihr Blut nachts mit zehrenden Angstträumen.

Ungestüm war sie wiederum bei dem Klingelruf hinausgeeilt, die Tür zu öffnen, so sehr ihr auch bewußt sein mußte, diese Unruhe, den Dienstboten zuvorzukommen, müßte Verdacht erwecken und leicht zu feindlichen Vermutungen verlocken. Aber wie schwach wurden diese kleinen Widerstände des besonnenen Überlegens, wenn beim Telefonsignal, einem Schritt auf der Straße hinter ihr her oder dem Ruf der Türglocke ihr ganzer Körper gleichsam aufschnellte wie von einem Peitschenschlag. Wieder hatte sie ein Klingelzeichen aus dem Zimmer und hin zur Tür gerissen; sie öffnete, um im ersten Augenblick eine fremde Dame verwundert anzusehen und dann, entsetzt zurückfahrend, in der neuen Ausstaffierung und unter einem eleganten Hut das verhaßte Gesicht der Erpresserin zu erkennen.

»Ach, Sie sind es selbst, Frau Wagner, das ist mir angenehm. Ich hab' Sie wichtig zu sprechen.« Und ohne eine Antwort der Erschrockenen abzuwarten, die sich mit zitternder Hand auf die Türklinke stützte, trat sie ein, legte den Schirm ab, einen grellen, roten Sonnenschirm, offenbar schon eine erste Verwertung ihrer erpresserischen Raubzüge. Sie bewegte sich mit einer ungeheuren Sicherheit, als ob sie in ihrer eigenen Wohnung wäre und, wohlgefällig und gleichsam mit dem Gefühl einer Beruhigung die stattliche Einrichtung betrachtend, schritt sie unaufgefordert weiter gegen die halb offene Tür zum Empfangszimmer. »Nicht wahr, hier hinein?« fragte sie mit einem verhaltenen Hohn, und als die Erschreckte, des Wortes noch immer nicht mächtig, ihr abwehren wollte, fügte sie beruhigend bei: »Wir können es ja rasch erledigen, wenn es Ihnen unangenehm ist.«

Frau Irene folgte ihr ohne Widerrede. Der Gedanke, die Erpresserin in ihrer eigenen Wohnung zu wissen, diese Verwegenheit, die ihre entsetzlichsten Vermutungen übertraf, betäubte sie. Ihr war, als träumte sie dies alles.

»Schön haben Sie's hier, sehr schön«, bewunderte mit sichtlicher Behaglichkeit die Person, während sie sich niederließ. »Ah, wie gut sich's da sitzt. Und die vielen Bilder. Da sieht man's erst, wie armselig es unsereiner hat. Sehr schön haben Sie's, sehr schön, Frau Wagner.«

Da, wie sie diese Verbrecherin in ihren eigenen Räumen so behaglich sah, brach endlich die Wut in der Gemarterten auf. »Was wollen Sie denn, Sie Erpresserin! Bis in meine Wohnung verfolgen Sie mich. Aber ich werde mich nicht zu Tode quälen lassen von Ihnen. Ich werde...!«

»Sprechen Sie doch nicht so laut«, unterbrach die andere mit einer beleidigenden Vertraulichkeit. »Die Tür ist ja offen, und die Dienstboten könnten Sie hören. Mir liegt doch nicht viel daran. Ich leugne ja nichts, mein Gott, und schließlich im

Gefängnis kann's mir doch auch nicht schlechter gehn wie jetzt, bei dem elenden Leben. Aber Sie, Frau Wagner, sollten etwas vorsichtiger sein. Ich will vor allem einmal die Tür zumachen, wenn Sie's für nötig befinden, sich zu ereifern. Aber das sag' ich Ihnen gleich, daß Beschimpfungen auf mich keinen Eindruck machen.«

Frau Irenens Kraft, für einen Augenblick durch den Zorn gestählt, sank wieder ohnmächtig zusammen vor der Unerschütterlichkeit dieser Person. Wie ein Kind, das wartet, welche Aufgabe ihm diktiert wird, stand sie da, demütig beinahe und unruhig.

»Also, Frau Wagner, ich will keine langen Umstände machen. Mir geht's nicht gut, das wissen Sie. Das hab' ich Ihnen schon gesagt. Und jetzt brauch' ich Geld auf den Zins. Ich bin ihn schon so lang schuldig, und noch auf andere Sachen. Ich möcht' endlich einmal ein bißchen in Ordnung kommen. Deshalb bin ich zu Ihnen gekommen, daß Sie mir da halt aushelfen mit – na, mit halt vierhundert Kronen.«

»Ich kann nicht«, stammelte Frau Irene, von der Summe erschrocken, die sie tatsächlich nicht mehr in Barem besaß. »Ich hab's jetzt wirklich nicht. Dreihundert Kronen hab' ich Ihnen schon gegeben in diesem Monat. Woher soll ich's denn nehmen?«

»Na, es wird schon gehn, denken Sie nur nach. Eine so reiche Frau wie Sie kann doch Geld haben, soviel sie will. Aber wollen muß sie halt. Also denken S' nur nach, Frau Wagner, es wird schon geh'n.«

»Aber ich hab' es wirklich nicht. Ich möchte es Ihnen ja gern geben. Aber soviel hab' ich wirklich nicht. Ich könnte Ihnen etwas geben ... hundert Kronen vielleicht ...«

»Vierhundert Kronen, hab' ich gesagt, brauch' ich.« Wie beleidigt durch die Zumutung warf sie schroff die Worte hin.

»Aber ich habe sie nicht!« schrie Irene verzweifelt. Wenn jetzt ihr Mann käme, dachte sie zwischendurch, jeden Augenblick konnte er kommen. »Ich schwöre es Ihnen, ich habe sie nicht ...«

»Dann suchen Sie sich's zu verschaffen ...«

»Ich kann nicht.«

Die Person sah sie an, von oben bis unten, als wollte sie sie abschätzen.

»Na... zum Beispiel der Ring da... Wenn man den versetzte, dann würde es gleich gehn. Ich kenn' mich freilich nicht mit Schmuck so gut aus... ich hab' ja nie einen gehabt... aber vierhundert Kronen, glaube ich, kriegt man schon dafür...«

»Den Ring!« schrie Frau Irene auf. Es war ihr Verlobungsring, der einzige, den sie nie ablegte und dem ein sehr kostbarer und schöner Stein hohen Wert gab.

»No, warum denn nicht? Ich schick' Ihnen den Versatzschein, da können S' ihn einlösen, wann Sie wollen. Sie krieg'n ihn ja wieder zurück. Ich werd' ihn nicht behalten. Was macht denn so eine arme Person wie ich mit einem so nobeln Ring?«

»Warum verfolgen Sie mich? Warum quälen Sie mich? Ich kann nicht... ich kann nicht. Das müssen Sie doch begreifen... Sie sehen, ich habe getan, was ich kann. Das müssen Sie doch begreifen. Haben Sie doch Mitleid!«

»Mit mir hat auch keiner Mitleid gehabt. Mich haben sie beinahe krepieren lassen vor Hunger. Warum soll gerade ich Mitleid haben mit einer so reichen Frau?«

Irene wollte eben heftig erwidern. Da hörte sie – und ihr Blut stockte – außen eine Tür ins Schloß fallen. Das mußte ihr Mann sein, der von seinem Büro zurückkehrte. Ohne erst zu überlegen, riß sie sich den Ring vom Finger und streckte ihn der Wartenden hin, die ihn eilig verschwinden ließ.

»Haben Sie keine Angst. Ich geh' schon weg«, nickte die Person, als sie die namenlose Angst in dem Gesichte gewahrte und das gespannte Lauschen gegen das Vorzimmer, wo ein Männerschritt deutlich vernehmbar war. Sie öffnete die Tür, grüßte Irenens eintretenden Gemahl, der für einen Augenblick zu ihr aufsah und sie nicht sonderlich zu beachten schien, und verschwand.

»Eine Dame, die um eine Auskunft kam«, sagte Irene mit letzter Kraft zur Erklärung, sobald die Tür hinter der Person ins Schloß gefallen war. Die ärgste Sekunde war überstanden. Ihr Mann erwiderte nichts und trat ruhig in das Zimmer, wo der Mittagstisch bereits gedeckt war.

Irene war, als brenne die Luft auf jene Stelle an ihrem Finger, die sonst der kühle Reif des Ringes schützte, und als müßte jeder auf die nackte Stelle wie auf ein Brandmal blicken. Immer wieder versteckte sie während des Speisens die Hand, und indes sie's tat, höhnte sie eine merkwürdige Überreizung des Gefühls, ein Blick ihres Mannes streife unablässig gegen ihre Hand und verfolge sie auf all ihren Wanderungen. Mit aller Kraft bemühte sie sich, seine Aufmerksamkeit abzulenken und mit unablässigen Fragen ein Gespräch in Fluß zu bringen. Sie sprach und sprach zu ihm, zu den Kindern, zu der Gouvernante, immer wieder entzündete sie mit den kleinen Flammen der Frage das Gespräch, aber immer versagte ihr der Atem, und immer brach es wieder erstickt in sich zusammen. Sie versuchte übermütig zu scheinen und auch die andern zu einer Fröhlichkeit zu verleiten, sie neckte die Kinder und stachelte sie gegeneinander auf, aber sie stritten nicht und sie lachten nicht: es mußte, so spürte sie selbst, in ihrer Heiterkeit etwas Falsches sein, das die andern unbewußt befremdete. Je mehr sie sich anspannte, desto weniger gelang der Versuch. Schließlich wurde sie müde und schwieg.

Auch die andern schwiegen; sie hörte nur das leise Klirren der Teller und innen die quellenden Stimmen der Angst. Da, mit einem Male sagte ihr Mann: »Wo hast du denn heute deinen Ring?«

Sie zuckte zusammen. Innen sagte etwas ganz laut ein Wort: Vorbei! Aber noch wehrte sich ihr Instinkt. Jetzt alle Kraft zusammenhalten, fühlte sie. Nur für einen Satz noch, für ein Wort. Nur eine Lüge noch finden, eine letzte Lüge.

»Ich... ich hab' ihn zum Putzen gegeben.«

Und gleichsam erstarkt an der Unwahrheit, fügte sie nun entschlossen bei: »Übermorgen hol' ich mir ihn ab.« Übermorgen. Jetzt war sie gebunden, die Lüge mußte zerbrechen und sie mit, wenn es ihr nicht gelang. Jetzt hatte sie sich selbst die Frist gestellt, und all die wirre Angst durchdrang jetzt mit einem Male ein neues Gefühl, eine Art Glück, die Entscheidung so nahe zu wissen. Übermorgen: nun wußte sie ihre Frist und fühlte aus dieser Gewißheit eine merkwürdige Ruhe in ihre Angst überströmen. Innen wuchs etwas auf, eine neue Kraft, Kraft zum Leben und die Kraft zu sterben.

Das endlich gesicherte Bewußtsein der nahen Entscheidung begann eine unerwartete Klarheit in ihr zu verbreiten. Die

Nervosität wich wunderbar einer geordneten Überlegung, die Angst einem ihr selbst fremden Gefühl kristallener Ruhe, dank der sie alle ihre Dinge ihres Lebens plötzlich durchsichtig und in ihrem wahrhaften Wert sah. Sie maß ihr Leben und spürte, es wog noch immer schwer, durfte sie es behalten und steigern in dem neuen und erhöhten Sinne, den diese Tage der Angst sie gelehrt hatten, konnte sie es noch einmal rein und sicher, ohne Lügen beginnen, sie fühlte sich bereit. Aber als geschiedene Frau, Ehebrecherin, befleckt vom Skandal, hinzuleben, dazu war sie zu müde, und zu müde auch, weiter dies gefährliche Spiel einer erkauften und auf Frist gewährten Beruhigung fortzusetzen. Widerstand war, das fühlte sie, jetzt nicht mehr denkbar, das Ende schon nahe, Verrat drohte von ihrem Mann, ihren Kindern, von allem, das sie umgab, und von ihr selbst. Flucht war unmöglich vor einem Gegner, der allgegenwärtig schien. Und das Bekenntnis, die sichere Hilfe, blieb ihr verwehrt, das wußte sie nun. Ein einziger Weg war noch frei, aber von dem gab es keine Wiederkehr.

Noch lockte das Leben. Es war einer jener elementaren Frühlingstage, wie sie manchmal aus dem verschlossenen Schoß des Winters stürmisch hervorbrechen, ein Tag mit unendlich erblautem Himmel, dessen erhobene Weite man wie Aufatmen nach all den umdüsterten Winterstunden zu fühlen meinte.

Die Kinder stürmten herein in hellen Kleidern, die sie zum erstenmal in diesem Jahre trugen, und sie mußte sich bezwingen, ihren aufstürmenden Jubel nicht mit Tränen zu erwidern. Sobald das Lachen der Kinder mit seinem schmerzlichen Nachhall in ihr verklungen war, machte sie sich daran, ihre eigenen Beschlüsse entschlossen auszuführen. Zunächst wollte sie versuchen, sich wieder in den Besitz des Ringes zu setzen, denn, wie immer sich jetzt ihr Schicksal entschiede, sollte kein Verdacht auf ihre Erinnerung fallen, niemand einen sichtlichen Beweis ihrer Schuld besitzen. Niemand, und vor allem die Kinder nicht, sollten jemals das furchtbare Geheimnis ahnen, das sie ihnen entrissen hatte; ein Zufall müßte es scheinen, den keiner zu verantworten hatte.

Sie ging zunächst in eine Leihanstalt, dort ein ererbtes Schmuckstück, das sie fast niemals trug, zu versetzen, und sich so mit genug Geld zu versehen, um der Person eventuell den verräterischen Ring wieder abkaufen zu können. Gesicherter im Gefühl, sobald sie die bare Summe in der Tasche hatte, promenierte sie dann weiter aufs Geratewohl, im Innersten das ersehnend, was sie bis gestern am meisten gefürchtet hatte: der Erpresserin zu begegnen. Die Luft war lind und ein Geleucht von Sonne über den Häusern. Etwas von der ungestümen Bewegung des Windes, der weiße Wolken eilig über den Himmel jagte, schien in den Rhythmus der Menschen eingedrungen zu sein, die leichter und beschwingter ausschritten als bisher in all den trostlosen winterdämmerigen Tagen. Und sie selbst vermeinte, etwas davon in sich zu fühlen. Der Gedanke des Sterbens, gestern wie im Flug gefaßt und nicht mehr aus der zitternden Hand gelassen, wuchs plötzlich zur Ungeheuerlichkeit, entsank ihren Sinnen. Sollte es denn möglich sein, daß ein Wort irgendeines widrigen Weibes all dies zerstören könnte, die Häuser da mit den blinkenden Fassaden, die sausenden Wagen, die lachenden Menschen und innen dies rauschende Gefühl von Blut? Sollte ein Wort die unendliche Flamme verlöschen können, mit der die ganze Welt aufloderte in ihrem atmenden Herzen?

Sie ging und ging, aber nicht mehr mit gesenktem Blick, sondern offen spürend und beinahe voll Gier, endlich die Langgesuchte zu entdecken. Das Opfer suchte jetzt den Jäger, und wie das gehetzte schwächere Tier, wenn es fühlt, daß ein Entrinnen nicht mehr möglich ist, sich mit dem Entschluß der Verzweiflung plötzlich wendet und dem Verfolger kampfbereit entgegenstellt, so verlangte sie es jetzt, der Peinigerin sich Antlitz in Antlitz zu stellen und mit jener letzten Kraft zu ringen, die der Trieb des Lebens den Verzweifelten verleiht. Mit Absicht blieb sie in der Nähe der Wohnung, wo sonst die Erpresserin sie zu belauern pflegte, einmal eilte sie sogar über die Straße, weil in der Tracht irgendeine Frauensperson an die Gesuchte erinnerte. Es war längst nicht mehr der Ring, um den sie kämpfte und der ja doch nur Aufschub bedeutete und nicht Befreiung, sondern wie ein Zeichen des Schicksals ersehnte sie diese Begegnung, als Entscheidung über Leben und Tod von höherer Macht, aus ihrem eigenen Entschlusse gefällt, schien ihr sein Wiederbesitz. Aber nirgends war die Person zu erspähen. Wie eine

Ratte im Loch war sie verschwunden im unendlichen Gewirr der Riesenstadt. Enttäuscht, aber noch nicht hoffnungslos kehrte sie mittags zurück, um sogleich nach dem Mittagsmahle die vergebliche Suche wieder zu beginnen. Neuerdings streifte sie die Straßen ab, und jetzt, da sie sie nirgends fand, wuchs wieder das fast entwöhnte Grauen in ihr empor. Nicht die Person war es mehr, nicht der Ring, der sie beunruhigte, sondern das grauenhafte Geheimnisvolle in all diesen Begegnungen, das mit der Vernunft nicht mehr voll zu begreifen war. Diese Person hatte wie durch Magie ihren Namen erfahren und ihre Wohnung, sie wußte all ihre Stunden und häuslichen Verhältnisse, sie war immer im schreckhaftesten und gefährlichsten Momente gekommen, um nun im erwünschtesten mit einem Male verschwunden zu sein. Irgendwo mußte sie sein in dem riesigen Getriebe, nah, wenn sie wollte, und doch unerreichbar, sobald man sie begehrte, und dies Gestaltlose der Drohung, das unfaßbare Nahe der Erpresserin, hart an ihrem Leben und doch nicht zu fassen, lieferte die schon Ermattete machtlos an die immer mehr mystische Angst. Es war, als hätten sich höhere Kräfte zu ihrem Untergang teuflisch verschworen, eine solche Verhöhnung ihrer Schwäche war in diesem übermächtigen Gewirr feindlicher Zufälle. Nervös schon, mit einem fiebernden Schritt, lief sie immer noch dieselbe Straße auf und nieder. Wie eine Dirne, dachte sie selbst. Aber die Person blieb unsichtbar. Nur das Dunkel kam jetzt drohend herabgeglitten, der frühe Frühlingsabend löste die helle Farbe des Himmels in schmutzige Trübe, und eilig brach die Nacht herein. Lichter entflammten sich in den Straßen, der Strom der Menschen flutete rascher in die Häuser zurück, das ganze Leben schien in dunkler Strömung zu entschwinden. Ein paarmal ging sie noch auf und ab, spähte noch einmal mit letzter Hoffnung die Straße entlang, dann wandte sie sich ihrem Hause zu. Sie fror.

Müde ging sie hinauf. Sie hörte, wie man nebenan die Kinder zu Bett brachte, aber sie vermied, ihnen gute Nacht zu wünschen, Abschied zu nehmen für die eine und dabei an die ewige zu denken. Wozu sie jetzt auch sehen? Um an ihren übermütigen Küssen ungetrübtes Glück zu fühlen, in ihren hellen Gesichtern die Liebe? Wozu sich noch martern mit einer Freude, die doch schon verloren war? Sie biß die Zähne zusammen: nein, sie wollte nichts mehr vom Leben fühlen, nicht mehr das Gute und Lachende, das sie mit vieler Erinnerung band, da sie doch all diesen Zusammenhalt morgen mit einem Ruck zerreißen mußte. Nur an das Widerwärtige wollte sie jetzt denken, an das Häßliche, das Gemeine, an das Verhängnis, die Erpresserin, an den Skandal, an alles, was sie forttrieb, dem Abgrund entgegen.

Die Heimkehr ihres Mannes unterbrach das dumpfe und einsame Sinnen. Freundlich um ein reges Gespräch bemüht, suchte er sich ihr im Worte zu nähern und fragte vielerlei. Eine gewisse Nervosität meinte sie dieser plötzlich so regen Sorgsamkeit entraten zu können, aber sie widerstrebte jedem Gespräch in Erinnerung an das von gestern. Irgendeine innere Angst hielt sie zurück, sich durch Liebe zu binden, durch Sympathie halten zu lassen. Er schien ihren Widerstand zu spüren und irgendwie besorgt. Sie wiederum fürchtete von seiner Besorgnis neuerliche Annäherung und bot ihm frühzeitig gute Nacht. »Auf morgen«, antwortete er. Dann ging sie.

Morgen: wie nah das war und wie unendlich fern! Ungeheuer weit und finster schien ihr die schlaflose Nacht. Allmählich wurden die Geräusche der Straße seltener, an den Reflexen des Zimmers sah sie, daß die Lichter draußen erloschen. Manchmal meinte sie, die nahen Atemzüge von den andern Zimmern fühlen zu können, das Leben ihrer Kinder, ihres Mannes und der ganzen nahen und doch so fernen, fast schon entschwundenen Welt, aber auch gleichzeitig ein namenloses Schweigen, das nicht aus der Natur, nicht von ringsum zu kommen schien, sondern von innen, aus geheimnisvoll rauschender Quelle. Eingesargt fühlte sie sich in einer Unendlichkeit von Stille und das Dunkel unsichtbarer Himmel auf ihrer Brust. Manchmal sprachen die Stunden laut eine Zahl in das Dunkel, dann ward die Nacht schwarz und leblos, aber zum erstenmal meinte sie den Sinn dieser endlosen, leeren Dunkelheit zu verstehen. Sie sann jetzt nicht mehr über Abschied und Tod, sondern dachte nur, wie sie ihm entgegenflüchten und möglichst unauffällig den Kindern und sich die Schande des Aufsehens ersparen könnte. An alle Wege sann sie, von denen sie wußte, daß sie zum Tode führten, dachte alle Möglichkeiten der Selbstvernichtung aus, bis sie sich mit einer Art freudigen Schreckens plötzlich erinnerte, daß der Arzt bei einer schmerzhaften Krankheit, die Schlaflosigkeit im Gefolge hatte, ihr Morphium verschrieben hatte, und sie damals tropfenweise das süß-bittere Gift aus einem kleinen Fläschchen genommen hatte, dessen Inhalt, wie man ihr damals sagte, hinreichend war, einen sanft entschlummern zu lassen. Oh, nicht mehr gejagt zu werden, ruhen können, ruhen ins Unendliche, nicht mehr den Hammer der Angst auf dem Herzen zu spüren! Der Gedanke dieses sanften Entschlummerns reizte die Schlaflose unendlich, schon meinte sie den galligen Geschmack auf den Lippen zu fühlen und die weiche Umnachtung der Sinne. Eilig raffte sie sich auf und entzündete das Licht. Das Fläschchen, das sie bald fand, war nur mehr halbvoll und sie befürchtete, es möchte nicht genügen. Fieberhaft durchforschte sie alle Laden, bis sie schließlich das Rezept fand, das die Bereitung größerer Quantitäten ermögliche. Wie eine kostbare Banknote faltete sie es lächelnd zusammen: Nun hielt sie den Tod in der Hand. Kühl durchschauert und doch beruhigt wollte sie wieder zurück ins Bett, aber jetzt, wie sie am beleuchteten Spiegel vorbeischritt, sah sie plötzlich aus dem dunklen Rahmen sich selbst entgegentreten, gespenstig, bleich, hohlen Auges und vom weißen Nachtgewand wie in ein Leichenlaken gehüllt. Grauen fiel sie an, sie löschte das Licht, flüchtete frierend in das verlassene Bett und lag wach bis in den dämmernden Tag.

Am Vormittag verbrannte sie ihre Briefschaften, brachte Ordnung in allerhand kleine Dinge, aber sie vermied nach Möglichkeit, die Kinder zu sehen und alles überhaupt, was ihr lieb war. Sie wollte das Leben jetzt nur abhalten, sich an sie mit Lust und Verlockung anzuklammern und ihr den gefaßten Entschluß durch ein nur vergebliches Zögern noch zu erschweren. Dann ging sie noch einmal auf die Straße, zum letztenmal das Schicksal zu versuchen und der Erpresserin zu begegnen. Sie ging wieder rastlos die Straßen ab, aber nicht mehr mit jenem gesteigerten Gefühl der Spannung. In ihr war schon etwas müde geworden, und sie verzagte, weiterkämpfen zu können. Sie ging und ging wie aus Pflichtbewußtsein zwei Stunden. Nirgends war die Person zu sehen. Es tat ihr nicht mehr weh. Fast wünschte sie nicht mehr die Begegnung, so kraftlos fühlte sie sich. Sie sah in die Gesichter der Menschen hinein, und alle schienen ihr fremd, alle tot und irgendwie abgestorben. Das alles war irgendwie schon fern und verloren und gehörte ihr nicht mehr.

Nur einmal schrak sie zusammen. Ihr war, als hätte sie beim Umblicken auf der andern Seite der Straße aus dem Gewühl plötzlich den Blick ihres Mannes gefühlt, jenen merkwürdigen, harten, stoßenden Blick, den sie erst seit kurzem an ihm kannte. Ärgerlich starrte sie hinüber, aber die Gestalt war rasch hinter einem vorbeifahrenden Wagen verschwunden, und sie beruhigte sich mit dem Gedanken, daß er zu dieser Zeit immer bei Gericht beschäftigt sei. Das Gefühl für die Stunde wurde ihr unsicher in der spähenden Erregung, und sie kam verspätet zum Mittagsmahl. Aber auch er war noch nicht zur Stelle wie sonst, sondern kam erst zwei Minuten später und, wie ihr dünkte, ein wenig erregt.

Sie zählte jetzt die Stunden bis zum Abend und erschrak, wie viele es noch waren, wie wunderlich das war, wie wenig Zeit man braucht zum Abschiednehmen, wie wenig wert alles schien, wenn man wußte, daß man es nicht mitnehmen könne. Etwas wie Schläfrigkeit kam über sie. Mechanisch ging sie wieder die Straße hinab, aufs Geratewohl, ohne zu denken oder zu schauen. An einer Kreuzung riß ein Kutscher im letzten Augenblick die Pferde zurück, schon hatte sie die Deichsel des Wagens knapp vor sich hinstoßen gesehen. Der Kutscher fluchte gemein, sie wandte sich kaum um: das wäre Rettung gewesen oder Aufschub. Ein Zufall hätte ihr den Entschluß erspart. Müde ging sie weiter: es war wohltuend, so gar nichts zu denken, nur wirr ein dunkles Gefühl vom Ende innen zu spüren, einen Nebel, der sacht niederstieg und alles verhüllte.

Als sie zufällig aufblickte, nach dem Namen der Straße zu sehen, schauerte sie zusammen: in ihrem verworrenen Wandeln war sie durch Zufall bis beinahe vor das Haus ihres einstigen Geliebten gekommen. War das ein Zeichen? Er könnte ihr vielleicht noch helfen, er mußte die Adresse jener Person wissen. Sie zitterte beinahe vor Freude. Wie hatte sie dies nicht bedenken können, dies Einfachste? Mit einem Male spürte sie die Glieder wieder reg, die Hoffnung beschwingte die trägen Gedanken, die jetzt wirr durcheinanderstoben. Er müßte jetzt hingehen mit ihr zu jener Person und ein für allemal ein Ende machen. Er müßte sie bedrohen, diese Erpressungen einzustellen, vielleicht genügte eine Summe sogar, sie aus der Stadt zu entfernen. Es tat ihr plötzlich leid, den Armen jüngst so schlecht behandelt zu haben, aber er würde ihr helfen, sie war dessen gewiß. Wie seltsam, daß diese Rettung jetzt erst kam, jetzt, in letzter Stunde.

Hastig eilte sie die Treppen hinauf und läutete. Niemand öffnete. Sie horchte: es war ihr, als hätte sie vorsichtige Schritte hinter der Tür gehört. Sie läutete nochmals. Wieder ein Schweigen. Und wieder ein leises Geräusch von innen. Da riß ihr die Geduld: sie läutete ohne Unterlaß, es galt ja ihr Leben.

Endlich rührte sich etwas hinter der Tür, das Schloß knackte, und ein schmaler Spalt tat sich auf. »Ich bin es«, hastete sie rasch.

Wie mit einem Erschrecken öffnete er jetzt die Tür. »Du bist ... Sie sind es ... gnädige Frau«, stammelte er, sichtlich verlegen. »Ich war ... verzeihen Sie ... ich war ... nicht darauf vorbereitet ... auf Ihren Besuch ... verzeihen Sie meinen Aufzug.« Dabei deutete er auf seine Hemdärmel. Sein Hemd war halb offen, und er trug keinen Kragen.

»Ich muß Sie dringend sprechen ... Sie müssen mir helfen«, sagte sie nervös, weil er sie noch immer im Flur stehen ließ wie eine Bettlerin. »Wollen Sie mich nicht eintreten lassen und mich eine Minute anhören«, fügte sie gereizt hinzu.

»Bitte«, murmelte er verlegen und mit einem seitlichen Blick, »ich bin nur jetzt ... ich kann nicht recht ...«

»Sie müssen mich hören. Es ist ja Ihre Schuld. Sie haben die Pflicht, mir zu helfen ... Sie müssen mir den Ring schaffen, Sie müssen ... Oder sagen Sie mir wenigstens die Adresse ... Sie verfolgt mich immer, und jetzt ist sie fort ... Sie müssen, hören Sie, Sie müssen.«

Er starrte sie an. Jetzt merkte sie erst, daß sie ganz zusammenhanglos die Worte keuchte.

»Ach so ... Sie wissen nicht ... Also, Ihre Geliebte, Ihre frühere, die Person hat mich damals von Ihnen fortgehen seh'n, und seitdem verfolgt sie mich und erpreßt von mir ...

sie foltert mich zu Tode ... Jetzt hat sie mir den Ring genommen, und den, den muß ich haben. Bis heute abend muß ich ihn haben, ich habe es gesagt, bis heute abend ... Wollen Sie mir also helfen.«

»Aber ... aber ich ...«

»Wollen Sie oder nicht?«

»Aber ich kenne doch keine Person. Ich weiß nicht, wen Sie meinen. Ich habe nie Beziehungen gehabt zu Erpresserinnen.« Er war beinahe grob.

»So ... Sie kennen sie nicht. Sie sagt das so aus der Luft. Und sie kennt Ihren Namen und meine Wohnung. Vielleicht ist es auch nicht wahr, daß sie erpreßt. Vielleicht träume ich das nur.«

Sie lachte grell. Ihm wurde unbehaglich. Einen Augenblick fuhr es ihm durch den Sinn, sie könnte wahnsinnig sein, so funkelten ihre Augen. Ihr Gehaben war verstört, die Worte sinnlos. Ängstlich sah er sich um.

»Bitte beruhigen Sie sich doch ... gnädige Frau ... ich versichere Ihnen, Sie täuschen sich. Es ist ganz ausgeschlossen, das muß ... nein, ich verstehe es selbst nicht. Ich kenne Frauen dieser Sorte nicht. Die beiden Beziehungen, die ich hier seit meinem, wie Sie wissen, doch kurzen Aufenthalt hatte, sind nicht derart ... ich will keinen Namen nennen, aber ... aber es ist so lächerlich ... ich versichere Ihnen, es muß ein Irrtum sein ...«

»Sie wollen mir also nicht helfen?«

»Aber gewiß ... wenn ich kann.«

»Dann ... kommen Sie. Wir gehen zusammen zu ihr ...«

»Zu wem ... zu wem denn?« Er fühlte wieder das Grauen, sie sei wahnsinnig, als sie ihn jetzt beim Arm faßte.

»Zu ihr ... Wollen Sie oder wollen Sie nicht?«

»Aber gewiß ... gewiß« – sein Verdacht wurde immer mehr bestärkt durch die Gier, mit der sie ihn drängte – »gewiß ... gewiß ...«

»So kommen Sie ... es geht mir um Leben oder Tod!«

Er hielt an sich, um nicht zu lächeln. Dann wurde er mit einem Male förmlich.

»Verzeihung, gnädige Frau ... aber es ist mir momentan nicht möglich ... ich habe eine Klavierstunde ... ich kann jetzt nicht unterbrechen ...«

»So ... so ...«, grell lachte sie ihm ins Gesicht, »so geben Sie Klavierstunden ... in Hemdärmeln ... Sie Lügner, Sie.« Und plötzlich, gepackt von einer Idee, stürmte sie vorwärts. Er suchte sie zurückzuhalten. »Hier ist sie also, die Erpresserin, bei Ihnen? Am Ende spielt ihr gemeinsames Spiel. Vielleicht teilt ihr alles, was ihr aus mir herausgepreßt habt. Aber ich will sie mir fassen. Jetzt habe ich vor nichts mehr Angst.« Sie schrie laut. Er hielt sie fest, aber sie rang mit ihm, riß sich los und stürzte zur Tür des Schlafzimmers.

Eine Gestalt fuhr zurück, die offenbar an der Tür gelauscht hatte. Irene starrte entgeistert eine fremde Dame in etwas unordentlicher Toilette an, die ihr Gesicht hastig abwandte. Ihr Geliebter war ihr nachgestürmt, um Irene zu halten, die er für wahnsinnig hielt, und ein Unglück zu verhüten, aber schon trat sie wieder aus dem Zimmer zurück. »Verzeihen Sie«, murmelte sie. Es war ihr ganz wirr. Sie verstand nichts mehr, nur Ekel fühlte sie, unendlichen Ekel, und eine Müdigkeit.

»Verzeihen Sie«, sagte sie noch einmal, als sie ihn unruhig ihr nachschauen sah. »Morgen ... morgen werden Sie alles begreifen ... das heißt, ich ... ich verstehe selbst nichts mehr.« Wie zu einem Fremden sprach sie zu ihm. Nichts erinnerte sie, daß sie jemals diesem Menschen angehört hatte, und kaum spürte sie noch den eigenen Körper. Es war alles jetzt noch viel wirrer als zuvor, sie wußte nur, daß irgendwo eine Lüge sein müßte. Aber sie war zu müde, noch zu denken, zu müde, zu schauen. Mit geschlossenen Augen stieg sie die Treppe hinab wie ein Verurteilter zum Schafott.

Dunkel war die Straße, als sie hinaustrat. Vielleicht, flog es ihr durch den Sinn, wartet sie jetzt drüben, vielleicht kommt jetzt im letzten Augenblick noch Rettung. Es war ihr, als müßte sie die Hände falten und beten zu einem vergessenen Gott. Oh, nur noch ein paar Monate sich kaufen können, die paar Monate bis zum Sommer, und dann dort friedlich leben, unerreichbar für die Erpresserin, leben zwischen Wiesen und Feldern, nur einen Sommer, aber ihn so ganz und voll, daß er mehr zählt wie ein ganzes Menschenleben. Gierig spähte sie auf die schon dunkle Straße. Drüben in einem Haustor vermeinte sie eine Gestalt lauern zu sehen, aber jetzt, wie sie näher trat, schwand sie tiefer in den Flur zurück. Einen Augenblick glaubte sie, Ähnlichkeit mit ihrem Mann zu entdecken. Zum zweitenmal kam ihr heute diese Angst, ihn und seinen Blick auf der Straße plötzlich zu spüren. Sie zögerte, um sich zu überzeugen. Aber die Gestalt war verschwunden im Schatten. Unruhig ging sie weiter, ein seltsam gespanntes Gefühl im Nacken wie von einem rückwärts brennenden Blick. Einmal wandte sie sich noch um. Aber da war niemand mehr zu sehen.

Die Apotheke war nicht weit. Mit einem leisen Schauer trat sie ein. Der Provisor nahm das Rezept und machte sich an die Bereitung. Alles sah sie in dieser einen Minute, die blanke Waage, die zierlichen Gewichte, die kleinen Etiketten, und oben in den Schränken die Reihen der Essenzen mit den fremdartigen lateinischen Namen, die sie unbewußt alle mit den Blicken buchstabierte. Sie hörte die Uhr ticken, spürte den eigentümlichen Duft, diesen fettig-süßlichen Geruch der Arzneien, und erinnerte sich mit einem Male, als Kind ihre Mutter immer gebeten zu haben, die Besorgungen für die Apotheke übernehmen zu dürfen, weil sie diesen Geruch liebte und den fremdartigen Anblick der vielen blinkenden Tiegel. Dabei entsann sie sich entsetzt, daß sie es verabsäumt habe, von ihrer Mutter Abschied zu nehmen, und die arme Frau tat ihr furchtbar leid. Wie sie erschrecken würde, dachte sie entsetzt, aber schon zählte der Provisor aus einem bauchigen Gefäß die hellen Tropfen in ein blaues Fläschchen. Starr sah sie zu, wie der Tod aus diesem Gefäß in das kleine wanderte, von dem er bald in ihre Adern strömen sollte, und ein Gefühl von Kälte rieselte durch ihre Glieder. Sinnlos, in einer Art von Hypnose, starrte sie auf seine Finger, die jetzt den Pfropfen in das gefüllte Glas bohrten und jetzt mit Papier die gefährliche Rundung überklebten. Alle ihre Sinne waren gefesselt und gelähmt von dem grausigen Gedanken.

»Zwei Kronen, bitte«, sagte der Provisor. Sie wachte auf aus ihrer Starre und sah fremd um sich. Dann griff sie mechanisch in die Tasche, um das Geld hervorzuholen. Noch traumhaft war alles in ihr, sie sah die Münzen an, ohne sie gleich zu erkennen, und verzögerte sich unwillkürlich im Zählen.

In diesem Augenblick fühlte sie ihren Arm erregt beiseite

geschoben und hörte Geld auf die gläserne Schüssel klingen. Eine Hand streckte sich neben ihr aus und griff nach dem Fläschchen.

Unwillkürlich wandte sie sich herum. Und ihr Blick erstarrte. Es war ihr Mann, der da stand mit hart zugepreßten Lippen. Sein Gesicht war fahl, und auf der Stirn funkelte ihm feuchter Schweiß.

Sie fühlte sich einer Ohnmacht nahe und mußte sich am Tisch festhalten. Mit einem Male begriff sie, daß er es gewesen, den sie auf der Straße gesehen und der eben noch im Haustor gelauert; etwas in ihr hatte ihn schon dort ahnend erkannt und besann sich wirr in der einen Sekunde.

»Komm«, sagte er mit einer dumpfen, würgenden Stimme. Sie sah ihn starr an und verwunderte sich im Innern, in einer ganz dumpfen, tiefen Welt ihres Bewußtseins, daß sie ihm gehorchte. Und ihr Schritt ging mit, ohne daß sie es selber wußte.

Sie gingen nebeneinander über die Straße. Keiner blickte den andern an. Er hielt das Fläschchen noch immer in der Hand. Einmal blieb er stehen und wischte sich die feuchte Stirn. Unwillkürlich hemmte auch sie den Schritt, ohne es zu wollen, ohne es zu wissen. Aber sie wagte nicht, hinüberzublicken. Keiner sprach ein Wort, der Lärm der Straße wogte zwischen ihnen.

Auf der Stiege ließ er sie vorausschreiten. Und sofort, wie er nicht neben ihr ging, geriet ihr Schritt ins Wanken. Sie blieb stehen und hielt sich an. Da stützte er ihren Arm. Bei der Berührung schrak sie zusammen und hastete die letzten Stufen rascher hinauf.

Sie trat ins Zimmer. Er folgte ihr. Dunkel glänzten die Wände, kaum waren die Gegenstände zu unterscheiden. Noch immer sprachen sie kein Wort. Er riß das Papier der Umhüllung ab, öffnete das Fläschchen, goß den Inhalt fort. Dann schleuderte er es heftig in eine Ecke. Sie zuckte zusammen bei dem klirrenden Laut.

Sie schwiegen und schwiegen. Sie fühlte, wie er sich bändigte, fühlte es, ohne hinzusehen. Endlich trat er auf sie zu. Nahe und nun ganz nah. Sie konnte seinen schweren Atem spüren und sah mit ihrem starren und wie verwölkten Blick den Glanz seiner Augen funkelnd aus dem Dunkel des

Raumes treten. Seinen Zorn wartete sie schon losbrechen zu hören und schauerte starr dem harten Griff seiner Hand entgegen, der sie erfaßte. Irenen stand das Herz still, nur die Nerven vibrierten wie hochgespannte Saiten; alles wartete auf die Züchtigung, und beinahe ersehnte sie seinen Zorn. Aber er schwieg noch immer, und mit einem unendlichen Staunen spürte sie, daß sein Nahetreten ein sanftes war. »Irene«, sagte er, und seine Stimme klang merkwürdig weich. »Wie lange sollen wir uns noch quälen?«

Da brach es aus ihr, plötzlich, konvulsivisch, mit einem übermächtigen Stoß, wie ein einziger, sinnloser tierischer Schrei, endlich stürzte es vor, das aufgesparte, niedergerungene Schluchzen all dieser Wochen. Eine zornige Hand schien sie von innen zu fassen und gewalttätig zu rütteln, sie schwankte wie eine Trunkene und wäre umgesunken, hätte er sie nicht festgehalten.

»Irene«, beruhigte er, »Irene, Irene«, immer leiser, immer beschwichtigender den Namen sprechend, als könnte er den verzweifelten Aufruhr der gekrampften Nerven durch die immer zärtlichere Tönung des Wortes glätten. Aber nur Schluchzen antwortete ihm, wilde Stöße, Wogen von Schmerz, die den ganzen Körper durchrollten. Er führte, er trug den zuckenden Körper zum Sofa und bettete ihn hin. Aber das Schluchzen wurde nicht still. Wie mit elektrischen Schlägen schüttelte der Weinkrampf die Glieder, Wellen von Schauer und Kälte schienen den gefolterten Leib zu überrinnen. Seit Wochen auf das Unerträglichste gespannt, waren die Nerven nun zerrissen, und fessellos tobte die Qual durch den fühllosen Leib.

Er hielt in höchster Erregung ihren durchschauerten Körper, faßte die kalten Hände, küßte zuerst beruhigend und dann wild, in Angst und Leidenschaft, ihr Kleid, ihren Nakken, aber das Zucken fuhr immer wie ein Riß über die hingekauerte Gestalt, und von innen rollte die aufstürzende, endlich entfesselte Welle des Schluchzens empor. Er fühlte das Gesicht an, das kühl war, von Tränen gebadet, und spürte die hämmernden Adern an den Schläfen. Eine unsägliche Angst überkam ihn. Er kniete hin, näher zu ihrem Antlitz zu sprechen.

»Irene«, immer wieder faßte er sie an, »warum weinst

du... Jetzt... jetzt ist doch alles vorbei... Warum quälst du dich noch... Du mußt dich nicht ängstigen mehr... Sie wird nie mehr kommen, nie mehr...«

Ihr Körper zuckte wieder auf, mit beiden Händen hielt er ihn fest. Eine Angst war in ihm, als er diese Verzweiflung fühlte, die den gefolterten Leib zerriß, als hätte er sie gemordet. Immer wieder küßte er sie und stammelte wirre Worte der Entschuldigung.

»Nein... nie mehr... ich schwöre es dir... ich habe es ja nicht ahnen können, daß du so sehr erschrecken würdest... nur rufen wollte ich dich... zurückrufen zu deiner Pflicht... nur daß du von ihm weggehst... für immer... und zurück zu uns... ich hatte doch keine andere Wahl, als ich es durch Zufall erfuhr... ich konnte es dir selbst doch nicht sagen... ich dachte... dachte immer, du würdest kommen... darum habe ich sie gesandt, diese arme Person, daß sie dich treiben sollte... ein armes Ding ist sie, eine Schauspielerin, eine entlassene... sie hat sich ja ungern hergegeben, aber ich wollte es... ich sehe, es war unrecht... aber ich wollte dich doch zurück... ich habe dir doch immer gezeigt, daß ich bereit bin... daß ich nichts will als verzeihen, aber du hast mich nicht verstanden... aber so... so weit wollte ich dich nicht treiben... ich habe ja mehr gelitten, alles das zu sehen... jeden Schritt habe ich dich beobachtet... nur wegen der Kinder, weißt du, wegen der Kinder mußte ich dich doch zwingen... aber jetzt ist doch alles vorbei... jetzt wird alles wieder gut...«

Sie hörte dumpf aus einer unendlichen Ferne Worte, die nah klangen, und verstand sie doch nicht. Ein Rauschen wogte ihr innen, das alles übertönte, ein Tumult der Sinne, in dem jedes Gefühl verging. Sie fühlte Berührung an ihrer Haut, Küsse und Liebkosungen, und die eigenen, nun schon erkaltenden Tränen, aber innen war das Blut voll Klingen, voll eines dumpfen, dröhnenden Getöns, das gewaltsam schwoll und nun donnerte wie rasende Glocken. Dann schwand ihr alle Deutlichkeit. Sie spürte, wirr aus ihrer Ohnmacht erwachend, daß man sie entkleidete, sah wie durch viele Wolken das Antlitz ihres Mannes, gütig und besorgt. Dann fiel sie tief ins Dunkel hinab, in den lang entbehrten, schwarzen, traumlosen Schlaf.

Als sie am nächsten Morgen die Augen aufschlug, war es schon hell im Zimmer. Und Helligkeit spürte sie in sich, entwölkt und wie durch Gewitter gereinigt das eigene Blut. Sie versuchte sich zu besinnen, was ihr geschehen war, aber alles schien ihr noch Traum. Unwirklich, leicht und befreit, so wie man im Schlaf durch die Räume schwebt, dünkte ihr dies hämmernde Empfinden, und um der Wahrheit des wachen Erlebens gewiß zu werden, tastete sie die eigenen Hände prüfend an.

Plötzlich schrak sie zusammen: an ihrem Finger funkelte der Ring. Mit einem Male war sie ganz wach. Die wirren Worte, aus halber Ohnmacht gehört und doch nicht, ein ahnungsvoll dumpfes Gefühl von vordem, das nur nie gewagt hatte, Gedanke und Verdacht zu werden, beides verflocht sich jetzt plötzlich zu klarem Zusammenhang. Alles verstand sie mit einem Male, die Fragen ihres Mannes, das Erstaunen ihres Liebhabers, alle Maschen rollten sich auf, und sie sah das grauenvolle Netz, in dem sie verstrickt gewesen war. Erbitterung überfiel sie und Scham, wieder begannen die Nerven zu zittern, und fast bereute sie, erwacht zu sein aus diesem traumlosen, angstlosen Schlaf.

Da klang Lachen von nebenan. Die Kinder waren aufgestanden und lärmten wie erwachende Vögel in den jungen Tag. Deutlich erkannte sie die Stimme des Knaben und spürte erstaunt zum erstenmal, wie sehr sie der seines Vaters glich. Leise flog ein Lächeln auf ihre Lippen und rastete dort still. Mit geschlossenen Augen lag sie, um all dies tiefer zu genießen, was ihr Leben war und nun auch ihr Glück. Innen tat noch leise etwas weh, aber es war ein verheißender Schmerz, glühend und doch lind, so wie Wunden brennen, ehe sie für immer vernarben wollen.

(Geschrieben Wien, 1910)

Die gleich-ungleichen Schwestern

Eine »Conte drôlatique«

Irgendwo in einer südländischen Stadt, die ich lieber nicht nennen mag, überraschte mich, aus enger Gasse biegend, der unvermittelt großartige Anblick eines Bauwerkes sehr früher Art, überhöht von zwei mächtigen Türmen in derart gleichförmigen Maßen, daß im sinkenden Licht einer wie der Schatten des andern wirkte. Eine Kirche war es nicht und ebensowenig mochte es ein Palast gewesen sein in verschollenen Zeiten; klösterlich mutete es an und doch wieder mit seinen breiten, wuchtigen Flächen wie ein profanes Gebäude, allerdings unbestimmbarer Art. So störte ich, höflich den Hut lüftend, einen rotbackigen Bürger, der eben auf der Terrasse eines kleinen Cafés ein Glas strohfarbenen Weines trank, mit der Frage nach dem Namen dieses so wuchtig über niedere Schwalbendächer emporgetürmten Baus. Der Gemächliche sah verwundert auf, lächelte dann langsam und feinschmeckerisch, ehe er mir antwortete: »Ganz zuverlässig kann ich Ihnen da nicht Bescheid geben. Im Stadtplan mag es anders stehen, wir aber sagen noch immer wie in alter Zeit: das Schwesternhaus, vielleicht weil die beiden Türme einander so ähnlich sind, vielleicht aber auch, weil...« Er stockte und zog vorsichtig ein Lächeln zurück, als ob er sich meiner angefachten Neugier erst vergewissern wollte. Eine halbe Antwort aber macht ungeduldig nach der ganzen – so kamen wir ins Gespräch, und ich gehorchte gern seiner Aufforderung, ein Glas dieses herbflüssigen Goldweines zu versuchen. Vor uns glänzte im langsam sich erhellenden Mondlicht träumerisch das Spitzenwerk der Türme, der Wein mundete mir gut und trefflich, auch an jenem lauen Abend die kleine Legende von den gleich-ungleichen Schwestern, die er mir erzählte und die hier möglichst getreu, wenn auch ohne Bürgschaft für ihre historische Wahrhaftigkeit wiedergegeben sei.

Als der Heerbann des Königs Theodosius genötigt war, in der damaligen Hauptstadt Aquitaniens Winterquartier zu nehmen und dank einer üppigen Rast die abgerackerten

Gäule wieder seidenglattes Fell und die Soldaten Langeweile bekamen, geschah es dem Anführer der Reiterei, Herilunt mit Namen, einem Langobarden, daß er sich in eine schöne Krämerin verliebte, die dort im verwinkelten Schatten der Unterstadt Gewürz und süßes Honigbrot ausbot. Und so heftig übermannte ihn die Leidenschaft, daß er, gleichgültig gegen ihren niederen Stand, sie um der baldigen Umarmung willen eiligst ehelichte und mit ihr in ein fürstliches Haus auf dem Marktplatz zog. Dort blieben sie unsichtbar viele Wochen lang, einer dem andern verfallen, und vergaßen die Menschen, die Zeit, den König und den Krieg. Aber während sie so ganz in Liebe versunken waren und allnächtlich schlummerten, einer in des anderen Arm, schlief nicht die Zeit. Mit einem schwang warmer Wind sich von Süden her, unter seinem hitzigen Fuß barst das Eis in den Strömen, Krokus und Veilchen nisteten ihr farbig Geblüh unter seine flüchtige Spur auf den Wiesen. Über Nacht buschten die Bäume sich grün, knospig Gewinde brach in feuchten Beulen aus erfrorenen Ästen, der Frühling hob sich auf von der dampfenden Erde und mit ihm wieder der Krieg. Eines Morgens schlug herrisch und fordernd der kupferne Klöppel des Tores in den Morgenschlummer der Liebenden: ein Bote des Königs befahl seinem Führer Rüstung und Ausmarsch. Trommeln klirrten die Quartiere auf, Wind krachte hell in den Fahnen, und bald knatterte der Marktplatz vom Gehuf der gesattelten Pferde. Da löste Herilunt sich rasch aus den weich angerankten Armen seiner Winterfrau, denn so loh seine Liebe war: noch stärker brannten in ihm Ehrgeiz und die männliche Lust an der Feldschlacht. Unfühlsam gegen ihre Tränen und hart gegen ihren Wunsch, ihn zu begleiten, ließ er die Frau im weiträumigen Hause und brach mit dem riesigen Schwarm ins mauretanische Land. In sieben Gefechten überrannte er die Feinde, fegte mit brennendem Besen die Raubburgen der Sarazenen aus, zerbrach ihre Städte und plünderte siegreich hinab bis zur Küste, wo er Segler heuern mußte und Galeeren, die Beute heimwärts zu senden, so unermeßlich staute sich ihre Fülle. Nie ward ein Sieg rascher erfochten, nie ein Feldzug blitzender vollendet. Kein Wunder, daß der König, um so kühnem Kriegsknecht zu danken, ihm gegen geringen Zins Nord und Süd des gewonnen

Landes zu Lehen und Verwaltung übertrug. Nun hätte Herilunt, dessen Heimat bislang der Sattel gewesen, gemächlich Rast halten und zeitlebens sich satten Wohlseins erfreuen können. Doch sein Ehrgeiz, mehr gestachelt als gemildert durch den raschen Gewinst, wehrte sich, Untertan zu sein und zinspflichtig selbst seinem Herrn: einzig ein Königsreif schien ihm nunmehr hell genug für die blanke Stirn seines Weibes. So reizte er heimlich die eigenen Truppen zur Empörung wider den König und rüstete einen Aufstand. Doch frühzeitig verraten, mißlang die Verschwörung. Geschlagen noch vor der Schlacht, gebannt von der Kirche, verlassen von den eigenen Reitern, mußte Herilunt ins Gebirge flüchten, und dort erschlugen um der hohen Belohnung willen Bauern den Geächteten mit Keulen im Schlafe.

Zur gleichen Stunde, da Häscher des Königs den blutenden Leichnam des Rebellen im Strohbett jener Scheune auffanden, ihm Schmuck und Kleider abrissen und den entblößten Leib dann auf den Schindanger warfen, gebar seine Frau, völlig unkund seines Unterganges, in dem Brokatbett des Palastes ein Zwillingspaar, zwei Mädchen, die unter großem Zulauf der Stadt die eigene Hand des Bischofs Helena und Sophia taufte. Noch dröhnten die Glocken in den Türmen und klirrten silberig Pokale beim Festmahle, als jählings die Botschaft von Herilunts Aufruhr und Untergang eintraf, rasch gefolgt von der zweiten, daß der König nach allgültigem Gesetz Haus und Habe des Rebellen einfordere für seinen Schatz. So mußte die schöne Krämerin, kaum daß sie der Wochen genesen, nach kurzer Herrlichkeit wieder im alten dünnwolligen Kleide hinab in die moderige Gasse der Unterstadt, nur daß sie nun noch zwei unmündige Kinder und die Bitternis so arger Enttäuschung mit in ihr Elend nahm. Wieder saß sie von Morgen bis Abend auf dem niederen Holzschemel ihres Ladens und bot der Nachbarschaft Gewürz und süße Honigware, höhnische Spottreden oft einstreichend mit den kärglich errafften Kupfermünzen. Gram löschte ihr rasch das helle Licht in den Augen, frühes Grau entfärbte ihr Haar. Doch für Not und Mißgeschick entschädigten sie bald der holden Zwillingsschwestern aufgeweckte Munterkeit und besonderer Liebreiz, hatten sie doch beide von der Mutter die strahlende Schönheit geerbt

und waren so zwiefach ähnlich einander in Gestalt und
Anmut der Rede, daß man vermeinte, hier blicke als lebender
Spiegel ein liebliches Bild das andere an. Nicht nur Fremde, sondern selbst die eigene Mutter vermochte die beiden
Gleichaltrigen und Gleichgestalteten, Helena und Sophia,
nicht zu unterscheiden, derart vollkommen war ihre Ähnlichkeit. So hieß sie Sophia ein billig leinenes Bändchen als
Armreif tragen, damit sie kenntlich sei von der Schwester an
diesem sichtbaren Zeichen. Hörte sie aber ihre Stimme oder
blickte sie einzig in ihrer Zwillingskinder Gesicht, so war sie
bei jeder unkund, mit welchem der Namen sie die allzu
Ähnlichen rufen sollte.

Wie aber von der Mutter die stürmische Schönheit, so
hatten verhängnisvollerweise die Zwillingsschwestern von
ihrem Vater auch jenen Unband von Ehrgeiz und Herrschsucht geerbt, so daß jede von ihnen die andere und überdies
noch alle Gleichaltrigen in jeder Beziehung zu übertreffen
strebte. Noch in jenen anfänglichen Jahren, da Kinder sonst
gleichgültig und arglos spielen, trieben die beiden schon jede
Tätigkeit zu Wettstreit und Eifersucht gewaltsam empor.
Hatte ein Fremder, von der Anmut des einen Kindes erfreut,
ihm ein schmuckes Ringlein an den Finger gesteckt, ohne der
anderen gleiche Gabe zu bieten, hatte der einen Kreisel sich
länger gedreht als jener der Schwester, so konnte die Mutter
die Benachteiligte flach hingestreckt auf dem Boden finden,
die Fäuste verkrampft in die Zähne und mit wütigen Absätzen den Boden hämmernd. Keine gönnte der anderen ein
Lob, eine Zärtlichkeit, ein besseres Gelingen, und obzwar sie
einander derart ähnlich waren, daß scherzhaft die Nachbarn
sie Spiegelchen nannten, verwüsteten und verhärmten sie
ihre Tage in beständig lodernder Eifersucht widereinander.
Vergebens suchte die Mutter dies ungeschwisterliche Übermaß des Ehrgeizes zu hemmen, vergebens die allzeit gespannte Sehne ihres Wetteifers zu lockern; bald mußte sie
einsehen, daß hier ein unseliges Erbe in den noch unreifen
Gestalten dieser Kinder weiterwuchs, und nur der geringe
Trost entschädigte ihre Sorgen, daß gerade dank diesem
unablässigen Wettstreben die Mädchen bald die gewandtesten und geschicktesten ihres Alters wurden. Denn was
immer die eine anfing zu lernen, gleich drängte die andere

nach, ungeduldig, sie zu überflügeln. Und da sie beide beweglichen Leibes und beschwingten Sinnes waren, lernten die Zwillingsschwestern in kürzester Frist alle nützlichen und anziehenden Künste der Frauen, so da sind: Linnen zu weben, Stoffe zu färben, Geschmeide zu fassen, Flöte zu spielen, anmutig zu tanzen, kunstvolle Gedichte zu machen und sie dann wohllautend zur Laute zu singen, schließlich, über die übliche Art höfischer Frauen hinaus, sogar Latein, Geometrie und höhere Wissenschaften der Philosophie, in denen ein alter Diakonus sie gütig unterwies. Und bald fand man in Aquitanien kein Mädchen, das an Anmut des Leibes wie an feiner Sitte und Gelenksamkeit des Geistes vergleichbar gewesen wäre den beiden Töchtern der Krämerin. Doch hätte niemand zu sagen gewußt, welcher der beiden Allzuähnlichen, ob Helena oder Sophia, der Preis der Vollendung gebühre, unterschied sie doch keiner weder an Gestalt noch an Regsamkeit und Rede von der anderen.

Mit der Liebe zu den schönen Künsten aber und der Kenntnis all der zarten und linden Dinge, die dem Geist wie dem Körper jene Feurigkeit verleihen, die allzeit aus der Enge ins Unendliche des Gefühls hinüberzuschwingen sich sehnt, erwuchs den beiden Mädchen bald eine brennende Unzufriedenheit mit dem niederen Stand ihrer Mutter. Kamen sie heim von den Disputationen der Akademie, wo sie mit den Doktoren wetteiferten im künstlichen Ballschlag der Argumente, oder kehrten sie, noch umströmt von Musik, aus dem Kreise der Tänzer in die räucherige Gasse zurück, wo ihre Mutter unsauberen Haares hinter ihren Gewürzen saß und bis in die Nachtstunden um eine Handvoll Pfeffernüsse oder verschimmelte Kupferstücke feilschte, so schämten sie sich zornig ihres hartnäckigen Elends, und die borstige alte Strohmatte ihres Lagers scheuerte scharf ihren innerlich glühenden und noch immer jungfräulichen Leib. Lange lagen sie wach des Nachts und vermaledeiten ihr Schicksal, daß sie, berufen, Edelfrauen zu übertreffen an Anmut und geistiger Art, auserwählt, in weichen, wogenden Kleidern zu wandeln, überklirrt von Edelsteinen, hier in dumpfer Moderhöhle eingesargt seien, bestenfalls dem Faßdreher zur Linken oder dem Schwertfeger zur Rechten als Hausfrau zubestimmt, sie, Töchter des großen Feldherrn und königlich selber durch

Geblüt und herrischen Sinn. Sie sehnten sich nach funkelnden Gemächern und dienendem Troß, nach Reichtum und Macht, und wenn zufällig in verbrämtem Pelzwerk eine Edelfrau vorüberkam, Falkner und Trabanten geschart um die leise schaukelnde Sänfte, so wurden ihre Wangen vor Zorn weiß wie die Zähne in ihrem Munde. Machtvoll rollten dann in ihrem Blute Ungestüm und Ehrgeiz des rebellischen Vaters, der gleichfalls sich nicht bescheiden wollte mit der Mitte des Lebens und kleinem Geschick, und Tag wie Nacht dachten sie nichts anderes, als welcher Art sie vermöchten, dieser Unwürdigkeit des Daseins zu entrinnen.

So geschah es unvermuteter-, doch nicht unerklärlicherweise, daß Sophia eines Morgens beim Erwachen die Lagerstatt an ihrer Seite leer fand: Helena, das Spiegelbild ihres Leibes, der Widerpart ihrer Wünsche, war heimlich verschwunden über Nacht, und die erschrockene Mutter sorgte sich sehr, sie sei mit Gewalt von einem der Edelleute weggeschleppt worden – denn schon waren viele unter den Jünglingen von dem zwiefachen Strahl der Mädchen getroffen und bis zum Wahnwitz verblendet. Unordentlichen Kleides, in der ersten Hast noch stürzte sie hin zum Präfekten, der die Stadt verwaltete in des Königs Namen, und beschwor ihn, den Frevler aufzugreifen. Er versprach's. Doch schon am nächsten Tage verbreitete sich zur argen Beschämung der Mutter das immer deutlicher werdende Gerücht, durchaus freien Willens sei Helena, die kaum Mannbare, mit einem adeligen Jüngling geflüchtet, der um ihretwillen Truhen und Schränke seines Vaters gewaltsam aufgestemmt. Eine Woche später hastete dieser ersten Botschaft noch schlimmere nach, denn Reisende erzählten, in welcher Üppigkeit die junge Buhlerin in jener Stadt mit ihrem Liebsten lebe, umringt von Dienern, Falken und südländischen Tieren, gehüllt in Pelzwerk und glänzenden Brokat, ein Ärgernis allen ehrbaren Frauen des Ortes. Und noch war diese böse Kunde nicht durchgekäut im geschwätzigen Munde der Leute, so übersprang sie abermals schlimmere: überdrüssig jenes flaumbärtigen Fants, habe Helena, kaum daß sie ihm Säcke und Taschen geleert, sich in den Palast des steinalten Schatzverwalters begeben, ihren jungen Körper gegen neuen Prunk verkauft und plündere nun mitleidlos den bislang Geizigen.

Nach wenigen Wochen tauschte sie, nachdem sie seine goldenen Federn gerupft und ihn kahl wie einen ausgebalgten Hahn zurückgelassen, diesen abgetanen gegen einen neuen Buhlen, ließ ihn neuerdings um eines Reicheren willen fahren, und bald gab es kein Verhehlen mehr, daß Helena in der Nachbarschaft ihren jungen Leib nicht minder emsig verhandle als ihre Mutter daheim Gewürz und süßes Honigbrot. Vergebens sandte die unglückliche Witwe Boten um Boten zu der verlorenen Tochter, sie möge doch nicht derart lästerlich das Andenken ihres Vaters erniedern: um das Maß der Unbill bis zum Rande vollzuschenken, geschah es zur Schande der Mutter, daß eines Tages ein prächtiger Zug die Straße vom Stadttor heraufkam. Läufer vorerst, in Scharlachfarben gewandet, Reiter hernach wie vor eines Fürsten Einzug, und zwischen ihnen, umspielt von persischen Hunden und seltsamem Affengetier, Helena, die frühreife Hetäre, an Anmut der Urmutter ihres Namens gleich, jener Helena, die Reiche verwirrte, und geschmückt wie die heidnische Königin von Saba, als sie einzog in Jerusalem. Da sperrten sich die Mäuler auf und liefen die Zungen: Handwerker ließen ihre Hütten, Schreiber ihre Schrift, neugierig schwärmende Menge umdrängte den Zug, bis schließlich auf dem Markte die flatternde Schar der Reiter und Diener sich ordnete zu ehrfürchtigem Empfang. Endlich flog der Vorhang auf und die kindliche Buhlerin schritt hochmütig gerade hinein zur Tür ebendesselben Palastes, der einst ihrem Vater gehörte und den nun ein verschwenderischer Liebhaber um dreier heißer Nächte willen aus dem Königsschatze für sie zurückgekauft. Wie ein leibeigen Herzogtum betrat sie das Gelaß mit dem prunkvollen Bett, darin ihre Mutter sie in Ehren geboren, und bald füllten sich die lang verlassenen Räume mit kostbaren Statuen heidnischen Ursprungs. Marmor kühlte die hölzernen Treppen empor und breitete sich aus zu künstlichen Fliesen und Mosaiken, gewebte Teppiche voll Bildnis und Geschehen wuchsen, ein farbiger Efeu, warm über die Wände, golden klirrte Geschirr in die immer bereite Musik festlicher Mähler, denn in allen Künsten gewandt, lockend durch Jugend und verführerisch durch Geist, wurde Helena in kürzester Frist Meisterin aller Liebesspiele und die reichste aller Hetären. Von den Städten der Nachbarschaft, aus fremden Ländern sogar drängten die Reichen heran, Christen, Heiden und Ketzer, zumindest einmal ihre Gunst zu genießen, und da ihre Gier nach Macht nicht minder maßlos war als ihres Vaters Ehrgeiz, so hielt sie die Verliebten hart in der Schraube und drosselte der Männer Leidenschaft derart grimmig den Hals, bis das Letzte ihrer Habe erpreßt war. Selbst des Königs eigener Sohn mußte bitteres Lösegeld zahlen an Pfandleiher und Borger, als er nach einer Woche der Lust, noch trunken und grausam ernüchtert zugleich, Helenas Arme und Haus verließ.

Kein Wunder, daß solch ein vermessen Treiben die ehrbaren Frauen der Stadt, insbesondere die älteren, erbitterte. In den Kirchen eiferten die Priester gegen die frühe Verderbnis, auf dem Marktplatze ballten die Weiber zornig die Fäuste, und mehr als einmal klirrten nachts Steine gegen Fenster und Tor. Aber so sehr auch die Sittigen sich ergrimmten, alle die verlassenen Ehefrauen, die einsamen Witwen, so belfernd sie aufmuckten, die alten, im Handwerk erfahrenen Dirnen, denen plötzlich dies übermütig freche Fohlen in ihre Lustwiese sprang – keiner von allen Frauen brannte der Unmut dermaßen übermächtig in der Seele wie Sophia, ihrer Schwester. Nicht, daß jene so lästerlichem Lebenswandel sich ergab, riß ihr die Seele wund, sondern die Reue, daß sie selber damals versäumt, demselben Antrag des Edelknaben zu folgen, und jener derart alles zugefallen, was sie selber heimlich ersehnte, Macht über Menschen und Üppigkeit des Daseins: ihr aber fuhr noch immer nachts der Sturm in die windoffene kalte Kammer und heulte mit der zänkischen Mutter um die Wette. Zwar hatte wiederholt die Schwester im eitlen Gefühl ihres Reichtums ihr kostbare Kleider zugesandt; doch Sophias Stolz weigerte sich, Almosen zu empfangen. Nein, das konnte ihren Ehrgeiz nicht kühlen, der kühneren Schwester jetzt ruhmlos nachzuschreiten und nun mit ihr sich um Liebhaber zu balgen wie einstens um süßes Pfefferbrot. Ihr Sieg, so fühlte sie, müsse vollkommener sein. Und als Sophia nun Tag und Nacht sann, welcher Art sie jene an Ruhm und Bewunderung zu übertreffen vermöchte, ward sie an dem immer unbändigeren Andrang der Männer gewahr, daß jenes bescheidene Gut, das ihr verblieben war, ihre Jungfräulichkeit und unberührte Ehre, ein köstlich Lockmittel sei und gleichzeitig ein Pfand, mit dem eine kluge Frau prächtig wuchern könne. So beschloß sie, gerade das in eine Kostbarkeit zu verwandeln, was ihre Schwester vorzeitig verschwendete, und ihre Tugend ebenso sichtlich zur Schau zu stellen wie jene Buhlerin den jungen Leib. War jene gefeiert um ihrer prunkvollen Hoffart willen, sie wollte es nun werden durch ihre ärmliche Demut. Und noch standen die lästernden Mäuler nicht stille, als eines Morgens die staunende Stadt neuen Schmaus ihrer Neugier empfing: Sophia, die Zwillingsschwester Helenas, der Buhlerin, sei aus Scham und gleichsam zur Buße für ihrer Schwester unziemlichen Lebenswandel der irdischen Welt entflüchtet und habe sich als Novizin jenem frommen Orden beigesellt, der sich der Wartung und Pflege der Gebrestigen im Siechenhause mit unermüdlicher Sorge hingab. Nun rauften die zu spät gekommenen Liebhaber wütig ihr Haar, daß dieses unberührte Juwel ihnen entgangen. Die Frommen wiederum, gern die seltene Gelegenheit nutzend, einmal der sinnlichen Verworfenheit das schöne Bild der Gottesfurcht entgegenzustellen, verbreiteten mit Eifer die Botschaft in alle Länder, so daß von keiner Jungfrau in Aquitanien je mehr Redens und Rühmens war denn von Sophia, dem aufopfernden Mädchen, das tags und nachts der Schwärigen und Hinfälligen warte und selbst den Dienst bei den Aussätzigen nicht scheue. Die Frauen beugten das Knie vor ihr, wenn sie in ihrer weißen Haube gesenkten Blickes über die Straße ging, der Bischof rühmte sie in oftmaliger Rede als vornehmstes Beispiel weiblicher Tugend, und die Kinder blickten auf zu ihr wie zu einem seltenen Sternbild. Mit einmal war – wie man wohl glauben mag, sehr zum Ärger Helenas – die ganze Aufmerksamkeit des Landes nicht mehr ihr zugewandt, sondern einzig dem weißen Sühneopfer, das, um der Sünde zu entfliehen, wie eine Taube sich in die Himmel der Demut aufgeschwungen.

Ein sonderbar dioskurisches Zwiegestirn leuchtete nun in den nächsten Monaten über dem staunenden Land, den Sündern sowohl als auch den Frommen zu gleichem Wohlgefallen. Denn war jenen durch Helenas verschwenderische Lust des Leibes allzeit geboten, so vermochten diese ihre Seele an dem tugendhaft leuchtenden Spiegelbilde Sophias zu erbauen, und dank solcher Zwiefalt schien in dieser Stadt zu

Aquitanien zum erstenmal seit Weltbeginn das Reich Gottes auf Erden säuberlich und sichtlich von jenem des Widerparts getrennt. Wer die Reinheit liebte, dem war die Schutzpatronin zur Stelle, und wer in Wollust des Fleisches versunken war, dem winkte irdischer Genuß in den Armen der unwürdigen Schwester. Aber in jedem einzelnen irdischen Herzen gehen ja zwischen dem Guten und Bösen, zwischen Fleisch und Geist sonderbar schmugglerische Wege hinüber und herüber, und es dauerte nicht lange, bis es sich erwies, daß gerade diese Zwiefalt unvermuteter Art den Frieden der Seelen bedrohte. Denn da die Zwillingsschwestern trotz höchst ungleichem Lebenswandel körperlich kaum unterscheidbar blieben, gleichen Wuchses, gleicher Augenfarbe, gleichen Lächelns und gleicher Lieblichkeit, wie natürlich, daß alsbald eine leidenschaftliche Verwirrung unter den Männern der Stadt entstand. Hatte etwa ein Jüngling eine heiße Nacht in den Armen Helenas verbracht und trat dann morgens hastig, gleichsam um das Sündige sich von der Seele zu baden, in die Frühe hinaus, so rieb er verwundert und wie von Teufelsspuk erschreckt die Augen. Denn die schöne Novizin im bescheidenen grauen Gewand der Pflegerin, die da eben einen keuchenden Greis im Rollstuhle durch den offenen Garten des Spitals schob und ihm ohne Ekel mit einer milden und zugleich zarten Gebärde den Speichel von dem zahnlosen Mund wischte, schien ihm genau dieselbe, die er eben noch nackt und glühend im buhlerischen Bette verlassen. Er starrte hin: ja, es waren die gleichen Lippen, dieselben runden und zärtlichen Bewegungen, freilich jetzt nicht der irdischen Liebe dienend, sondern einer höheren Liebe zum Menschlichen. Er starrte hin, und die Augen wurden ihm brennend, daß sie allmählich das graue und kahle Gewand durchsichtig machen wollten und hindurch der wohlbekannte Leib der Buhlerin ihm entgegenzuleuchten schien. Und gleiches Affenspiel der Sinne narrte wiederum diejenigen, die eben frommen Besuch der Krankenhelferin ehrfürchtig mitangesehen und, um die Ecke kehrend, die eben noch züchtige Sophia sonderbar verwandelt, entblößten Busens und üppigen Kleides, umringt von Buhlern und Dienern, zu einem Festmahl eilen sahen. Helena war dies, nicht Sophia, sie sagten sich's wohl, aber doch, sie konnten von nun an die Fromme nicht denken ohne ihre Blöße und wurden unfromm inmitten ihrer Andacht. So schwankte der Sinn ungewiß von einer zur anderen und wurde dermaßen irr, daß die Sinne oft verkehrten Weg des Wunsches gingen, daß die Jünglinge von der Unberührbaren Leib träumten bei der Käuflichen und die fromme Samariterin wiederum anblickten mit dem lästerlichen Blick des Begehrens. Denn irgendwie hat der Weltschöpfer die Sinne der Männer quer gezimmert, daß ihr Wünschen allzeit von Frauen das Gegenteil dessen fordert, was sie gewähren: gibt eine leichtfertig ihren Leib, so wissen sie der Gabe geringen Dank und tun, als könnten sie nur Unschuld rechtschaffen lieben. Wehrt aber eine Frau sich ihrer Unschuld, so reizt es sie wieder siebenfach, ihr die behütete zu entreißen. So füllt und erfüllt kein Verlangen jemals den männlichen Zwiespalt, der ewiges Widerspiel will zwischen Fleisch und Geist: hier aber hatte ein spaßender Teufel die Knoten noch doppelt geschürzt, denn die Buhlerin und die Fromme, Helena und Sophia, erschienen äußerlich dermaßen als ein und derselbe Leib, daß man die eine von der andern nicht unterscheiden konnte und keiner mehr richtig wußte, welche er eigentlich begehrte. So kam es, daß die Lotterbuben der Stadt mit einmal mehr vor dem Siechenhause als in der Schenke zu sehen waren und die Wüstlinge die Buhlerin durch Gold verlockten, zum Liebesspiel das graue Schwesterngewand umzutun und dermaßen die Täuschung zu vollenden, als hätten sie die Unberührte, als hätten sie Sophia genossen. Die ganze Stadt, ja das ganze Land wurden allmählich mitgerissen in dies unsinnig aufreizende Spiel der Verwechslung, und kein Wort des Bischofs, keine Mahnung des Stadtvogtes hatte mehr Macht über das täglich erneute Ärgernis.

Statt aber geschwisterlich sich zu bescheiden und ein Genügen daran zu haben, daß die eine die Reichste sei und die andere die Reinste der Stadt, beide umschwärmt von Bewunderung und Ehre, pochten den beiden Ehrgeizigen grimmig die Herzen, welcher Art sie einander Abbruch tun könnten. Sophia zerbiß die Lippen im Zorn, wenn sie vernahm, wie jene ihren aufopfernden Wandel in sündhaftem Maskenspiel schändete. Helena wiederum schlug mit Peitschen ihre Wut unter die Knechte, berichteten ihr jene, daß fremde Pilger

sich ehrfürchtig vor ihrer Schwester beugten und Frauen den
Staub küßten, den sie mit ihren Schuhen berührt. Je mehr die
beiden Ungestümen aber einander übelwollten, je grimmi-
ger sie einander haßten, desto mehr heuchelten sie Mitgefühl
eine für die andere. Helena beklagte bei der Tafel mit ergriffe-
ner Stimme die Schwester, daß sie Lust und Jugend so sinnlos
mit der Pflege verhutzelter Greise verhärme, die das Leben
ohnehin doch sichtbarlich für den Tod bestimmt habe. Sophia wieder endete alltäglich ihr Abendgebet mit einem
besonderen Spruch für arme Sünderinnen, die törichterweise
um flüchtiger und vergänglicher Genüsse willen die höhere
Genugtuung versäumten, ihr Leben in frommes und hilfrei-
ches Werk zu verwandeln. Als sie aber beide merkten, daß sie
weder durch Boten noch durch Zuträger einander von dem
betretenen Weg ablenken könnten, begannen sie allmählich
sich wieder eine der andern zu nähern, wie zwei Ringer, die,
indes sie absichtslos scheinen, mit Blick und Hand schon den
Griff vorbereiten, mit dem sie den Gegner zu Boden zu
schleudern gedenken. Immer häufiger huben sie an, eine die
andere zu besuchen und zärtliche Sorge zu heucheln, indes
jede ihre eigene Seele dafür gegeben hätte, der Schwester das
Schlimmste zu tun.

Nun war Sophia, die aus Hoffart Demütige, wieder einmal
nach dem Vesperläuten zu ihrer Schwester gekommen, um
sie neuerdings von dem ärgerlichen Lebenswandel abzumah-
nen. Abermals hatte sie in umschweifiger Rede der schon
Ungeduldigen vorgehalten, wie unrecht sie tue, ihren gottergebenen Leib zu einem Dickicht der Sünde zu erniedrigen.
Helena, die diesen ihren gottergebenen Leib eben salben ließ
von den Mägden, damit er rüstig sei zu ihrem frevlerischen
Gewerbe, hörte halb zornig und halb lachend zu und überlegte, ob sie die langweilige Mahnerin mit blasphemischen Scherzen tollwütig machen oder besser noch ein paar Knaben zur
Verwirrung ihrer Blicke ins Gemach rufen solle. Da war ihr,
als ob, leise schwirrend wie eine Fliege, ein sonderbarer
Gedanke ihr die Schläfe gestreift hätte, ein recht teuflischer
Gedanke, schalkig und gefährlich, so daß sie kaum ein inner-
liches Lachen verhalten konnte. Und plötzlich änderte die
eben noch Freche ihr Gehaben, jagte Mägde und Badeknech-
te aus dem Zimmer, um, kaum mit der Schwester allein, sich

eine Maske von Zerknirschung über die innen funkelnden Augen zu schatten. Ach, die Schwester möge nicht meinen – so begann die in allen Künsten der Verstellung Geübte –, sie habe nicht selber oft Scham darüber empfunden, ein wie sündhafter und törichter Wandel sie umstricke. Oft und oft schon habe sie ein Ekel vor der hündischen Wollust der Männer überkommen, oft schon habe sie beschlossen, sich jener für immer zu erwehren und ein schlichtes, ehrliches Leben zu beginnen. Aber sie fühle es schon, vergeblich sei da jede Gegenwehr, denn Sophia, die Stärke der Seele besitze und nicht wie sie der Schwäche des Fleisches anheimfalle, sie ahne ja nichts von der verführerischen Macht der Männer, der keine wissende Frau widerstehen könne. Ach, sie ahne nicht, sie, Sophia, die Glückliche, wie gewaltig der Andrang des Mannes sei, aber eben in dieser Gewalt wirke auch eine sonderbare Süße, der man sich wider das eigene Wollen willig ergeben müsse.

Sophia, höchlichst erstaunt von derart unverhofftem Bekenntnis, wie sie es niemals aus dem Munde ihrer geld- und lustfreudigen Schwester erwartet, raffte eiligst alle ihre Beredsamkeit an die Lippe. So habe auch Helena endlich ein Strahl des Göttlichen berührt, begann sie ihren Sermon, denn schon der Abscheu vor dem Sündhaften sei der rechten Erkenntnis Anbeginn. Doch Irrtum und Selbstverzagen befremde noch ihren Sinn, wenn sie behaupte, es sei nicht möglich, dank des gefestigten Willens den Anfechtungen des Fleisches zu obsiegen: der Wille zum Guten könne, wenn ehern im Herzen gehärtet, jede Versuchung besiegen, und dafür biete doch bei Heiden und Gläubigen die Geschichte Beispiele ohne Zahl. Doch Helena senkte nur wehmütig den Kopf. Ach ja, klagte sie, auch sie habe mit Bewunderung von dem heldischen Kampfe wider den Teufel der Sinnlichkeit gelesen. Doch den Männern habe Gott nicht nur stärkere Körperkraft, sondern auch einen härteren Geist verliehen und sie auserlesen zu siegreichen Kriegern im Gottesstreit. Niemals aber könne – und sie seufzte sehr, da sie dies letztere sagte – ein schwaches Weib den Tücken und Verführungen der Männer widerstehen, und zeitlebens habe sie niemals ein Beispiel gesehen, daß eine Frau, sobald man wider sie dringlich geworden, der Mannesliebe sich hätte erwehren können.

»Wie kannst du derlei sagen«, fauchte Sophia in ihrem unbändigen Hochmut herausgefordert. »Bin ich nicht selbst Beispiel dafür, daß ein entschlossener Wille sich wohl des hündischen Zudranges der Männer zu erwehren vermag? Von morgens bis abends umlagert mich die Rotte, bis ins Siechenhaus schleichen sie mir nach, und abends finde ich Briefe mit den abscheulichsten Lockungen auf meinem Lager. Und doch hat niemand gesehen, daß ich je nur einen Blick einem gewährt hätte, denn mich schirmt mein Wille gegen jede Versuchung. Unwahr ist also, was du sagst: sofern eine Frau wahrhaften Willens bleibt, vermag sie sich zu wehren, dessen bin ich selber ein Beispiel.«

»Ach, ich weiß es wohl, daß du allerdings bisher jeder Versuchung dich erwehren konntest«, heuchelte Helena, voll falscher Demut zur Schwester aufschielend, »aber dies vermagst du nur, weil du Glückliche geschützt bist durch dein Kleid und den strengen Dienst, den du auf dich genommen. Du bist umhütet von frommen Schwestern und in die schirmende Mauer der Gemeinschaft gebannt – du bist nicht allein, nicht wehrlos wie ich! Meine aber nicht darum, daß du deiner eigenen Kraft deine Lauterkeit dankst, denn ich bin sogar gewiß, Sophia, daß auch du, sofern du einmal einem Jüngling gegenüberstündest, ihm nicht Trotz bieten könntest und wolltest. Auch du würdest ihm so erliegen, wie wir alle ihm erlegen sind.«

»Niemals! Ich niemals!« fuhr die Ehrgeizige ihr entgegen. »Ich mache mich anheischig, auch ohne den Schutz meines Kleides, jede Probe einzig kraft meines Willens zu bestehen.«

Genau dies aber war es, was Helena von Sophia hatte hören wollen. Schritt für Schritt die Hoffärtige näher heranlockend an die aufgerichtete Falle, ließ sie nicht ab, die Möglichkeit solchen Widerstandes zu bezweifeln, bis schließlich Sophia selber ungebärdig auf einer entscheidenden Prüfung bestand. Sie begehre diese Probe, ja sie fordere sie, damit die Schwachmütige endlich einmal erkennen möge, daß sie nicht fremdem Schutze, sondern innerer Kraft ihre Unberührtheit verdanke. Da schien Helena langwierig nachzudenken – und das Herz klopfte ihr vor böser Ungeduld im Leibe –, dann sagte sie endlich: »Höre, Sophia, vielleicht wäre dies die rechte Probe. Morgen abend erwarte ich Sylvander, den schönsten

Jüngling des Landes, dem noch keine Frau widerstand und der doch mich vor allen begehrt. Achtundzwanzig Meilen kommt er geritten um meinetwegen und bringt sieben Pfund reinen Goldes sowie andere Geschenke einzig darum, mein Nachtgefährte zu sein. Doch käme er auch mit leeren Händen, ich würde ihn nicht von mir weisen, ja mit gleichem Gewicht von Gold sein Beilager erkaufen, denn schöner ist keiner als er und feinerer Art. Nun hat uns Gott so leibesähnlich geschaffen an Antlitz, Rede und Gestalt, daß, trügest du mein Kleid, dann keiner eine Täuschung mutmaßen würde. So erwarte du morgen Sylvander an meiner Statt in meinem Haus und teile mit ihm die Tafel. Begehrt er aber dann, mich vermeinend, deines Leibes, so verwehre dich mit allerlei Ausflüchten. Ich aber will im Nachbargemach warten und horchen, ob du vermagst, bis Mitternacht deine Sinne wider ihn zu verschließen. Aber nochmals, Schwester, ich warne dich; groß ist die Versuchung seiner Gegenwart und noch gefährlicher die Schwachheit unseres eigenen Herzens. Ich fürchte, Schwester, leicht könntest du, verwirrt von deiner Abgeschiedenheit, in unvermutete Versuchung fallen, darum beschwöre ich dich, lieber abzulassen von so verwegenem Spiel.«

Indem die Tückische dermaßen ihre Schwester gleichzeitig lockte und abmahnte, träufte derart glatte Rede nur Öl in die brennende Flamme ihres Hochmuts. Wenn es nichts sei als solch eine kleine Probe, rühmte Sophia sich stolz, so wolle sie leichtlich bestehen, und nicht nur bis Mitternacht, sondern bis zum Morgengrauen vermesse sie sich, seines Zudranges Herrin zu bleiben – nur dies eine verlange sie, einen Dolch mit sich führen zu dürfen, falls der Freche wagen sollte, Gewalt zu versuchen.

Bei dieser stolzen Rede fiel Helena in die Knie vor ihrer Schwester, scheinbar bemeistert von Bewunderung, in Wirklichkeit aber, um die böse Freude zu bergen, die in ihren Augen glänzte, und sie kamen überein, daß am folgenden Abend Sophia, die Fromme, Sylvander empfangen solle; Helena hinwieder schwor, für immer von ihrem schlimmen Wandel zu lassen, falls ihrer Schwester die Abwehr gelänge. Eilends begab sich Sophia zu ihren Gefährtinnen, um die eigene Kraft an der jahrelang erprobten dieser herrlich weltabgewandten Frauen zu stärken, die nur fremdem Elend und Siechtum lebten. Sie pflegte mit doppelter Hingebung die Schwersten und Schwierigsten unter den Kranken, um an ihren gebrechlichen und zerstörten Leibern die Vergänglichkeit alles Irdischen zu empfinden; denn waren diese eingefallenen, morschen Gestalten nicht auch einmal Liebende gewesen und der Leidenschaft verschworen: was aber war geblieben – ein lebender Moder, eine mühsam nur atmende Hinfälligkeit.

Doch auch Helena blieb indes nicht müßig. Wohlbelehrt in den Künsten, die Eros, den launischen Gott, herbeirufen und den gerufenen zurückhalten, ließ sie zunächst von ihrem kalabrischen Küchenmeister Gerichte sonderlichster Art bereiten, gefährlich durchwürzt mit allen Inzitantien der Wollust. In die Pastete ließ sie Biberbrunst mischen, Geilkraut und kantharidisches Pfefferwerk, den Wein aber durchdunkelte sie mit Bilse und schweren Kräutern, die blaue Müdigkeit vorzeit auf die Sinne legen. Zudem bestellte sie Musik, damit auch dieser Erzkuppler nicht fehle, der sich einschleicht wie lauer Wind in die sehnsüchtig geöffnete Seele. Schmeichlerische Flötenspieler und hitzige Zimbelschläger hieß sie im Nebenzimmer sich bergen, unsichtbar dem Blick und darum noch gefährlicher für das ahnungslos schwärmende Gefühl. Nachdem sie derart vorsorglich den Ofen des Teufels geheizt, wartete sie voll Ungeduld des Wettkampfes, und als dann abends Sophia, die Hoffärtig-Fromme, erschien, blaß vom Wachen und erregt von der Nähe selbstbeschworener Gefahr, umfing sie an der Hausschwelle schon eine drängende Schar junger Dienerinnen, die sogleich die Erstaunte hingeleiteten zu einem mit duftenden Kräutern durchwürzten Bade. Dort nahmen sie der Errötenden die grau alltägliche Kutte von dem jungen Leib und rieben ihr Arme, Schenkel und Rücken mit zerknitterten Blüten und scharfduftenden Salben so zärtlich und hart, daß sie ihr Blut durch die Poren prickelnd vorfahren fühlte. Bald strömte kühlrieselndes Wasser, bald warmglühende Welle über ihre schauernde Haut; dann glätteten fliegende Hände mit weichem Narzissenöl den gehitzten Leib, kneteten ihn sanft und rieben den erstrahlenden derart feurig mit knisternden Katzenfellen, daß die Funken blau von den Spitzen der Haare sprangen: kurz, sie rüsteten die Fromme, ohne daß sie Widerstand zu leisten wagte, genau wie sie Helena allabendlich rüsteten zum Liebesspiele. Dazwischen atmeten zag und drängend die Flöten, und von den Wänden duftete mit tropfigem Wachs die brennende Sandel der Fackeln. Als endlich Sophia, sehr verwirrt von diesem fremden Gehaben, auf dem Ruhebett sich hinlöste und die metallenen Spiegel ihr Antlitz zurückwarfen, schien sie sich selber fremd und doch schön wie nie. Sie spürte ihren Körper leicht und als eine lebendige Lust und schämte sich wiederum sehr, dies Wohlige so wohlig zu fühlen. Doch nicht lange ließ ihre Schwester ihr Zeit zu solchem Zwiespalt des Gefühls. Zart wie eine Katze kam sie heran und umschmeichelte der Schwester Schönheit mit glitzernden Worten, bis jene ihr verwirrt und barsch dies verwies. Noch einmal umarmten einander heuchlerisch die Schwestern, zitternd die eine vor Unruhe und Angst, zitternd die andere vor Ungeduld und böser Begier. Dann ließ Helena die Lichter entzünden und verschwand wie ein Schatten in den Nebenraum, das kühn ersonnene Schauspiel zu belauschen.

Nun hatte die Buhlerin längst Sylvander Botschaft zugesandt, welch sonderbares Abenteuer seiner warte, und ihn mit vieler Dringlichkeit angewiesen, durch zurückhaltende Art und große Züchtigkeit die Hochmütige zunächst unvorsichtig und sorglos zu machen. Und als Sylvander, neugierig und eitel, in so eigenartigem Wettkampf zu siegen, endlich eintrat und Sophia unwillkürlich mit der Linken nach dem Dolche tastete, den sie zum Schutz gegen Gewalt mitgenommen, war sie verwundert, mit wie ehrerbietiger Höflichkeit dieser vermeintlich freche Buhler ihr entgegentrat. Denn weder versuchte er – wohl unterrichtet von der Schwester – die ängstlich Atmende in die Arme zu ziehen, noch grüßte er sie mit vertraulicher Anrede, sondern zart-demütig bog er vorerst das Knie. Dann nahm er von dem zurückweichenden Diener eine goldene Kette schwersten Gewichtes sowie ein purpurnes Obergewand aus provenzalischer Seide und bat artig, das Gewand ihr anlegen und die Kette ihren Schultern umstreifen zu dürfen. So viel Anstand konnte Sophia nicht anders erwidern, denn ihm zu willfahren; reglos ließ sie sich die Kette umlegen und das reiche Gewand, nicht ohne zu fühlen, wie schmeichlerisch leicht seine heißen Finger zugleich mit der kühlen Kette längs ihres Nackens hinglitten. Doch da Sylvander weiterhin nichts Verwegenes unternahm, ward Sophia keine Gelegenheit zu voreiligem Zürnen geboten. Statt dringlich zu werden, verbeugte sich der Heuchlerische abermals und sagte im Tone äußerster Beschämung, er fühle sich unwürdig, die Tafel mit ihr zu teilen, denn noch hafte der Staub der Straße auf seinem Gewande, und sie möge ihm gestatten, sich vorerst Haar und Leib zu säubern. Verlegen rief Sophia die Dienerinnen und hieß sie Sylvander in den Baderaum führen. Doch die Mägde, einem geheimen Befehle ihrer Herrin Helena gehorchend und mit Absicht Sophias Worte mißverstehend, schälten hurtig dem Jüngling die Kleider ab, so daß er nackt und schön von ihr enthüllt ward, ähnlich jenem Bildnis des heidnischen Apoll, das vordem auf dem Marktplatz gestanden und das der Bischof in Stücke hatte schlagen lassen. Dann erst salbten sie ihn mit Öl, badeten ihm die Füße mit warmem Geström; ohne sich zu beeilen, flochten sie dem lächelnd Nackten Rosen ins Haar, bevor sie ihm endlich ein neues schimmerndes Gewand überwarfen. Und nun er neu geschmückt ihr entgegentrat, schien er noch schöner als vordem. Kaum aber bemerkend, daß sie seiner besonderen Anmut gewahr wurde, zürnte sie schon den eigenen Augen und vergewisserte sich rasch, daß griffnah der rettende Dolch in ihrem Kleide verborgen sei. Doch kein Anlaß bot sich, ihn zu fassen, denn nicht anders als die gelehrten Magister im Siechenhause unterhielt sie in höflich bewahrter Distanz der schöne Jüngling mit freundlich belangloser Rede, und noch immer wollte – mehr schon zu ihrem Verdruß als zu ihrer Freude – keine Gelegenheit sich bieten, vor der nebenan lauschenden Schwester mit dem Beispiel weiblicher Standhaftigkeit zu prunken. Denn um Tugend zu verteidigen, ist bekanntlich nötig, daß sie vorerst bestürmt werde. Dieser Sturm der Leidenschaft aber wollte bei Sylvander sich durchaus nicht regen, nur ein kärglich blasses Windchen von Höflichkeit überkräuselte matten Atems sein Gespräch, und die Flöten, die allmählich vom Nebengemach her ihre dringlichen Stimmen erhoben, sprachen zärtlicher als dieses Knaben roter und sonst wohl begehrlicher Mund. Ununterbrochen erzählte er nur von Wettkämpfen und Kriegsfahrten, nicht anders, als ob er im Kreise männlicher Tafelgenossen säße, und seine Gleichgültigkeit war so meisterlich gespielt, daß sie Sophia vollkommen sorglos machte. Ohne Bedenken genoß sie die gefährlich gewürzten Speisen und den heimlich einlullenden Wein. Ja, ungeduldig und allmählich ärgerlich, daß dieser Kühle nicht die geringste Veranlassung bot, die Hartnäckigkeit ihrer Tugend zu beweisen und sich vor ihrer Schwester mit schönem Unmut zu bewähren, begann sie schließlich selber die Gefahr herauszufordern. Von ungefähr fand sie ein Lachen in der Kehle, ihr selber fremd, eine muntere Lust, auszufahren und sich zurückzuwerfen in heiterem Übermut, aber sie zähmte sich nicht und schämte sich nicht, war doch Mitternacht nicht mehr ferne, der Dolch nah ihrer Hand und dieser vorgeblich so hitzige Jüngling kälter als jenes Messers eiserne Schneide. Näher und näher rückte sie ihm zu, damit endlich ihre Tugend Gelegenheit fände zu glorreicher Verteidigung, und unwillentlich entfaltete die Eitle aus der ehrgeizigen Lust, ihre Festigkeit zu erweisen, genau dieselben Künste der Verlockung, die sonst ihre buhlerische Schwester um allzu irdischen Lohn ausübte.

Aber man soll, wie ein weises Sprichwort sagt, auch nicht ein Haar von des Teufels Bart streifen, sonst faßt er einen unversehens am Genick. Und ähnlich erging es auch hier der kampfbegierig eitlen Streiterin. Denn ungewohnt des Weins, dessen lüsterne Beize sie nicht ahnte, verwirrt von dem allmählich aufschwülenden Duft des Rauchwerks, süß entkräftet vom saugenden Getön der Flöten, wurden ihr die Sinne allmählich verworren. Ihr Lachen schwankte in Lallen, ihr Übermut in Kitzel hinüber, und kein Doktor beider Fakultäten hätte vermocht, vor Gericht zu bekunden, ob es im Wachen geschehen oder im Schlummer, ob in Nüchternheit oder Trunkenheit, ob mit ihrem Willen oder dawider – kurz, es geschah, noch lange, bevor es Mitternacht schlug, was Gott oder sein Widerpart will, daß zwischen Frau und Mann schließlich geschehe. Mit einmal klirrte aus gelöstem Kleide der heimlich gerüstete Dolch auf den marmornen Estrich; doch sonderbar, die ermüdete Fromme hob ihn nicht als eine andere Lukretia empor, um ihn gegen den gefährlichen nahen Jüngling zu zücken, kein Weinen und Wehren ward vernommen im Nebengemach. Und als triumphierend um Mitternacht die verderbte Schwester mit ihrer Dienerschar einbrach in die bräutlich gewordene Kammer und eine neugierige Fackel über das Lager der Besiegten schwang, da gab es kein Verschweigen mehr und kein Sich-Schämen. So streuten die frechen Mägde nach heidnischer Art Rosen auf das Ruhebett, röter als die Wangen der Errötenden, die jetzt taumelnd und zu spät ihr frauliches Mißgeschick gewahrte. Aber die Schwester nahm die Verwirrte heiß in die Arme, die Flöten jauchzten, die Zimbeln schmetterten, als wäre Pan wieder heimgekehrt auf die christliche Erde, frech entblößt tanzten die Mägde und riefen Eros, den verstoßenen Gott, lobpreisend an. Dann aber entzündete die bacchantisch wirbelnde Schar ein Feuer von duftenden Hölzern, und mit gierigen Zungen fraßen die Flammen das zum Spott erniedrigte fromme Gewand. Der neuen Hetäre aber, die sich schämte, ihre Niederlage zu gestehen, und wirr lächelnd tat, als habe sie freien Willens dem schönen Jüngling sich hingegeben, legten sie die gleichen Rosen wie ihrer Schwester um, und nun die beiden nebeneinander standen, glühend die eine vor Scham und die andere im Feuer des Triumphes, hätte keiner mehr vermocht, Sophia und Helena, die Scheinbar-Demütige von der Hoffärtigen, zu unterscheiden, und des Jünglings Blicke schwankten begehrend zwischen beiden hin, in erneutem und zwiefach ungeduldigem Gelüst.

Unterdes hatte die übermütige Rotte unter Lärm Tore und Fenster des Palastes geöffnet. Nachtschwärmer und rasch erwecktes lockeres Volk strömte lachend herzu, und noch ehe die Sonne über die Dächer floß, lief die Kunde schon wie Wasser von allen Traufen durch die Straßen, welchen herrlichen Sieg Helena über die weise Sophia, die Unkeuschheit über die Keuschheit errungen. Kaum aber vernahmen die Männer der Stadt, daß diese langbewahrte Tugend gefallen, so eilten sie schon hitzig herbei, und sie fanden (die Schande sei nicht verschwiegen) guten Empfang, denn Sophia blieb, ebenso rasch umgewandelt wie umgewandet, bei Helena, ihrer Schwester, und suchte es ihr gleich zu tun an Eifer und Feurigkeit. Nun war alles Streitens und Neidens ein Ende, und seit sie dem gleichen schnöden Gewerbe sich zugewandt, lebten die schlimmen Schwestern fortan in munterster Eintracht nebeneinander im Hause. Sie trugen gleiche Haartracht, gleichen Schmuck, genau dieselbe Gewandung, und da die Zwillinge auch in Lachen und Liebeswort nicht mehr unterscheidbar waren, so begann für die Lüstlinge ein immer erneutes, üppiges Spiel, ein Rätselraten mit Blicken und Küssen und Zärtlichkeiten, welche es sei, die sie gerade im Arm hielten, die buhlerische Helena oder die einstens fromme Sophia. Doch nur selten gelang es einem, zu wissen, bei welcher er sein Geld vertan, so vollkommen ähnlich erschienen die beiden, und überdies machte das kluge Paar sich's zur besonderen Lust, die Neugierigen zu narren.

So hatte, und nicht zum erstenmal in unserer trüglichen Welt, Helena gesiegt über Sophia, Schönheit über Weisheit, das Laster über die Tugend, das allzeit willige Fleisch über den schwanken und selbstherrlichen Geist, und abermals ward bewiesen, was schon Hiob beklagte in seiner denkwürdigen Rede, daß es dem Bösen wohl erginge auf Erden, indes der Fromme zuschanden komme und ein Spott werde der Gerechte. Denn kein Zollmeister und kein Steuereinnehmer, kein Küfer und Pfandleiher, kein Goldschmied und Bäckermeister, kein Beutelschneider und Kirchenräuber im ganzen Land sackte mit saurer Arbeit so viel Geld wie die beiden Schwestern mit ihrem linden Eifer. Treulich gesellt, melkten sie die dicksten Felleisen und löcherten sie die vollsten Truhen, Geld und Juwelen liefen ihnen hurtig wie Mäuse allnächtens ins Haus. Und da die beiden von ihrer Mutter zu der Schönheit auch den sorglichen Krämersinn geerbt hatten, vertaten die Zwillingsschwestern dieses Gold durchaus nicht, wie die meisten ihrer Art, in eitlen Nichtigkeiten; nein, klüger als jene, liehen sie ihr Geld sorglich auf Wucher und Zins, gaben es zur Mästung an Christen, Heiden und Juden und scharrten so kräftig mit dem Wucherrechen, daß bald nirgends so viel Reichtum aufgehäuft war an Münzen und Kameen, sicheren Verschreibungen und gültigen Pfandbriefen wie in jenem argen Haus. Kein Wunder, daß, mit solchem Beispiel vor Augen, die jungen Mädchen des Landes nicht mehr Scheuerfrauen werden wollten und sich die Finger blaufrieren am Waschtrog, und bald war diese Stadt berüchtigt unter den Städten als ein neues Sodom dank der schlimmen Gegenwart der endlich einig gewordenen Schwestern.

Doch auch dies ist wahr in den alten Sprüchen, wenn sie sagen: Wie rasch der Teufel auch reitet, schließlich bricht er doch vor dem Ziele das Bein. Und so sollte auch hier das Ärgernis noch erbaulich enden. Denn wie die Jahre gingen und vergingen, wurden die Männer des immer gleichen Rätselspiels allmählich müde. Seltener kamen Gäste, früher löschten die Fackeln im Haus, schon wußten längst alle anderen, und nur die Schwestern wußten es nicht, was der Spiegel stumm den flackernden Lichtern erzählte: daß kleine Falten nisteten unter den übermütigen Augen und das Perlmutter zu blättern begann von der mählich erschlaffenden Haut. Vergebens, daß sie jetzt mit Künsten rückzukaufen suchten, was Natur, die mitleidlose, stündlich ihnen nahm, vergebens, daß sie das Grau löschten um die Schläfen, die Runzeln mit elfenbeinernen Messern strichen und rot sich die Lippen malten um den ermüdeten Mund; die Jahre, die stürmisch durchlebten, waren nicht länger zu verhehlen, und kaum daß die Jugend von den Schwestern ging, wurden auch die Männer der beiden satt. Denn indes jene abblühten, wuchsen rings in den Straßen immer wieder junge Mädchen auf, jedes Jahr ein anderes Geschlecht, süße Wesen mit kleinen Brüsten und schelmischen Locken, doppelt verlockend der männlichen Neugier durch Unberührtheit des Leibes. Immer stiller ward es darum im Hause auf dem Marktplatz, die Angeln der Türe begannen zu rosten, vergeblich brannten die Fackeln und dufteten die Harze, niemandem zur Wärme wartete der Kamin und der Schwestern geschmückter Leib. Gelangweilt übten die Flötenspieler, denen keiner zu lauschen kam, statt ihrer schmeichlerischen Kunst endlose Würfelspiele, und der Pförtner, der allnächtens der Gäste warten sollte, wurde rundlich vom Übermaß unbehelligten Schlafes. Ganz einsam aber saßen oben die beiden Schwestern an der langen Tafel, die einstmals klirrte vom Andrang des Gelächters, und da kein Liebhaber mehr Zeitvertreib brachte, hatten sie höchlichst Muße, sich des Vergangenen zu erinnern. Insbesondere Sophia dachte mit Wehmut der Zeiten, da sie, abgewandt von aller irdischen Wollust, einzig ernstem und gottgefälligem Wandel gedient; oftmals nahm sie darum wieder die verstaubten frommen Bücher zur Hand, denn gern zieht ja die Weisheit bei Frauen ein, sobald die Schönheit flieht. Und so bereitete sich allmählich eine wunderbare Umkehr des Sinnes in den beiden Schwestern vor, denn so wie in den Tagen ihrer Jugend Helena, die Buhlerin, gesiegt über Sophia, die Fromme, so geschah es, daß Sophia nun – spät allerdings und nach reichlicher Sündigkeit – bei ihrer allzu irdischen Schwester Gehör fand, wenn sie zu Verzicht mahnte. Ein heimlich Kommen und Gehen begann in den Morgenstunden: erst war es Sophia, die in das Siechenhaus schlich, das sie so beleidigend verlassen, um Verzeihung zu erbitten, dann war es Helena, die sie begleitete, und als die beiden erklärten, sie wollten ihr lästerlich zusammengerafftes Geld restlos diesem Hause für alle Ewigkeit übermachen, durften selbst die Mißtrauischsten nicht länger den Ernst ihrer Buße bezweifeln.

So kam es, daß eines Morgens, als der Pförtner noch schlummerte, zwei Frauen, einfach gekleidet und verhüllten Gesichts, wie Schatten aus dem üppigen Hause am Marktplatz traten, nicht unähnlich in ihrem scheu-demütigen Gang jener Frau, ihrer Mutter, da sie vor fünfzig Jahren aus raschem Reichtum zurückschlich in die niedere Gasse ihrer Armut. Vorsichtig glitten sie durch den zaghaft geöffneten Türspalt, und die ein Leben lang in wetteiferndem Unmaß der Eitelkeit die Aufmerksamkeit eines ganzes Landes für sich gefordert, nun deckten sie ängstlich ihr Antlitz, daß keiner um ihren Weg wisse und in verborgener Demut ihr Schicksal vergessen sei: in einem Frauenkloster fremden Landes, wo niemand ihre Herkunft ahnte, sollen sie – niemand weiß es genau – nach Jahren schweigsamer Zurückgezogenheit gestorben sein. So reichlich aber waren die Schätze, die sie dem frommen Asyl hinterließen, so viele Scheffel Goldes wurden aus den Spangen und Münzen und Edelsteinen und Schuldverschreibungen gelöst, daß man beschloß, ein neues und herrliches Siechenhaus zu Schmuck und Krönung der Stadt zu entrichten, schöner und größer, als jemals eines gesehen ward im aquitanischen Land. Ein nordischer Meister entwarf den Riß, zwanzig Jahre baute Tag und Nacht die werkende Schar, und als endlich das hohe Werk sich enthüllte, stand abermals staunend die Menge. Denn nicht wie bislang Brauch war, hob hier über das Viereck des Hauses ein einziger Turm sein vierkantiges Haupt trotzig gequadert zur Höhe – nein, hier stieg weibisch schlank und in steinerne Spitzen gehüllt zur Rechten einer empor und einer zur Linken, so völlig einander gleich in Wuchs und Maßen und der zarten Anmut des gemeißelten Steins, daß bereits vom ersten Tage an die Leute die beiden Türme »die Schwestern« nannten – mag sein, bloß um ihrer äußeren Ebenmäßigkeit willen, vielleicht aber auch, weil man im Volke, das ja allezeit denkwürdige Begebenheiten durch Jahre und Jahrhunderte gerne überliefert, die ungebührliche Legende von Weltfahrt und Wandlung der beiden gleich-ungleichen Schwestern nicht vergessen wollte, die mir jener biedere Bürger, vielleicht schon ein wenig vom Weine beschwingt, im Mondlicht der Mitternacht erzählte.

Die Hochzeit von Lyon

Am zwölften November 1793 brachte Barrère im französischen Nationalkonvent gegen das abtrünnige und endlich erstürmte Lyon jenen tödlichen Antrag ein, der mit den lapidaren Worten endigte: »Lyon bekämpfte die Freiheit, Lyon ist nicht mehr.« Die Gebäude der volksaufrührerischen Stadt sollten, so forderte er, dem Erdboden gleichgemacht, seine Monumente in Asche verwandelt und selbst der Name ihr genommen werden. Acht Tage zögerte der Konvent, so völliger Vernichtung der zweitgrößten Stadt Frankreichs zuzustimmen, und selbst nach der Unterzeichnung führte der Volksbeauftragte Couthon, des geheimen Einverständnisses Robespierres gewiß, jenen herostratischen Befehl nur lässig aus. Um der Form zu genügen, versammelte er mit großem Pomp das Volk auf dem Platz von Bellecourt und klopfte mit silbernem Hammer symbolisch gegen die der Vernichtung bestimmten Häuser, aber nur zögernd brach dann der Spaten in die herrlichen Fassaden ein, und die Guillotine übte noch sparsam ihren dumpf dröhnenden Niederfall. Von dieser unerwarteten Milde beruhigt, begann die vom Bürgerkrieg und monatelanger Belagerung grausam erregte Stadt schon wieder ersten Atem der Hoffnung zu wagen, als plötzlich der human zögernde Tribun abberufen wurde und statt seiner Collot d'Herbois und Fouché in Ville Affranchie – denn so hieß von nun ab Lyon in den Dekreten der Republik – mit der Schärpe der Volksbeauftragten geschmückt erschienen. Nun wurde über Nacht, was bloß als pathetisch abschreckendes Dekret vermeint war, grimmige Wirklichkeit. »Man hat hier bisher nichts getan«, meldete ungeduldig, die eigene patriotische Energie zu erweisen und den milderen Vorgänger zu verdächtigen, der erste Bericht der neuen Tribunen an den Konvent, und sofort setzten jene furchtbaren Exekutionen ein, an die sich Fouché, der »mitrailleur de Lyon«, als späterer Herzog von Otranto und Verteidiger aller legitimen Prinzipien nur ungern mehr erinnern ließ.

Statt des langsam aufmörtelnden Spatens sprengten jetzt

Pulverminen reihenweise die herrlichsten Gebäude nieder, statt der »unzuverlässigen und unzulänglichen« Guillotine erledigten Massenfusilladen und Kartätschen Hunderte von Verurteilten mit einer Salve. Geschärft durch täglich neue und schneidende Dekrete mähte die Justiz weitausholend wie eine Sense Tag um Tag ihre riesige Menschengarbe, längst schon besorgte die rasch wegschwemmende Rhône das zu langsame Geschäft des Einsargens und Gräbergrabens, längst genügten die Gefängnisse nicht mehr für die Fülle der Verdächtigten. So wurden die Keller der öffentlichen Gebäude, Schulen und Klöster den Verurteilten zum Aufenthalt bestimmt, freilich zu flüchtigem bloß, denn die Sense hieb rasch zu, und selten wärmte das gleiche Stroh denselben Leib mehr als eine einzige Nacht.

Zu so tragisch verkürzter Gemeinsamkeit war an einem scharffrostigen Tage jenes blutigen Monats wieder ein Trupp Verurteilter in die Keller des Stadthauses getrieben worden. Mittags hatte man sie Mann für Mann vor die Kommissare geführt und in fliegendem Fragespiel ihr Schicksal erledigt; nun saßen die vierundsechzig Verurteilten, Frauen und Männer, wirr durcheinander in dem niedergewölbten, nach Weinfässern und Moder dünstenden Dunkel, das im Vorderraum ein kärgliches Kaminfeuer eher durchfärbte als durchwärmte. Die meisten hatten sich lethargisch auf ihre Strohsäcke hingeworfen, andere schrieben an dem einzig bewilligten Holztisch bei wackeligem Wachslicht hastige Abschiedsbriefe, wußten sie doch, daß ihr Leben eher zu Ende sein würde als die im kalten Raume blauschauernde Kerze. Keiner von ihnen aber sprach anders als flüsternd, und so dröhnte deutlich in die gefrorene Stille von der Straße her die dumpfe Explosion der Minen und das rasch ihr folgende Niederkrachen der Häuser. Doch schon war durch die schmetternde Geschwindigkeit der Geschehnisse alle Fähigkeit des Gefühls und des deutlichen Denkens den Geprüften genommen; reglos und wortlos lehnten die meisten im Dunkel wie in einem Vortraum ihres Grabes, nichts mehr erwartend und mit keiner Regung mehr dem Lebendigen zugewandt.

Da dröhnte gegen die siebte Abendstunde plötzlich ein energisch-harter Schritt an der Türe, Kolben klirrten, der rostige Riegel kreischte zurück. Unwillkürlich schreckten alle auf: sollte gegen die triste Gewohnheit einer sonst verstatteten Nacht schon jetzt ihre Stunde gekommen sein? Im kalten Luftzug der aufgerissenen Tür sprang die Flamme blau von der Kerze, als wollte sie dem wächsernen Leib entfliehen, und mit ihr aufzuckend warf Angst sich dem Unbekannten entgegen. Aber bald beruhigte sich der jäh aufgerissene Schrecken, brachte der Kerkermeister doch nichts als einen neuen nachträglichen Schub Verurteilter, etwa zwanzig an der Zahl, die er wortlos und ohne ihnen im überfüllten Raum besonderen Platz anzuweisen, die Treppe herabführte. Dann stöhnte die schwereiserne Tür wieder zu.

Unfreundlich blickten die Gefangenen den Ankömmlingen entgegen, denn dies Seltsame ist ja der menschlichen Natur zu eigen, überall eilig sich einzupassen und selbst im Flüchtigen sich zu Hause zu fühlen wie in seinem Recht. So betrachteten die früher Gekommenen den dumpfen modrigen Raum, den schimmeligen Strohsack, den Platz um das Feuer unwillkürlich schon als ihr Eigentum, und jeder der Neueingelangten erschien ihnen ein unberufener und schmälernder Eindringling. Die eben Eingelieferten wiederum mochten jene kalte Feindseligkeit ihrer Vorgänger, so unsinnig sie auch in tödlicher Stunde war, deutlich empfunden haben, denn – sonderbar – sie wechselten mit den Schicksalsgenossen weder Gruß noch Wort, forderten nicht Teil an Tisch und Stroh, sondern drückten sich nur wortlos und mürrisch in eine Ecke. Und war vordem die Stille schon grausam über dem Gewölbe gelegen, so mutete sie nun noch finsterer an durch diese Gespanntheit eines sinnlos herausgeforderten Gefühls.

Um so klingender, heller und gleichsam wie von anderer Welt hereingeschlagen fuhr nun plötzlich ein Schrei diese Stille durch, ein heller, beinahe zuckender Schrei, der unwiderstehlich selbst den Teilnahmslosesten aus Ruhe und Gedrücktheit riß. Ein Mädchen, neu angekommen mit den anderen, plötzlich und ruckhaft war sie aufgesprungen, und sie war es auch, die sich, die Arme wie eine Stürzende vorgebreitet, mit dem zuckenden Ruf »Robert, Robert« einem jungen Menschen entgegenwarf, der abseits von den andern an dem Fenstergitter gelehnt hatte und nun seinerseits ihr entgegenfuhr. Und schon loderten wie zwei Flammen eines Feuers diese beiden jungen Gestalten Körper an Körper, Mund an Mund sich entgegen, so innig zusammenbrennend, daß die jäh ausströmenden Tränen der Entzückung eine des anderen Wangen überströmten und ihr Schluchzen wie aus einer einzigen berstenden Kehle drang. Wenn sie sich ließen für einen Augenblick, ungläubig, sich wirklich zu fühlen und vom Übermaß des Unwahrscheinlichen erschreckt, so schlug im nächsten Augenblick schon wieder neue Umfangung sie womöglich noch glühender zusammen. Sie weinten und schluchzten und sprachen und schrien in einem Atem, ganz mit sich allein im Unendlichen des Gefühls und vollkommen achtlos der Mitgefährten, die erstaunt und durch dieses Staunen belebt sich ungewiß den beiden näherten.

Das junge Mädchen war mit Robert de L..., dem Sohn eines hohen Magistratsbeamten, seit Kindheit erst befreundet, seit Monaten dann verlobt gewesen. Schon war in der Kirche ihr Aufgebot erfolgt, und gerade jener blutige Tag, da die Truppen des Konvents in die Stadt einbrachen, ihrer Vermählung bestimmt, da gebot es die Pflicht ihrem Verlobten, der in der Armee Percys gegen die Republik gekämpft hatte, den Royalisten-General bei seinem verzweifelten Durchbruch zu begleiten. Wochenlang blieb dann jede Nachricht von ihm aus, und schon wagte sie zu hoffen, er habe sich glücklich über die Schweizer Grenze gerettet, als plötzlich ein Stadtschreiber ihr meldete, Angeber hätten sein Versteck auf dem Gehöft ausgekundschaftet, und gestern sei er dem Revolutionstribunal überliefert worden. Kaum hatte das kühne Mädchen von der Gefangennahme und zweifellosen Verurteilung ihres Verlobten erfahren, als sie mit jener magisch unbegreiflichen Energie, welche die Natur Frauen in Augenblicken höchster Gefahr zuteilt, das Unmögliche durchsetzte, persönlich bis zu dem unnahbaren Volksbeauftragten vorzudringen, um dort Gnade für ihren Verlobten zu erbitten. Collot d'Herbois, dem sie zuerst sich zu Füßen warf, hatte sie herb abgewiesen, er kenne keine Gnade für Verräter. Darauf war sie zu Fouché geeilt, der nicht minder hart als jener, aber verschlagener in den Mitteln, sich der Rührung, die ihn beim Anblick dieses verzweifelten jungen Mädchens übermannte, dadurch erwehrte, daß er log, gern hätte er zugunsten ihres Verlobten eingegriffen, aber er sehe – und dabei warf der geübte Seelenbetrüger einen lockeren Blick durch das Lorgnon auf irgendein gleichgültiges Blatt –, daß schon heute vormittag Robert de L... auf den Feldern von Brotteaux füsiliert worden sei. Die Täuschung des jungen Mädchens gelang dem Listigen vollkommen: sie glaubte sofort ihren Bräutigam tot. Aber statt einem wehrlosen Schmerz sich weibisch hinzugeben, riß sie, gleichgültig gegen ihr nun sinnloses Leben, die Kokarde sich aus dem Haar, trat sie mit Füßen, nannte lautschreiend, daß es durch alle offenen Türen dröhnte, Fouché und seine rasch herbeigeeilten Leute erbärmliche Blutsäufer, Henker und feige Verbrecher. Und noch während die Soldaten sie fesselten und aus dem Zimmer schleppten, konnte sie bereits hören, wie Fouché ihren Verhaftungsbefehl seinem pockennarbigen Sekretär diktierte.

Dies alles habe sie – so erzählt die Leidenschaftliche beinahe freudig den Umstehenden – aber nicht mehr als wirklich und wesenhaft empfunden, im Gegenteil, ein rauschendes Gefühl der Befriedigung hätte sie bei dem Gedanken erfaßt, rasch dem hingerichteten Bräutigam folgen zu dürfen. Bei dem Verhör habe sie auf alle Fragen gar nicht mehr Antwort gegeben, so stark hätte sie schon innen das Gefühl des nahen Endes mit Freude durchklungen, ja, sie habe nicht einmal die Augen recht erhoben, als man sie mit jenem verspäteten Trupp hier ins Gefängnis hineinstieß. Denn was hätte sie in dieser Welt noch weiter beschäftigen können, da sie ihren Geliebten tot wußte und sich selbst ihm in diesem Tode schon selig nah. Darum habe sie sich auch vollkommen anteilslos in die Ecke gelagert, bis ihr Blick, kaum der Dunkelheit gewöhnt, von der Haltung eines jungen Mannes befremdet worden sei, der nachdenklich am Fenster lehnte, ganz sonderbar ähnlich der Art, mit der ihr Verlobter vor sich hinzublicken pflegte. Gewaltsam habe sie sich verboten, einer so sinnlos trügerischen Hoffnung nachzugeben, immerhin aber sei sie aufgestanden. Und gerade in diesem Augenblick sei jener fast gleichzeitig an den Lichtkreis der Kerze herangetreten. Sie verstehe aber nicht, fügte sie in noch nachhallender Erschütterung bei, daß sie nicht gestorben sei in jener schneidenden Sekunde des Erschreckens, denn sie habe deutlich gefühlt, daß das Herz wie ein Lebendiges ihr aus der Brust sprang, als sie plötzlich ihn, den längst Aufgegebenen, vor sich lebendig sah.

Während sie dies in fliegender Eile erzählte, ließ nicht für einen Augenblick ihre Hand jene des Geliebten. Unverwandt, gleichsam noch immer ungewiß seiner Gegenwart, drängte sie immer wieder von neuem in seine Umfangung zurück, und dieser rührende Anblick jugendlicher Innigkeit erschütterte auf wunderbare Weise ihre Schicksalsgenossen. Eben noch lethargisch, müde, gleichgültig und jeder Empfindung verschlossen, umdrängten sie nun auf einmal das so sonderbar vereinigte Paar mit leidenschaftlicher Lebhaftigkeit. Jeder vergaß über diesem außerordentlichen sein eigenes Geschick, jeder gab willig dem strömenden Bedürfnis nach, ihnen ein Wort der Teilnahme, der Zustimmung oder auch des Mitleids zu sagen, aber in einer Art rauschhaftem Stolz wehrte das feurige Mädchen jedes Bedauern ab. Nein, sie sei glücklich, restlos glücklich, da sie nun wisse, daß sie zu gleicher Stunde mit ihrem Geliebten sterbe und keiner den andern betrauern müsse. Und nur eines mindere ihr Glück, daß sie mit noch fremdem Namen und nicht als seine angetraute Frau gemeinsam mit ihm vor Gott hintreten könne.

Sie hatte dies ausgesprochen, vollkommen arglos und absichtslos und beinahe des Gesprochenen schon vergessen, immer wieder sich der Umfangung des Geliebten hingebend; deshalb wurde sie auch nicht gewahr, daß, von diesem ihrem Wunsche tiefbewegt, unterdessen ein Kriegskamerad Roberts vorsichtig zur Seite schlich und mit einem älteren Mann leise zu flüstern begann. Jenen aber schienen die zugeflüsterten Worte sehr zu erschüttern, denn sofort raffte er sich empor und mühte sich zu den beiden hin. Er wäre, wandte er sich ihnen zu, was seine bäuerliche Kleidung wohl nicht erkennen lasse, ein eidverweigernder Priester aus Toulon und sei erst hier infolge einer Denunziation festgenommen worden. Aber wenn das priesterliche Gewand ihm jetzt fehle, so fühle er doch unverändert in sich sein Amt und seine priesterliche Macht. Und da der beiden Aufgebot längst erfolgt sei, andererseits das Urteil einen Aufschub nicht verstatte, so wolle er sich gerne unterfangen, ihr durchaus redliches Begehren sofort zu erfüllen und sie hier vor der

Zeugenschaft ihrer Mitgefährten und jenes allerorts gegenwärtigen Gottes ehelich zu vereinigen.

Erstaunt von dieser nochmaligen und nie erhofften Wunscherfüllung blickte das junge Mädchen fragend ihren Verlobten an. Der antwortete mit einem strahlenden Blick. Da beugte das junge Mädchen ihre Knie auf die harten Fliesen, küßte die Hand des Priesters und bat, auch in diesem unwürdigen Raume die Vermählung zu vollziehen, denn sie fühle sich reines Sinnes und ganz von der Heiligkeit der Stunde erfüllt. Die anderen, tief erschüttert, daß dieser dumpfe Todesraum für einen Augenblick zur Kirche werden sollte, wurden unwillkürlich von der Erregung der Braut berührt und verdeckten sie mühsam durch vielfältige und hastige Tätigkeit. Die Männer reihten die wenigen Sessel heran, stellten die Wachslichter in gerader Reihe um ein eisernes Kruzifix und näherten so den Tisch einem Altar an, die Frauen flochten indes hastig die wenigen Blumen, die ihnen mitleidige Hände auf den Weg gegeben hatten, zu einem schmalen Kranz, den sie dem Mädchen auf das Haupt drückten, unterdessen war der Priester mit dem ihr zubestimmten Gatten in den Nebenraum getreten und hatte erst ihm und dann ihr die Beichte abgenommen, und wie die beiden nun vor den improvisierten Altar traten, entstand für einige Minuten eine so erfüllte und so auffällige Stille, daß plötzlich der Wachsoldat, irgendein Verdächtiges vermutend, die Tür aufriß und eintrat. Als er die sonderbare Vorbereitung bemerkte, wurde unwillkürlich sein dunkles Bauerngesicht ernst und ehrfürchtig. Er blieb, ohne zu stören, an der Tür stehen und ward so selber schweigsamer Zeuge der ungewöhnlichen Vermählung.

Der Priester trat vor den Tisch und erklärte in wenigen Worten, daß überall eine Kirche und ein Altar sei, wo Menschen sich in Demut Gott verbinden wollten. Dann kniete er hin und alle Anwesenden mit ihm; es blieb so still, daß keine der schmalen Flammen sich bewegte. Dann fragte der Priester in das Schweigen hinein, ob die beiden sich in Leben und Tod vereinen wollten. Mit fester Stimme antwortete sie: »In Leben und Tod«, und dieses Wort Tod – eben noch als ein Grauen gefühlt – schwang hell und klar und von keiner Furcht mehr durchzittert quer in den schweigenden Raum.

Da einte der Priester ihre Hände und sprach die bindenden Worte: »Ego auctoritate sanctae matris Ecclesiae qua fungor, conjungo vos in matrimoniam in nomine Patris et Filii et Spiritus sancti.«

Damit war die Zeremonie beendet. Die Neuvermählten küßten dem Priester die Hand und jeder von den Verurteilten drängte einzeln zu, ein besonderes Wort der Herzlichkeit ihnen zu sagen. Niemand dachte in dieser Sekunde an den Tod, und die ihn fühlten, empfanden seine Schrecknis nicht mehr.

Unterdessen hatte jener Freund, der bei der Vermählung als Zeuge gedient, mit einigen anderen leise geflüstert, und bald merkte man neuerdings eine sonderbare Geschäftigkeit beginnen. Die Männer trugen die Strohsäcke aus dem kleinen Nebengemach, und noch hatten die Neuverbundenen, ganz dem traumhaften Geschehen hingegeben, nichts von den Vorbereitungen bemerkt, als jener zu ihnen trat und lächelnd mitteilte, gerne hätten er und seine Schicksalsgenossen dem Paare ein Geschenk zu ihrem bräutlichen Tage geboten, doch welche irdische Gabe gelte noch jenen, die ihr eigenes Leben nicht zu halten vermöchten. So wollten sie das einzige bieten, was Neuvermählten erfreulich und kostbar sein könnte: die abgesonderte Stille einer bräutlichen und letzten Nacht, und lieber selber etwas gedrängter im äußeren Raum zusammenrücken, damit jenen das kleinere Gemach vollkommen gehöre. »Nützt die wenigen Stunden«, fügte er bei, »kein Atemzug Leben wird uns nochmal zurückgegeben, und wem in solchem Augenblicke noch Liebe gegönnt ist, der soll sie genießen.«

Das junge Mädchen errötete bis tief ins Haar, ihr Gatte aber sah frank dem Freunde in die Augen und schüttelte ergriffen die brüderliche Hand. Sie sprachen kein Wort, blickten einander nur an. Und so geschah es, daß ohne eine laute Anordnung unwillkürlich die Männer sich um den Bräutigam, die Frauen um die Braut reihten und mit feierlich erhobenen Lichtern sie hineingeleiteten in das vom Tode geliehene Gelaß, unbewußt derart uralten Hochzeitsbrauch wieder erfindend aus dem Übermaß teilnehmenden Gefühls.

Leise lehnten sie die Tür dann zu hinter den Vermählten, keiner aber wagte ein unziemliches oder unsauber scherzendes Wort über dies nahe und bräutliche Zusammensein, denn ein sonderbar feierliches Empfinden faltete stumme Flügel über sie alle, seit sie, ohnmächtig selber gegen das Schicksal, andern eine Handvoll Glück noch hatten zuteilen können. Und im geheimen war jeder dankbar für die wohltätige Ablenkung von dem eigenen unvermeidlichen Los. So lagen, im Dunkel verstreut, wach oder träumend, die Verurteilten auf ihren Strohsäcken bis zur Frühe, und selten nur durchwogte ein Seufzer den vom verlorenen Atem dicht erfüllten Raum.

Als dann am nächsten Morgen die Soldaten eintraten, um die vierundachtzig Verurteilten zur Richterstatt zu führen, fanden sie alle schon wach und völlig bereit. Nur im Nebenraum, wo die Vermählten weilten, blieb es still: selbst der harte Stoß der Kolben hatte die Ermüdeten nicht geweckt. So eilte der Brautführer leise hinüber, damit nicht der Henker es sei, der die Glücklichen gewaltsam erwecke. Sie lagen locker umschlungen, ihre Hand wie vergessen unter seinem rücklings geneigten Nacken; selbst in der weichen Erstarrung des Schlafes glänzten ihre Gesichter so selig entspannt, daß es dem Mitfühlenden schwer ward, solchen Frieden zu stören. Aber er durfte nicht zögern und rührte mit drängender Mahnung erst ihn an, der taumelnd aufblickte, mit einem Riß aber die Lage besann und zärtlich die Gefährtin vom Lager aufhob. Sie blickte empor, kindhaft erschreckt, doch nur von dem allzu jähen Auftauchen in die eisige Wirklichkeit. Dann lächelte sie ihm einverständlich zu: »Ich bin bereit.«

Unwillkürlich machten alle, als die beiden Hand in Hand eintraten, ihnen Platz, und so ergab es sich ohne Absicht, daß die Neuvermählten den Todesgang der Verurteilten eröffneten. Obwohl den täglichen Anblick jener traurigen Trupps schon gewohnt, blickten diesmal die Leute noch staunend dem sonderbaren Zuge nach, denn von diesen beiden Menschen, die ihn eröffneten, dem jungen Offizier und der mit bräutlichem Kranze geschmückten Frau, strahlte eine so ungewohnte Heiterkeit und fast selige Sicherheit aus, daß selbst dumpfe Seelen hier ein hohes Geheimnis ehrfürchtig fühlten. Aber auch die anderen Verurteilten stapften nicht den sonst schlürfenden Trott der zum Tode Geführten, sondern jeder von ihnen starrte auf die beiden, denen dreimal so unvermutete Wunscherfüllung geworden war, brennenden Blicks und mit dem verzweifelt angekrallten Vertrauen, noch einmal müsse, noch einmal werde an diesen beiden Glücklichen ein letztes Wunder sich ereignen und sie alle damit vom sicheren Tode erretten.

Aber das Leben liebt nur das Wunderbare und spart mit dem wirklichen Wunder: einzig das in Lyon damals Tagtägliche geschah. Der Zug wurde über die Brücke auf die sumpfigen Felder von Brotteaux geführt, dort erwarteten ihn zwölf Pelotons Infanterie, je drei Flintenläufe für den einzelnen Mann. Man stellte sie in Reih und Glied: Eine einzige Salve krachte alle nieder. Dann warfen die Soldaten die noch blutenden Leichen in die Rhône, deren rasche Strömung Antlitz und Schicksal dieser Unbekannten gleichgültig in sich hinunternahm. Nur der hochzeitliche Kranz, der sich vom Haupte der Sinkenden leichter gelöst hatte, schwamm einige Zeit noch sinnlos und fremd auf den weiterwandernden Wellen. Schließlich entschwand auch er und mit ihm für lange Zeit das Gedächtnis jener von den Lippen des Todes gelösten und darum denkwürdigen Liebesnacht.

Moderne Klassiker

Joseph Conrad
Almayers Wahn
Band 2057
-Der Freibeuter
Band 2055
-Der Nigger von der „Narzissus"
Band 2054
-Die Rettung
Band 2058
-Die Schattenlinie
Band 2059
-Der Verdammte der Inseln
Band 2056

Lion Feuchtwanger
Erfolg
Band 1650
-Die Geschwister Oppermann
Band 2291
-Exil
Band 2128
-Jud Süß
Band 1748
-Goya oder
Der arge Weg der Erkenntnis
Band 1923

Otto Flake
Es wird Abend
Band 2272
-Große Damen des Barock
Band 2273
-Hortense oder Die Rückkehr
nach Baden-Baden
Band 2271
-Marquis de Sade
Band 2275 (in Vorbereitung)

Knut Hamsun
Vagabundentage
Band 2065

Ernest Hemingway
Wem die Stunde schlägt
Band 408

Hugo von Hofmannsthal
Das Märchen der 672. Nacht/
Reitergeschichte/Das Erlebnis
des Marschalls von
Bassompierre
Band 1357
-Deutsches Lesebuch
Eine Auswahl deutscher Prosa
aus dem Jahrhundert 1750-1850
Band 1930
-Gesammelte Werke in zehn
Einzelbänden
Herausgegeben von
Bernd Schoeller in Beratung mit
Rudolf Hirsch.
Band 2159-2168

Franz Kafka
Amerika
Band 132
-Der Prozeß
Band 676
-Das Schloß
Band 900
-Das Urteil
und andere Erzählungen
Band 19
-Beschreibung eines Kampfes
Novellen, Skizzen, Aphorismen
aus dem Nachlaß
Band 2066
-Hochzeitsvorbereitungen auf
dem Lande
und andere Prosa aus dem
Nachlaß
Band 2067

Fischer Taschenbücher

Moderne Klassiker

-Sämtliche Erzählungen
Band 1078
-Tagebücher 1910-1923
Band 1346

Heinrich Mann
Zwischen den Rassen
Band 1812

Thomas Mann
Königliche Hoheit
Band 2
-Der Tod in Venedig
und andere Erzählungen
Band 54
-Herr und Hund
Ein Idyll
Band 85
-Lotte von Weimar
Band 300
-Bekenntnisse des
Hochstaplers Felix Krull
Der Memoiren erster Teil
Band 639
-Buddenbrooks
Verfall einer Familie
Band 661
-Der Zauberberg
Band 800
-Joseph und seine Brüder
3 Bände: 1183, 1184, 1185
-Doktor Faustus
Band 1230
-Tonio Kröger/Mario und der
Zauberer
Zwei Erzählungen
Band 1381
-Der Erwählte
Band 1532
-Die Erzählungen
2 Bände: 1591, 1592

-Essays
3 Bände
Literatur. Bd. 1906
Politik. Bd. 1907
Musik und Philosophie. Bd. 1908

Arthur Schnitzler
Casanovas Heimfahrt
Erzählungen
Band 1343
-Gesammelte Werke in
Einzelausgaben
Das erzählerische Werk
7 Bände: 1960-1966
Das dramatische Werk
8 Bände: 1967-1974
-Jugend in Wien
Eine Autobiographie
Band 2068

Franz Werfel
Der Abituriententag
Band 1893
-Die Geschwister von Neapel
Band 1806
-Das Lied von Bernadette
Band 1621
-Der Tod des Kleinbürgers
und andere Erzählungen
Band 2060
-Stern der Ungeborenen
Ein Reiseroman
Band 2063 (in Vorbereitung)
-Verdi
Roman einer Oper
Band 2061
-Die vierzig Tage des
Musa Dagh
Band 2062
-Jeremias. Höret die Stimme
Band 2064 (in Vorbereitung)

Fischer Taschenbücher

Moderne Klassiker

Virginia Woolf
Die Dame im Spiegel
und andere Erzählungen
Band 1984
-Die Fahrt zum Leuchtturm
Band 2119
-Ein Zimmer für sich allein
Band 2116
-Flush
Band 2122
-Die Jahre
Band 2120
-Mrs. Dalloway
Band 1982
-Orlando
Band 1981
-Die Wellen
Band 2121
-Zwischen den Akten
Band 1983

Carl Zuckmayer
Als wär's ein Stück von mir
Band 1049
-Eine Liebesgeschichte
Band 1560
-Die Fastnachtsbeichte
Band 1599
-Engele von Loewen
und andere Erzählungen
Band 1729
-Herr über Leben und Tod
Erzählungen
Band 6
-Rembrandt
Ein Film
Band 2296
-Der Seelenbräu
Erzählung
Band 140

Arnold Zweig
Der Streit um den Sergeanten Grischa
Band 1275
-Junge Frau von 1914
Band 1335
-Erziehung vor Verdun
Band 1523
-Novellen um Claudia
Roman. Band 1882

Stefan Zweig
Die Hochzeit von Lyon
und andere Erzählungen
Band 2281
-Phantastische Nacht
Vier Erzählungen
Band 45
-Schachnovelle
Band 1522
-Sternstunden der Menschheit
Band 595
-Ungeduld des Herzens
Band 1679
-Verwirrung der Gefühle
und andere Erzählungen
Band 2129
-Die Welt von Gestern
Band 1152
-Drei Meister
Balzac, Dickens, Dostojewski
Band 2289
-Der Kampf mit dem Dämon
Hölderlin, Kleist, Nietzsche
Band 2282 (in Vorbereitung)
-Drei Dichter ihres Lebens
Casanova, Stendhal, Tolstoi
Band 2290 (in Vorbereitung)
-Europäisches Erbe
Band 2284 (in Vorbereitung)

Fischer Taschenbücher

LITERATUR DER GEGENWART

Ilse Aichinger
Die größere Hoffnung
Roman. Bd. 1432
-**Meine Sprache und ich**
Erzählungen. Bd. 2081

Emile Ajar
Du hast das Leben noch vor Dir
Roman. Bd. 2126
-**Monsieur Cousin und Die Einsamkeit der Riesenschlangen**
Roman. Bd. 2174

Wolfgang Bächler
Traumprotokolle
Bd. 2041

Yves Berger
Großer Traum Amerika
Roman. Bd. 2242

Johannes Bobrowski
Levins Mühle
Roman. Bd. 956

Beat Brechbühl
Nora und der Kümmerer
Roman. Bd. 1757

Joseph Breitbach
Bericht über Bruno
Roman. Bd. 1752
-**Die Rabenschlacht**
Erzählungen. Bd. 1914
-**Das blaue Bidet**
Roman. Bd. 2104

Günter de Bruyn
Buridans Esel
Roman. Bd. 1880

Charles Bukowski
Aufzeichnungen eines Außenseiters
Bd. 1332
-**Fuck Machine**
Erzählungen. Bd. 2206
-**Kaputt in Hollywood**
Erzählungen. Bd. 5005

Hermann Burger
Schilten
Roman. Bd. 2086

Elias Canetti
Die Blendung
Roman. Bd. 696
-**Die gerettete Zunge**
Geschichte einer Jugend
Bd. 2083
-**Die Stimmen von Marrakesch**
Aufzeichnungen einer Reise
Bd. 2103

Truman Capote
Andere Stimmen, andere Räume
Roman. Bd. 1941
-**Eine Weihnachtserinnerung/ Chrysanthemen sind wie Löwen**
Zwei Erzählungen. Bd. 1791
-**Die Grasharfe**
Roman. Bd. 1086
-**Die Reise-Erzählungen**
Bd. 2234

Fischer Taschenbücher

LITERATUR DER GEGENWART

Jacques Chessex
Mona
Roman. Bd. 2210
-Der Kinderfresser
Roman. Bd. 2087

Hilde Domin
Das zweite Paradies
Roman. Bd. 5001

Ingeborg Drewitz
Wer verteidigt Karin Lambert?
Roman. Bd. 1734

Hubert Fichte
Versuch über die Pubertät
Roman. Bd. 1749

Ota Filip
Die Himmelfahrt des Lojzek aus Schlesisch Ostrau
Roman. Bd. 2012
-Maiandacht
Roman. Bd. 2227

Gerd Gaiser
Schlußball
Roman. Bd. 402

Lars Gustafsson
Eine Insel in der Nähe von Magora
Erzählungen und Gedichte.
Bd. 1401
-Herr Gustafsson persönlich
Roman. Bd. 1559
-Sigismund
Roman. Bd. 2092
-Der Tod eines Bienenzüchters
Roman. Bd. 2106

Peter Härtling
Eine Frau
Roman. Bd. 1834
-Hubert oder Die Rückkehr nach Casablanca
Roman. Bd. 2240
-Zwettl
Roman. Bd. 1590

Joseph Heller
Catch 22
Roman. Bd. 1112
-Was geschah mit Slocum?
Roman. Bd. 1932

Stefan Heym
Collin
Roman. Bd. 5024
-Der Fall Glasenapp
Roman. Bd. 2007
-5 Tage im Juni
Roman. Bd. 1813
-Der König David Bericht
Roman. Bd. 1508
-Die richtige Einstellung
Erzählungen. Bd. 2127

Edgar Hilsenrath
Nacht
Roman. Bd. 2230
-Der Nazi & der Friseur
Roman. Bd. 2178

Aldous Huxley
Schöne neue Welt
Roman. Bd. 26

Fischer Taschenbücher

LITERATUR DER GEGENWART

Hermann Kant
Die Aula
Roman. Bd. 931

Marie Luise Kaschnitz
Tage, Tage, Jahre
Bd. 1180

Walter Kolbenhoff
Von unserem Fleisch und Blut
Roman. Bd. 2034

Jerzy Kosinski
Der bemalte Vogel
Roman. Bd. 2213
-Cockpit
Roman. Bd. 5002

August Kühn
Zeit zum Aufstehn
Bd. 1975
-Münchner Geschichten
Bd. 1887

Günter Kunert
Tagträume in Berlin und andernorts
Prosa, Erzählungen, Aufsätze.
Bd. 1437
-Im Namen der Hüte
Roman. Bd. 2085

Reiner Kunze
Der Löwe Leopold
Fast Märchen, fast Geschichten.
Bd. 1534
-Die wunderbaren Jahre
Bd. 2074

Ledda Gavino
Padre Padrone
Mein Vater, mein Herr
Roman. Bd. 2232

Siegfried Lenz
So zärtlich war Suleyken
Masurische Geschichten.
Bd. 312

Angelika Mechtel
Die Träume der Füchsin
Erzählungen. Bd. 2021

Elsa Morante
La Storia
Roman. Bd. 2000
-Arturos Insel
Roman. Bd. 1884

Caroline Muhr
Huberts Reise
Roman. Bd. 2209

Kenzaburo Oe
Eine persönliche Erfahrung
Roman. Bd. 5025

Robert M. Pirsig
Zen und die Kunst, ein Motorrad zu warten
Roman. Bd. 2020

Fischer Taschenbücher

LITERATUR DER GEGENWART

Konstanze Radziwill
Eine Art von Verwandtschaft
Roman. Bd. 5019

Luise Rinser
Mitte des Lebens
Roman. Bd. 256
-Ein Bündel weißer Narzissen
Erzählungen. Bd. 1612
-Bruder Feuer
Roman. Bd. 2124
-Hochebene
Roman. Bd. 532

Philip Roth
Professor der Begierde
Roman. Bd. 5007

Peter Rühmkorf
Auf Wiedersehen in Kenilworth
Bd. 2199

George Saiko
Auf dem Floß
Roman. Bd. 2236
-Der Mann im Schilf
Roman. Bd. 2203

Gerold Späth
Unschlecht
Roman. Bd. 2078
-Stimmgänge
Roman. Bd. 2175

Erwin Strittmatter
Ole Bienkopp
Roman. Bd. 1800
-Nachtigallgeschichten
Erzählungen. Bd. 2171

Dieter Wellershoff
Einladung an alle
Roman. Bd. 1502
-Ein Gedicht von der Freiheit
Erzählungen. Bd. 1892
-Die Schönheit des Schimpansen
Roman. Bd. 2089

Gabriele Wohmann
Ernste Absicht
Roman. Bd. 1297
-Frühherbst in Badenweiler
Roman. Bd. 2241

Christa und Gerhard Wolf
Till Eulenspiegel
Bd. 1718

Alexander Ziegler
Die Konsequenz
Roman. Bd. 3407

Fritz Zorn
Mars
Roman. Bd. 2202

Fischer Taschenbücher

ARTHUR SCHNITZLER

Das dramatische Werk

Taschenbuchausgabe in acht Bänden

BAND 1
*Alkandi's Lied - Anatol - Anatols Größenwahn - Das Märchen
Die überspannte Person - Halbzwei - Liebelei*

BAND 2
*Freiwild - Reigen - Das Vermächtnis - Paracelsus
Die Gefährtin*

BAND 3
*Der grüne Kakadu - Der Schleier der Beatrice - Silvesternacht
Lebendige Stunden*

BAND 4
*Der einsame Weg - Marionetten - Zwischenspiel
Der Ruf des Lebens*

BAND 5
*Komtesse Mizzi oder Der Familientag
Die Verwandlung des Pierrot - Der tapfere Kassian (Singspiel)
Der junge Medardus*

BAND 6
*Das weite Land - Der Schleier der Pierrette
Professor Bernhardi*

BAND 7
*Komödie der Worte - Fink und Fliederbusch
Die Schwestern oder Casanova in Spa*

BAND 8
*Der Gang zum Weiher - Komödie der Verführung
Im Spiel der Sommerlüfte*

Fischer Taschenbücher

ARTHUR SCHNITZLER

Das erzählerische Werk

Taschenbuchausgabe in sieben Bänden

BAND 1
*Welch eine Melodie - Er wartet auf den vazierenden Gott
Amerika - Erbschaft - Mein Freund Ypsilon
Der Fürst ist im Haus - Der Andere - Reichtum - Der Sohn
Die drei Elixiere - Die Braut - Sterben - Die kleine Komödie
Komödiantinnen - Blumen - Der Witwer - Ein Abschied
Der Empfindsame - Die Frau des Weisen*

BAND 2
*Der Ehrentag - Die Toten schweigen - Um eine Stunde
Die Nächste - Andreas Thameyers letzter Brief
Frau Berta Garlan - Ein Erfolg - Leutnant Gustl
Der blinde Geronimo und sein Bruder - Legende
Wohltaten, still und rein gegeben - Die grüne Krawatte*

BAND 3
*Die Fremde - Exentrik - Die griechische Tänzerin
Die Weissagung - Das Schicksal des Freiherrn von Leisenbogh
Das neue Lied - Der tote Gabriel - Geschichte eines Genies
Der Tod des Junggesellen - Die Hirtenflöte
Die dreifache Warnung - Das Tagebuch der Redegonda
Der Mörder - Frau Beate und ihr Sohn
Doktor Gräsler, Badearzt*

BAND 4
Der Weg ins Freie

BAND 5
*Der letzte Brief eines Literaten - Casanovas Heimfahrt
Flucht in die Finsternis - Fräulein Else*

BAND 6
*Die Frau des Richters - Traumnovelle - Spiel im Morgengrauen
Boxeraufstand - Abenteuernovelle - Der Sekundant*

BAND 7
Therese

Fischer Taschenbücher

STEFAN ZWEIG

Balzac
Eine Biographie
Band 2183

**Das Geheimnis des
künstlerischen Schaffens**
Band 2288 / in Vorbereitung

Der Kampf mit dem Dämon
Hölderlin, Kleist, Nietzsche
Band 2282

Die Hochzeit von Lyon
und andere Erzählungen
Band 2281

Die Welt von Gestern
Erinnerungen eines
Europäers
Band 1152

Drei Dichter ihres Lebens
Casanova, Stendhal, Tolstoi
Band 2290

Europäisches Erbe
Band 2284

Joseph Fouché
Bildnis eines politischen
Menschen
Band 1915

Länder, Städte, Landschaften
Band 2286 / in Vorbereitung

Magellan
Der Mann und seine Tat
Band 1830

Maria Stuart
Band 1714

Marie Antoinette
Bildnis eines mittleren
Charakters
Band 2220

Menschen und Schicksale
Band 2285

Phantastische Nacht
Vier Erzählungen
Band 45

Schachnovelle
Band 1522

Sternstunden der Menschheit
Zwölf historische Miniaturen
Band 595

Ungeduld des Herzens
Roman
Band 1679

Verwirrung der Gefühle
und andere Erzählungen
Band 2129

Zeit und Welt
Band 2287 / in Vorbereitung

Fischer Taschenbücher

FISCHER
TASCHENBÜCHER

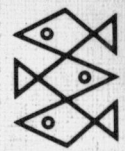

Wenn auch die Zeiten, in die Stefan Zweig seine Menschen stellt, sich von den unseren wesentlich unterscheiden, die Menschen, von denen er erzählt, sind die unseren voll der Gegenwart des Dichterischen. Von allen seinen Novellen geht erregende Wirkung aus, denn sie vereinen authentische Darstellung der Lebensumstände mit suggestiver Durchleuchtung und Wahrheit des Seelischen.

Oskar Maurus Fontana